顕如

信長も恐れた「本願寺」宗主の実像

金龍 静
木越祐馨 編

宮帯出版社

顕如上人御影（大阪府摂津市勝久寺蔵）

本願寺では親鸞以降の歴代宗主の肖像画も御影と呼び、重要な下付物として各地の有力寺院に与えられた。本品は表画が縦96・0cm、横37・8cm。手織り絵絹（縦二本組・横一本）で1cmあたり19～20組。黒点が絹目から少々噴出している。威儀紐が細く、袈裟端は紐で肩掛け。近世前期頃までの御影類の威儀紐は幅の細いのが特徴である。裏書は、縦59・5cm、横33・4cmで、慶長九年十二月十四日付で「釈准如（花押）」より「願主釈頓恵」へ授与している。上部の賛文は「樹心弘誓仏地／流念難思法海／帰依思无他事／仏恩深无窮尽」とあり、无・心の字形は准如の字体の特徴がよく出ている。なお、各種御影類の賛文には「帰依意」「無他事」「無窮尽」の例も見受けられる。

〔金龍 静〕

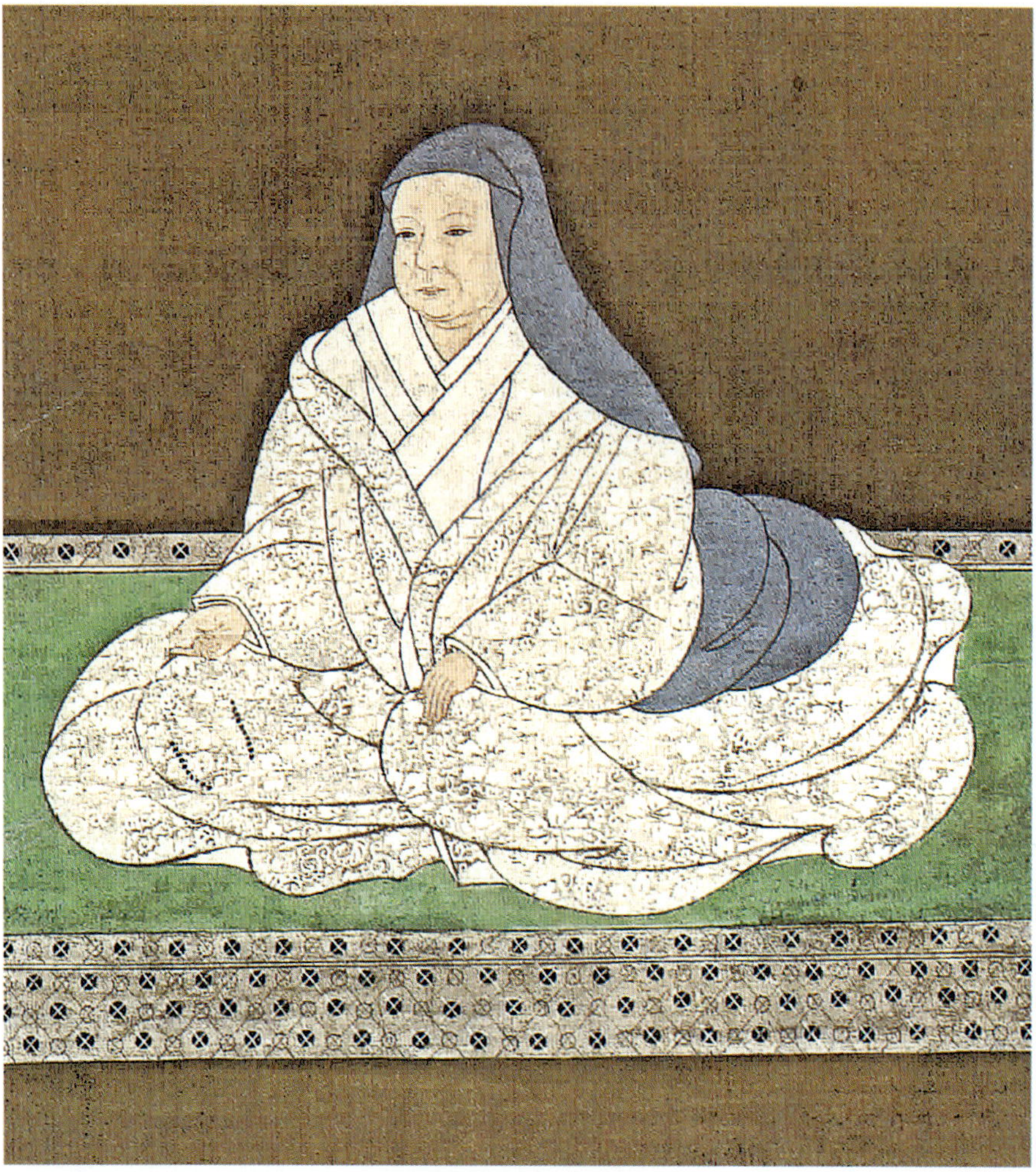

如春尼絵像（本願寺蔵）

如春尼は弘治3年（1557）顕如に嫁した。顕如の没後、その「譲状」が公になり、長男教如の隠居、三男准如の継職と本願寺は激震に見舞われ、やがて東西分立に至るが、その陰には如春尼の豊臣秀吉への働きかけがあったとされる。本作に賛銘・裏書はないが、本願寺では、戦国期以降、裏方（歴代宗主内室）の絵像が没後供養のため作成されるので、これもそのために描かれた絵像と思われる。右手に念珠を持ち、向かって左を向き上畳に座す姿や、打掛模様を胡粉で描いた上から雲母を加え絹の光沢を表現する技法など、この頃すでに真宗の女性肖像画としての形式化が見られる。本願寺絵所で作成されたものであろう。縦96.3cm、横39.0cm。〔大原実代子〕

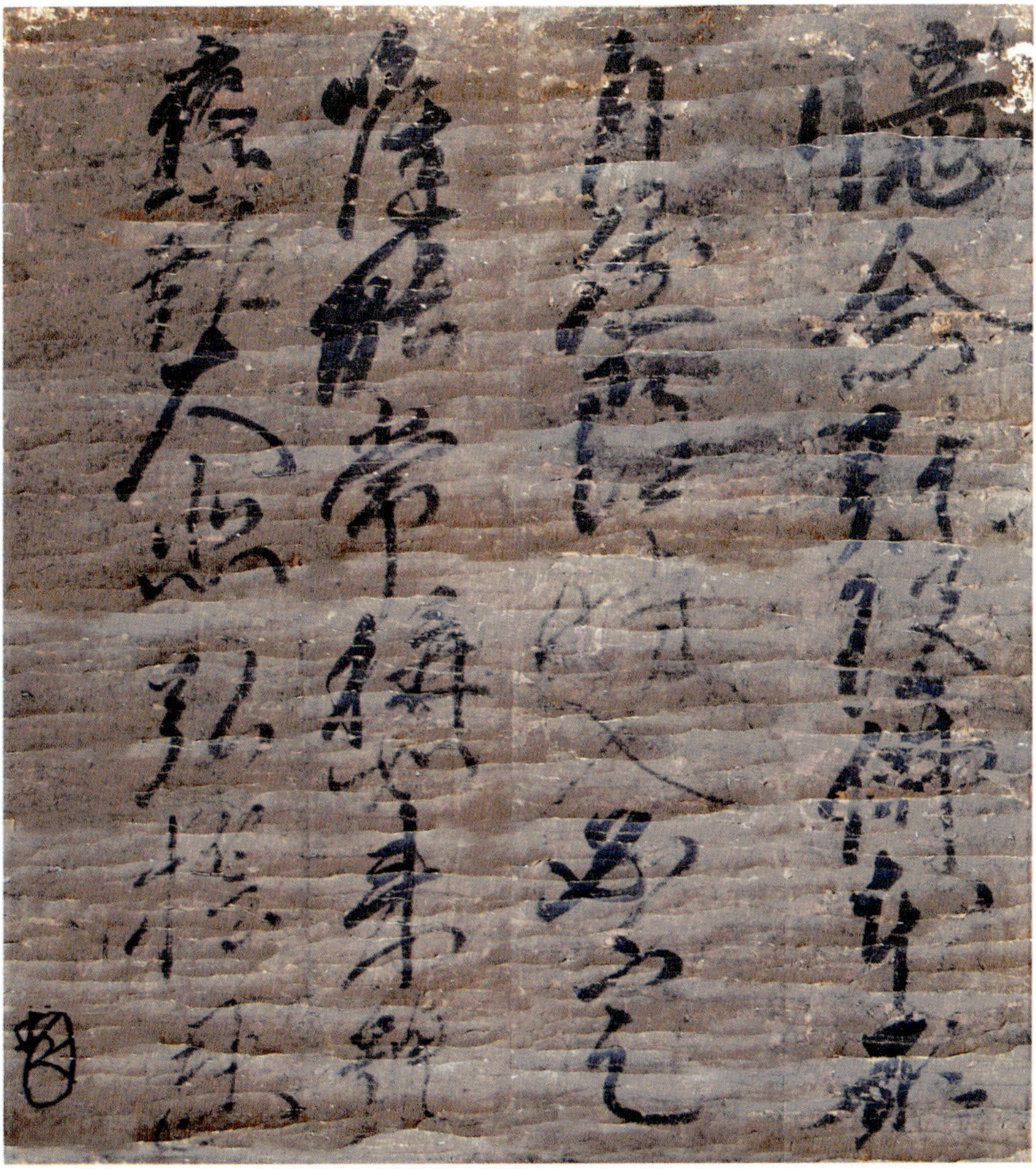

顕如上人正信偈文（石川県河北郡性光寺蔵）

唐紙。縦39.9cm、横35.9cm。「正信偈」とは正式には「正信念仏偈」で、親鸞の『教行信証』に収載された偈文。浄土真宗の教義の大綱をまとめたもので、そのうちの4句「憶念弥陀仏本願／自然即時入必定／唯能常称如来号／応報大悲弘誓恩」を記している。左下の花押は天正後期に特有の形。正信偈文には花押が無いのが通例で、歴代宗主の誰の筆か特定できなかったが、本幅の字体（特に「弥陀」の字体）を元に、分類が進展することが予想される。〔金龍 静〕

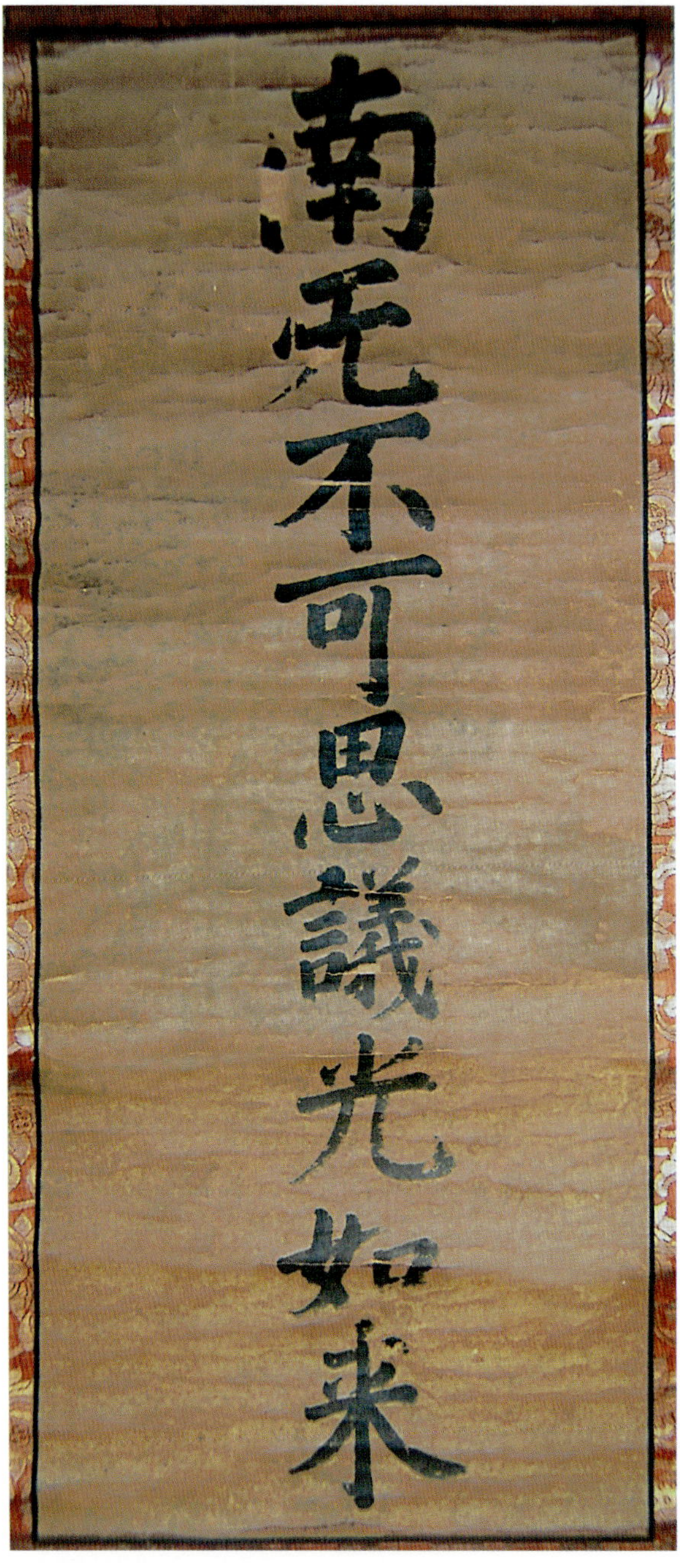

顕如上人筆　行書九字名号（香川県綾歌郡善福寺蔵）

斐紙カ。縦76・3㎝、横37・8㎝。本願寺では八代蓮如以後の歴代宗主は多数の名号を出しているが、准如、宣如期までは「旡」の文字の二画目左端が「ム」のような入りとなっている点で共通する。本幅の場合、「光」の文字の下部の形から顕如の筆であると推測したい。畿内一帯では顕如筆の九字名号が散見されるが、四国地方では極めて稀である。〔金龍 静〕

顕如上人筆　草書十字名号本尊（福井県鯖江市正立寺蔵）

同じく、顕如による名号だが、下部に蓮台（後補）が描かれているので「本尊」と題に附した。斐紙で、縦43・3㎝、横18・3㎝で黒点が少々見られる。「帰命尽十方無导光如来」と十文字で書くので十字名号とよぶ。右下の花押は顕如の天正後期の形である。また「方」の文字の崩し方に顕如独特の筆致が見られる。全国的に見て、類例は他に一例のみで貴重な一幅。

〔金龍 静〕

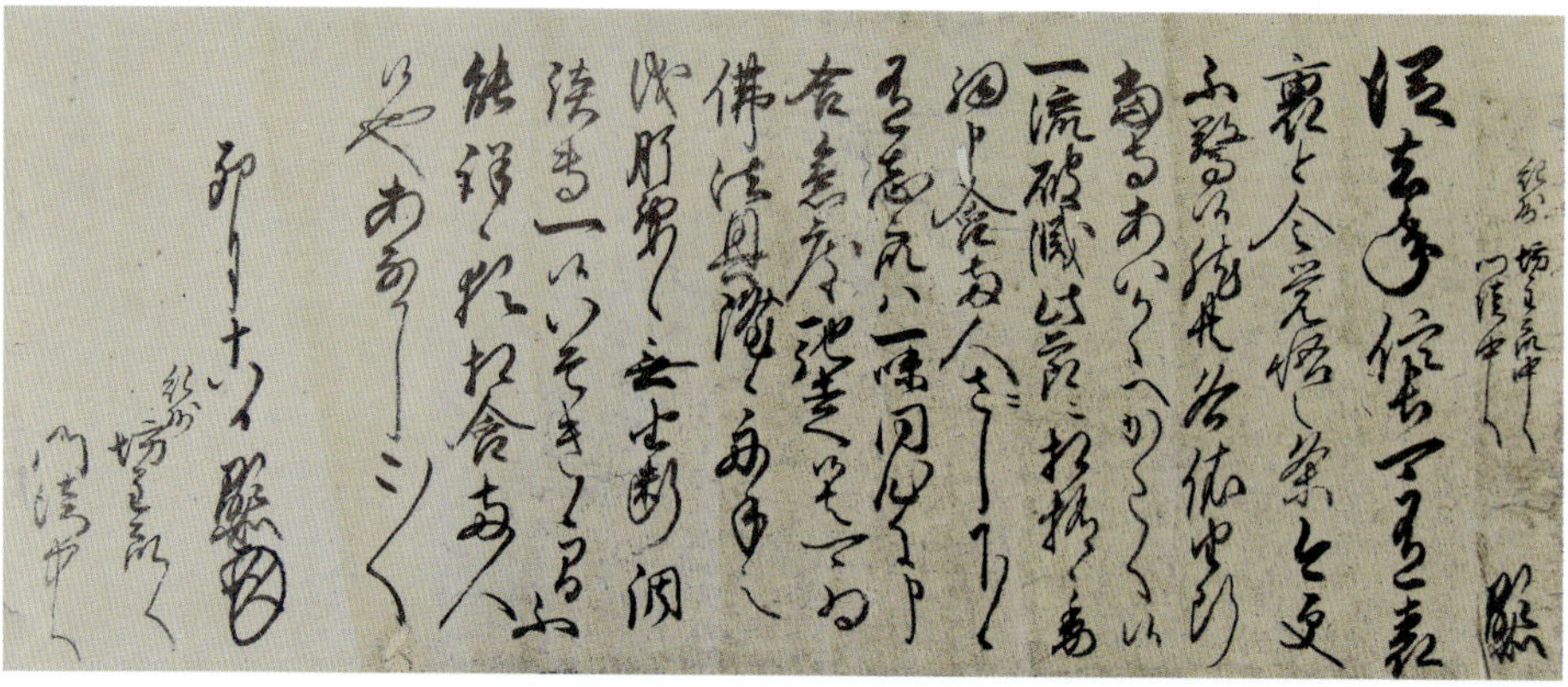

顕如上人消息（和歌山県紀の川市蓮乗寺蔵）

鳥の子紙。縦11.2cm、横29.4cm（元包紙部分も含む）。花押の形と内容から天正4年のものと推定される。本願寺が本格的な籠城戦に入った時期であり、紀伊の坊主衆中および門徒中に織田信長への抗戦を呼びかけたもの。本文書の草案は『顕如上人文案　中』に見られ、近世の故実書である『祖門旧事紀残篇』には「太田勘右衛門伝持」とある。現在は和歌山県立博物館に寄託中。〔金龍 静〕

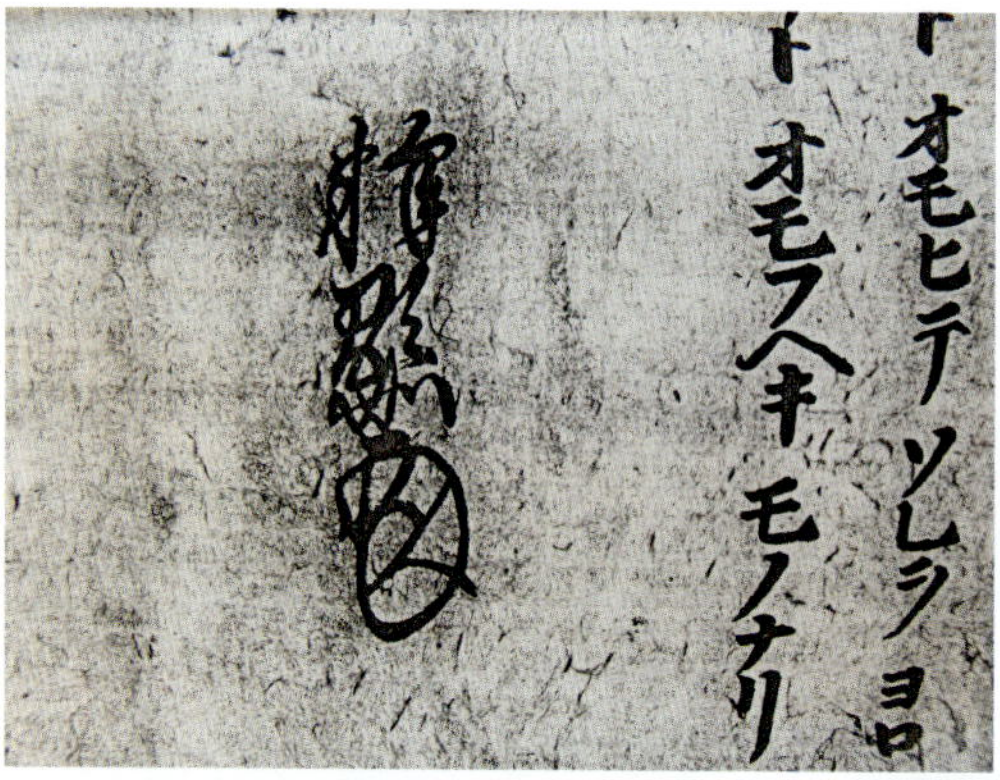

顕如上人証判御文章（末尾証判部分・山形県寒河江市正善寺蔵）

木版刷冊子本、全24通。証判御文章とは、蓮如の御文章（御文）を後の宗主が選んで冊子や巻子にして下付したもので、末尾に下付した宗主の署判が添えられる。本品の各通は、実如末期に定本化した五帖八十通の配列順になっていない。この理由の解明が一つの課題となっている。末尾の顕如の花押形は天正5･6年に限って使われたもの。石山合戦期の花押形を持つ証判御文章は、その懇志金が即座に織田信長勢に対する軍費に充当されるので、全国的にどれほどの広がりと点数が存在するのか、その調査も今後の課題である。〔金龍 静〕

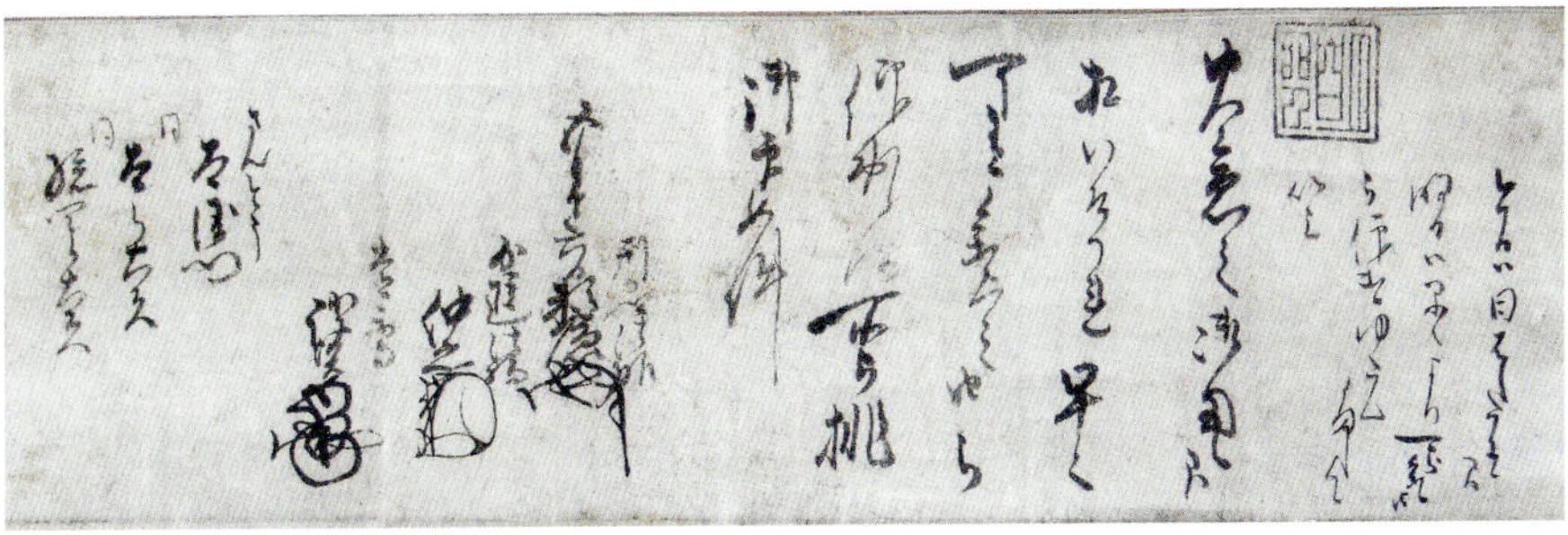

常楽寺証賢・頼廉・仲之 連署印判奉書（和歌山市願成寺蔵）

楮紙。縦15.7㎝、横42.8㎝。印は縦横とも2.9㎝。印文は「明聖」。下間頼廉・下間仲之の同種の文書群と筆跡が異なり、そのためか、これまで未公表であった。しかし本文は、一門衆の常楽寺証賢（かその右筆）の筆になる真本と推測される。本文書は、頼廉・仲之の官途名および花押の形から、天正6〜8年の間のもの。

〔金龍 静〕

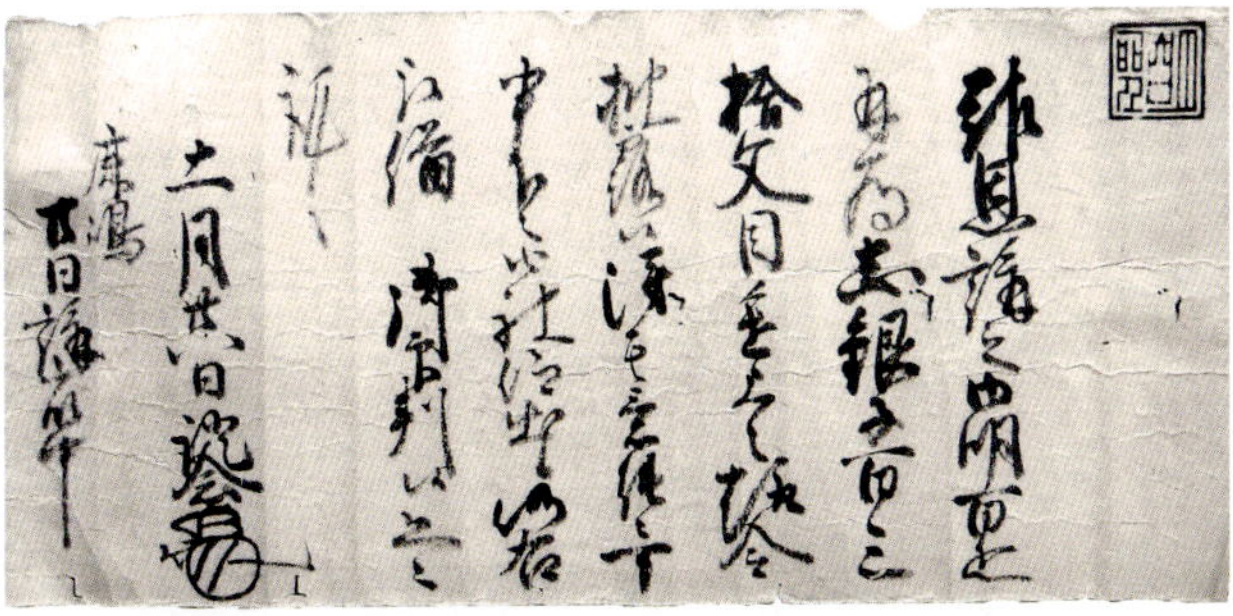

下間証念 印判奉書（御印書・石川県鹿島郡乗念寺蔵）

楮紙。縦17.9㎝、横38.8㎝。印文は「明聖」。証念は下間丹後頼総の法名。加賀の一向一揆を指導し朝倉家と戦った。石山合戦の開戦時にも指揮を執ったが、元亀2年12月生害（自害）を命じられている。本品は花押形から永禄末〜元亀期のものと推測される。奉書の袖に黒印を捺す書状は、戦国末期から大量に出され始めるが、全国で一番初めの印判奉書5通が乗念寺に所蔵されている。そのうち、これまで画像が未公表だったものが本品である。

〔金龍 静〕

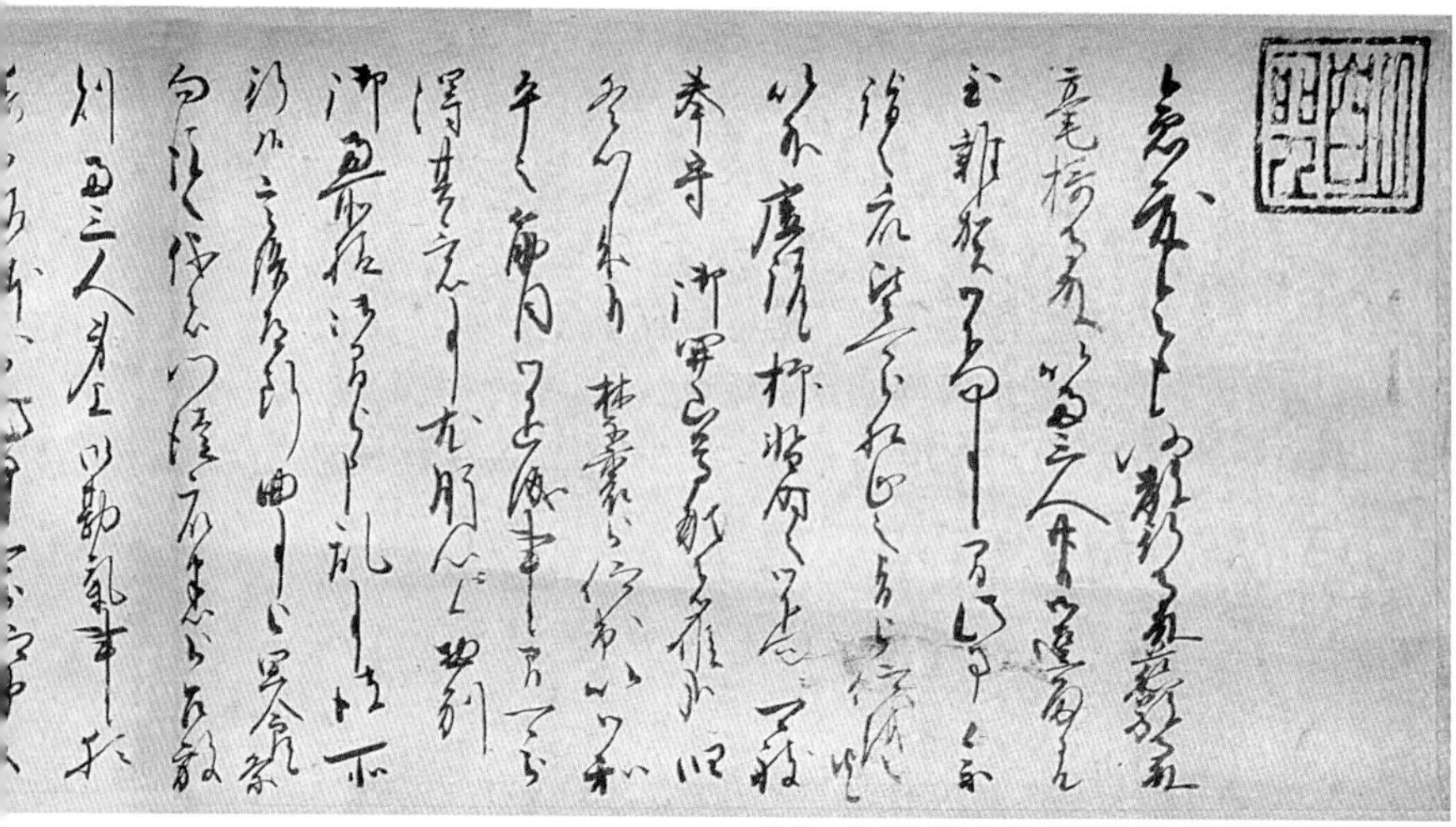

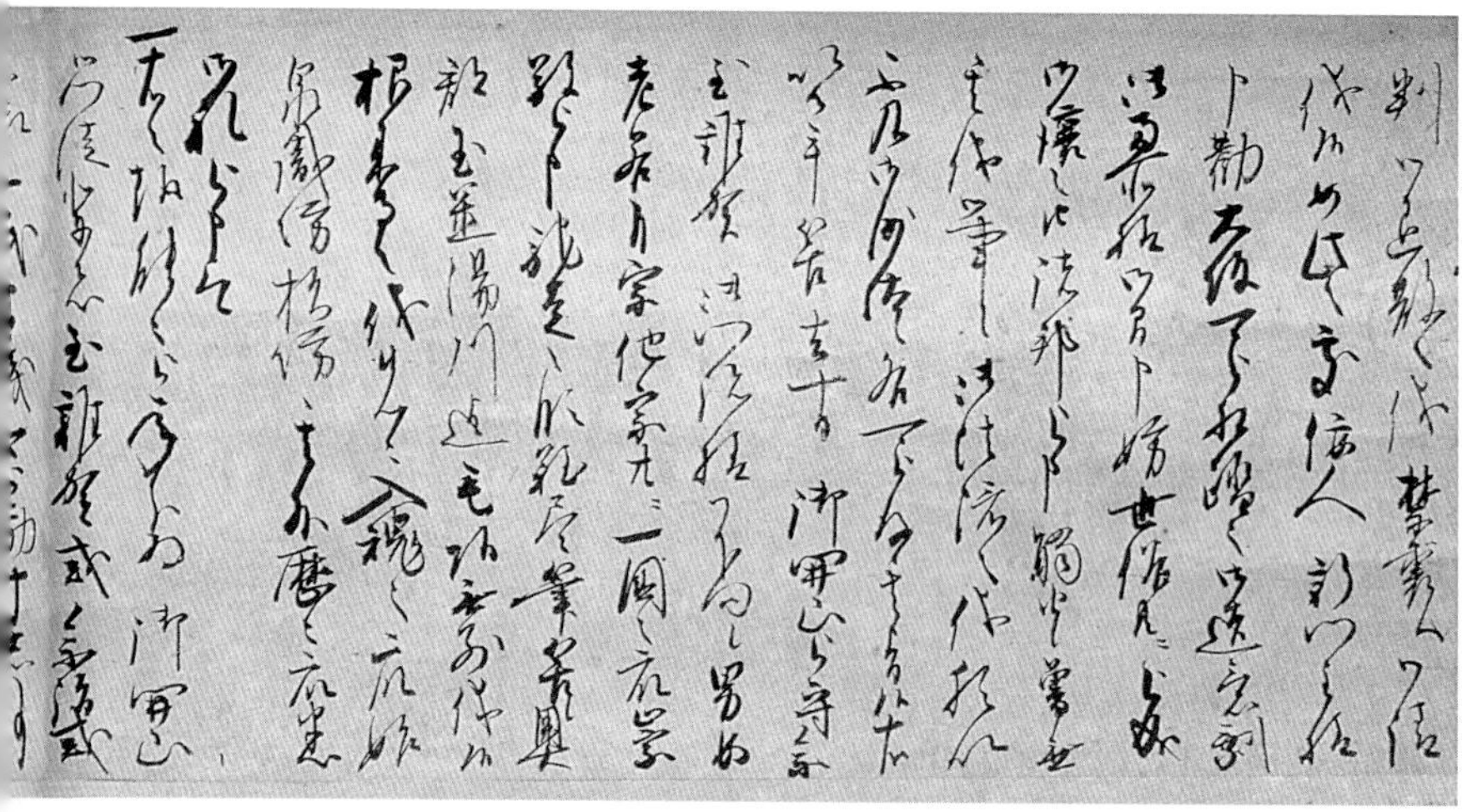

下間仲之・下間頼廉印判奉書（奈良県吉野郡本善寺蔵）

縦13.6cm、横98.6cm。年次は両人の花押形と内容から、天正8年に確定できる。字体は仲之（かその右筆）のものと思われる。概要は、顕如の大坂本願寺退去の事情を説明し、それを批判する教如側の主張に反論するもの。同じ概要を記す顕如消息が、4月15日から7月20日にかけて37点知られ、その消息の添状や奉書類も7点知られている。宗主消息は各国の坊主衆・門徒衆あてで、添状・奉書は特定寺院あてとなっている。このような同じ概要の文書の一斉配布例は、戦国大名権力や織田信長政権下では見られない、大きな特徴である。

〔金龍 静〕

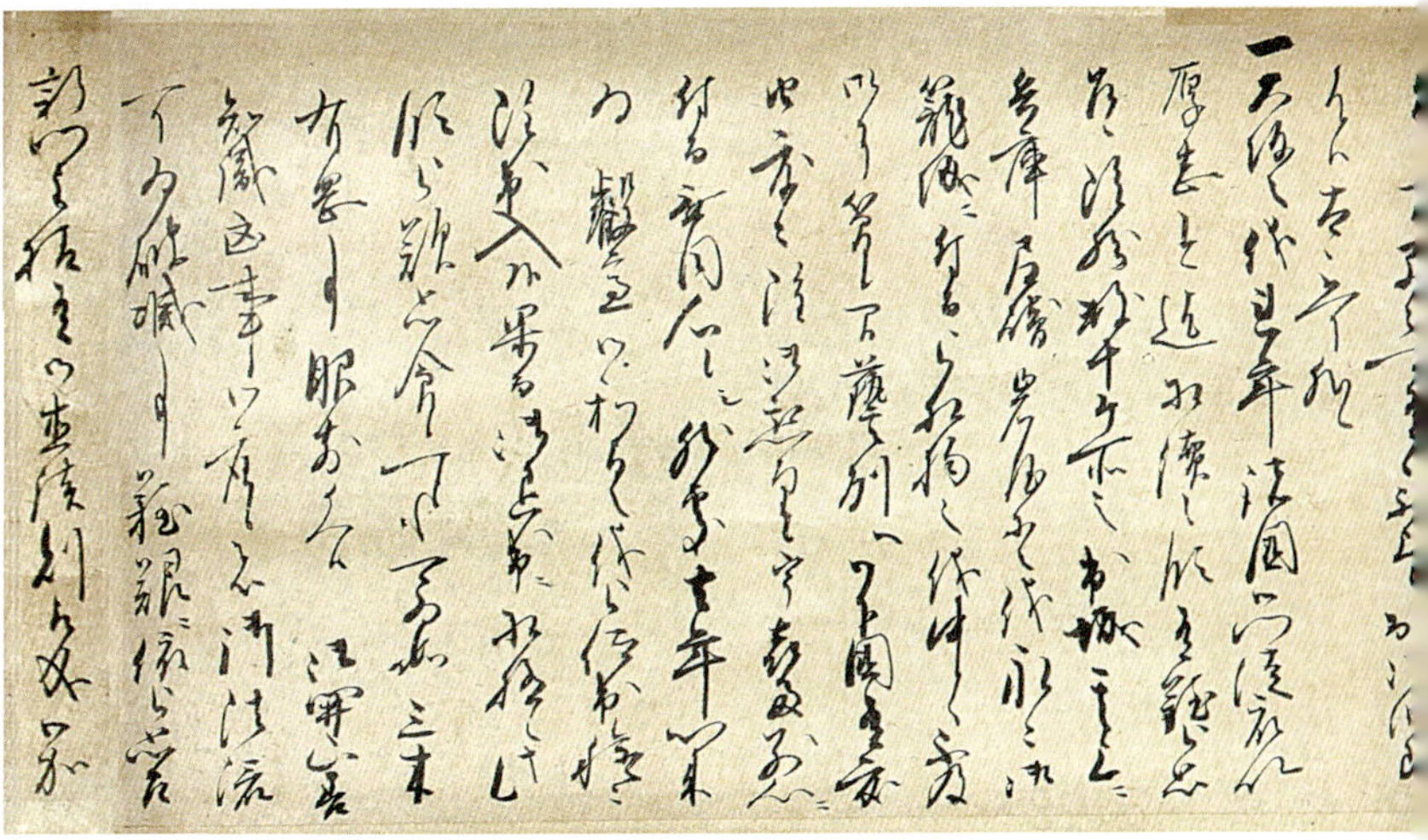

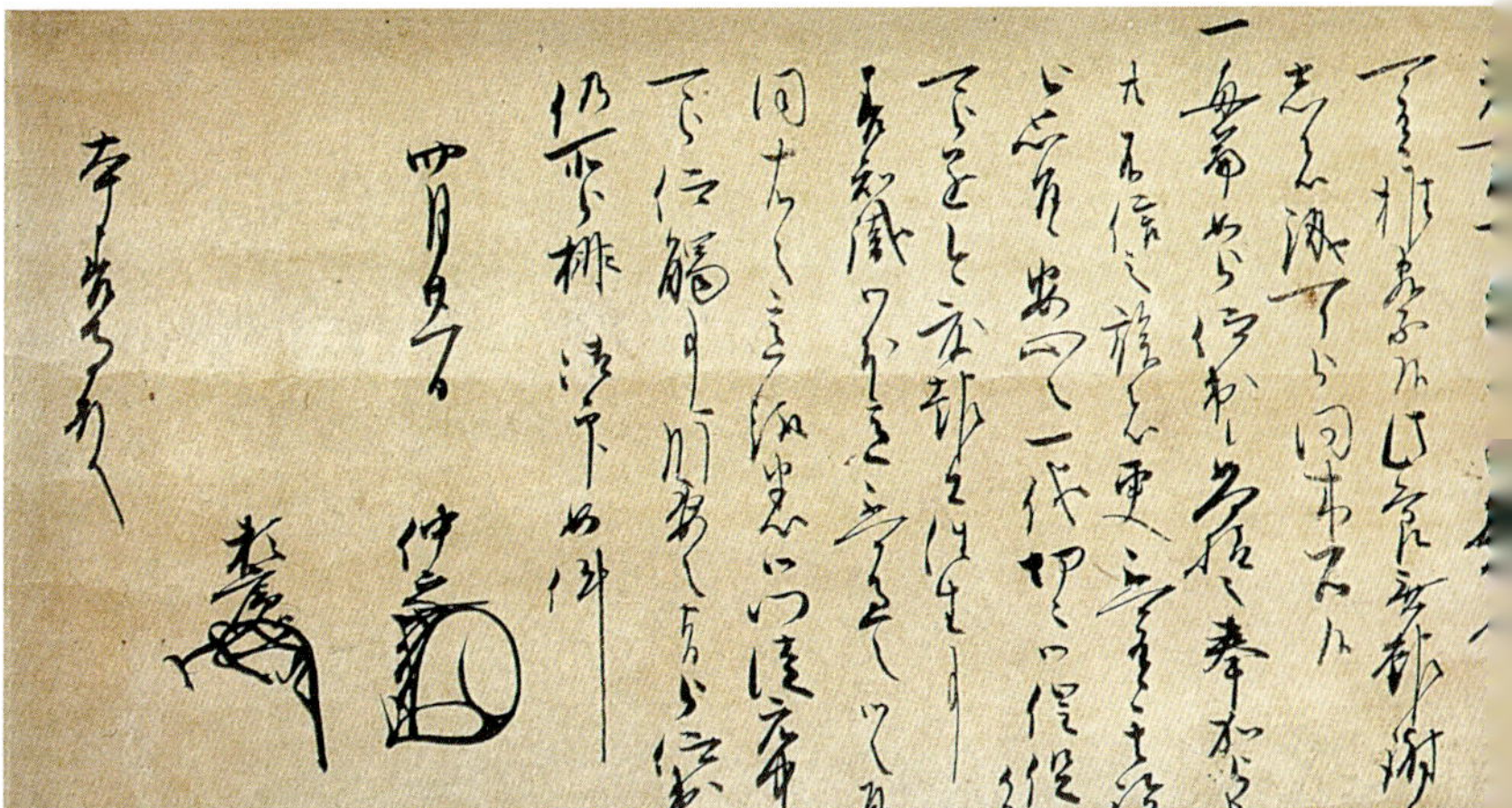

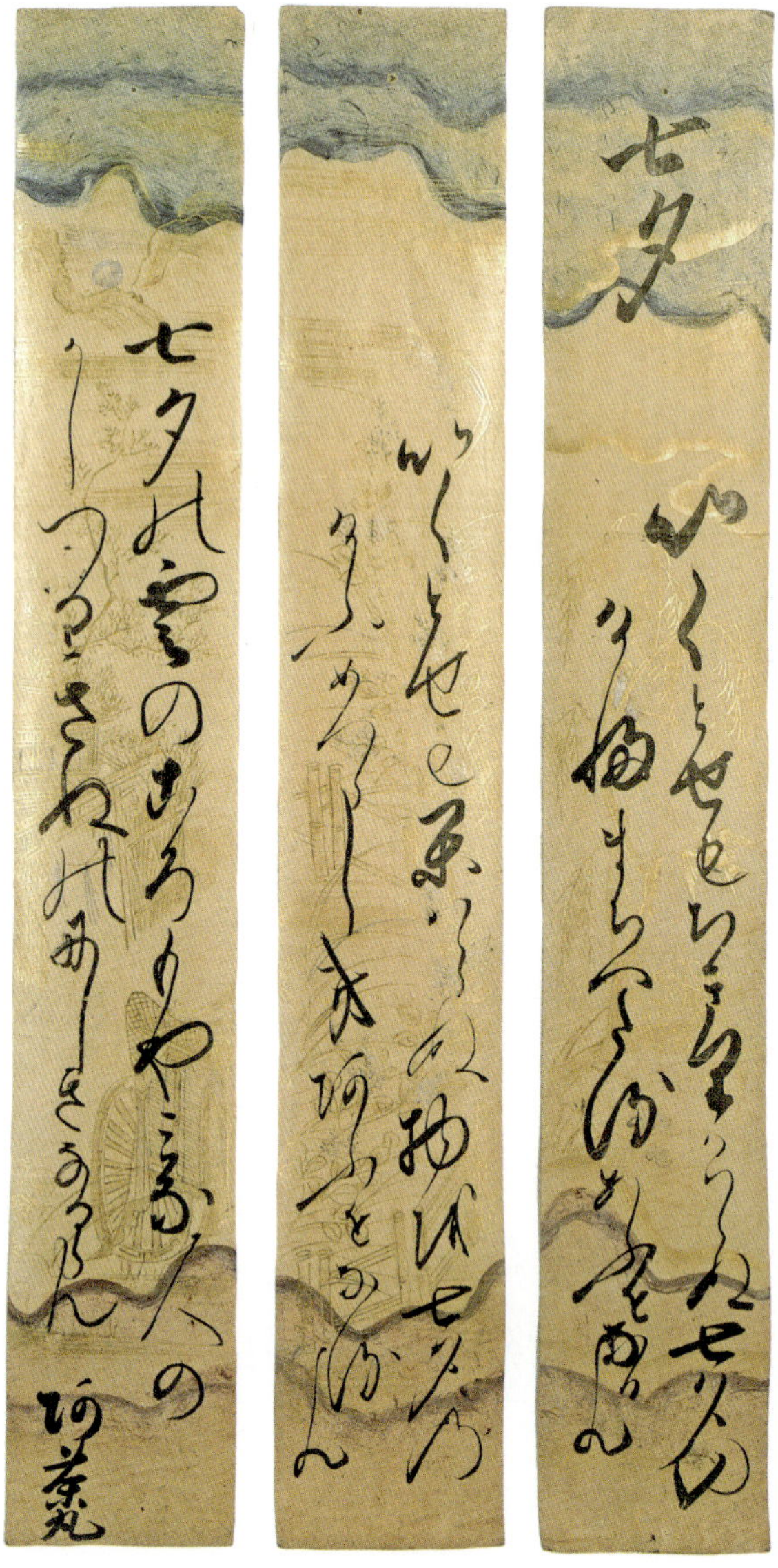

顕如上人・如春尼・阿茶丸（准如上人）七夕和歌短冊（本願寺蔵）

天正16年（1588）7月7日に如春尼主催で歌会が催された。21名が参加し22枚の短冊が残されている。筆跡により右から顕如、如春尼のものとされている。左端の短冊には「阿茶丸」と署名があるが、これは准如の幼名である。署名自体は自筆だが、歌は祐筆の手になるものとされる。秀吉から土地の寄進を受けて造営した天満本願寺にいた時期のものである。〔編集部〕

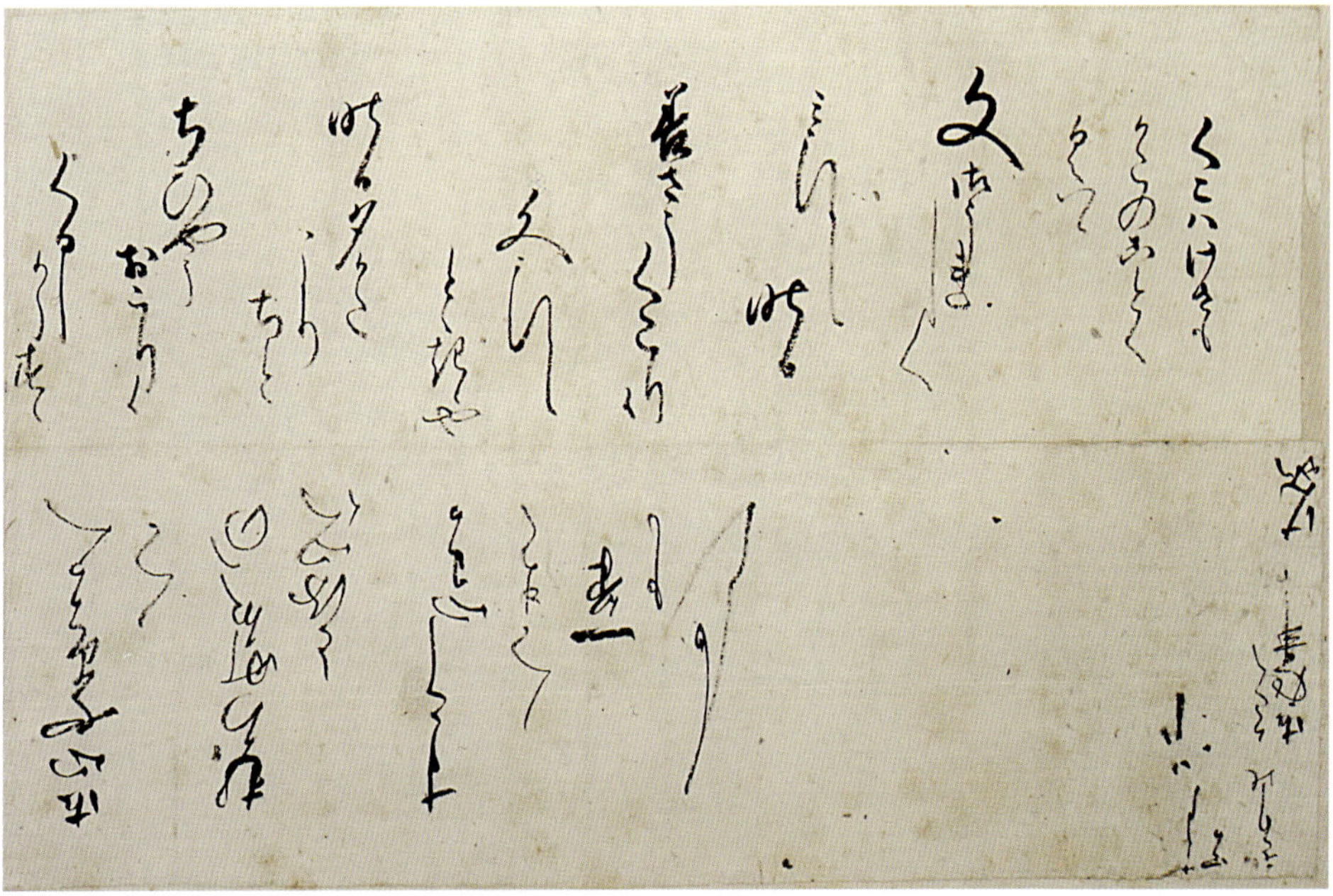

如春尼宛 顕如上人書状（本願寺蔵）

顕如と如春尼との結婚は一種の政略結婚であった。しかし、夫婦仲は良好であったらしく、夫婦間で交わされた書状がいくつか現存している。本状は、如春尼への返書であり、手紙を嬉しく読んだこと、持病が起こったがたいしたことはなく、心配には及ばないことなどが記されている。

〔編集部〕

本願寺名物 **顕如上人所蔵　一文字呉器茶碗**（本願寺蔵）

朝鮮から渡来した陶器の碗を、茶の湯で珍重するようになったのが室町時代末期である。木椀の御器（ごき）に似ているので呉器茶碗と呼ばれた一群の碗があるが、その中で最も有名なものの一つが本品である。窯で焼成中に隣の碗の口縁が溶着したといわれる水平の突帯が胴にあるので一文字と呼ばれる。高台が切られ、切高台となっている。石山合戦の講和がととのった際に、織田信長から顕如に贈られたものと伝わる。

〔編集部〕

本願寺名物 **顕如上人所蔵 古天明日ノ丸釜 銘「時津風」**（泉屋博古館分館蔵）

西本願寺に「顕如上人御秘蔵」として伝来した釜である。釜師名越浄味の明治13年の極折紙によれば、「西六条殿」に伝来していたものとなっているが、これは西本願寺を指すと思われる。大正になって流出し、住友家15代当主で数奇者としても著名な友純（号 春翠）（1864〜1926）が入手した。

〔編集部〕

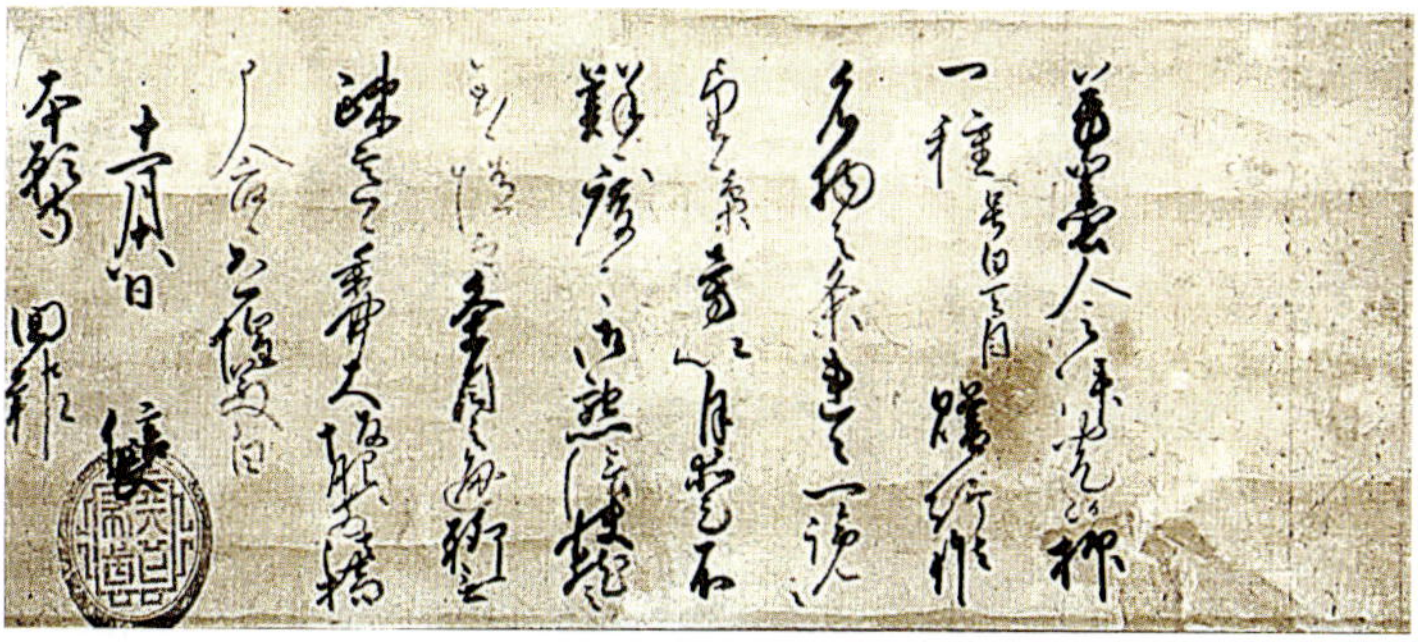

本願寺宛 織田信長黒印書状（本願寺蔵）

「石山合戦」は、その間にいくどか和平交渉が試みられた。天正元年（1573）にも講和がととのい、顕如はその証として名物の「白天目茶碗」を信長に贈っている。本状はそれに対する礼状であり、信長の有名な「天下布武」の黒印が捺されている。 →第七章　165ページ

第十一章にもあるように、顕如は教如に比べれば茶の湯に堪能であったとは言えないが、上記のように信長と茶碗の贈答をしたり、秀吉に盆石を贈ったりしており、茶道具等の名品を多数所持していたと思われる。顕如はじめ歴代宗主が蒐集・所持した名器群は「本願寺名物」と称され人口に膾炙してきた。→ 246ページ 盆石「残雪」参照

〔編集部〕

伝 顕如上人所用 赤地三緒袈裟（本願寺蔵）

金糸で蓮華模様を織り出した赤地の錦の五条袈裟である。顕如が勅許によって門跡となった際に、正親町天皇より下賜されたものと伝わる。「威儀紐」と呼ばれる肩掛けの紐が、通常は二本だが本品は三本あるので「三緒」の名がある。本来は天台宗で用いられる袈裟の形式とされるが、本願寺においては、重要な儀式の際に宗主が着用するものとされている。　〔編集部〕

伝 顕如上人所用 爪紅末広扇（本願寺蔵）

扇の一種であるが、親骨が反っており、閉じたときも銀杏の葉のような形になる。半ば開いた形なので「中啓」と呼ぶが、朝廷や公家では「末広」と称する。僧侶が素絹と呼ぶ衣を着用する際には「末広」を持つのが慣例とされる。本品の扇面は、紅地に金銀泥で草花を描いた豪華なもので、三緒袈裟とともに正親町天皇より顕如に下賜されたものと伝えられている。〔編集部〕

重文 **大阪城千貫櫓**

大坂本願寺には、織田信長が「あの櫓を攻め落とした者に千貫遣わす」と言ったため、千貫櫓と呼ばれるようになった櫓があった。少なくとも「石山合戦」時には大坂本願寺が単なる寺院ではなく城塞でもあったことを示す伝承であるが、その名を引き継いだのが本願寺の跡地に建てられた大坂(大阪)城のこの櫓である。大手門の傍らにあり防衛上極めて重要な櫓である。徳川氏による建築だが、豊臣時代の大坂城にも同じ名の櫓があったとされる。 (大阪城天守閣 提供)〔編集部〕

左 国宝 **本願寺御影堂・阿弥陀堂**

浄土真宗本願寺派の本願寺(西本願寺)の御影堂(左)と阿弥陀堂(右)。御影堂は寛永13年(1636)再建、阿弥陀堂は宝暦10年(1760)の再建で、いずれも国宝である。この西本願寺の両堂も、東本願寺のそれと並ぶ世界最大級の木造建築である。 (撮影協力 本願寺、㈱宇佐美松鶴堂)〔編集部〕

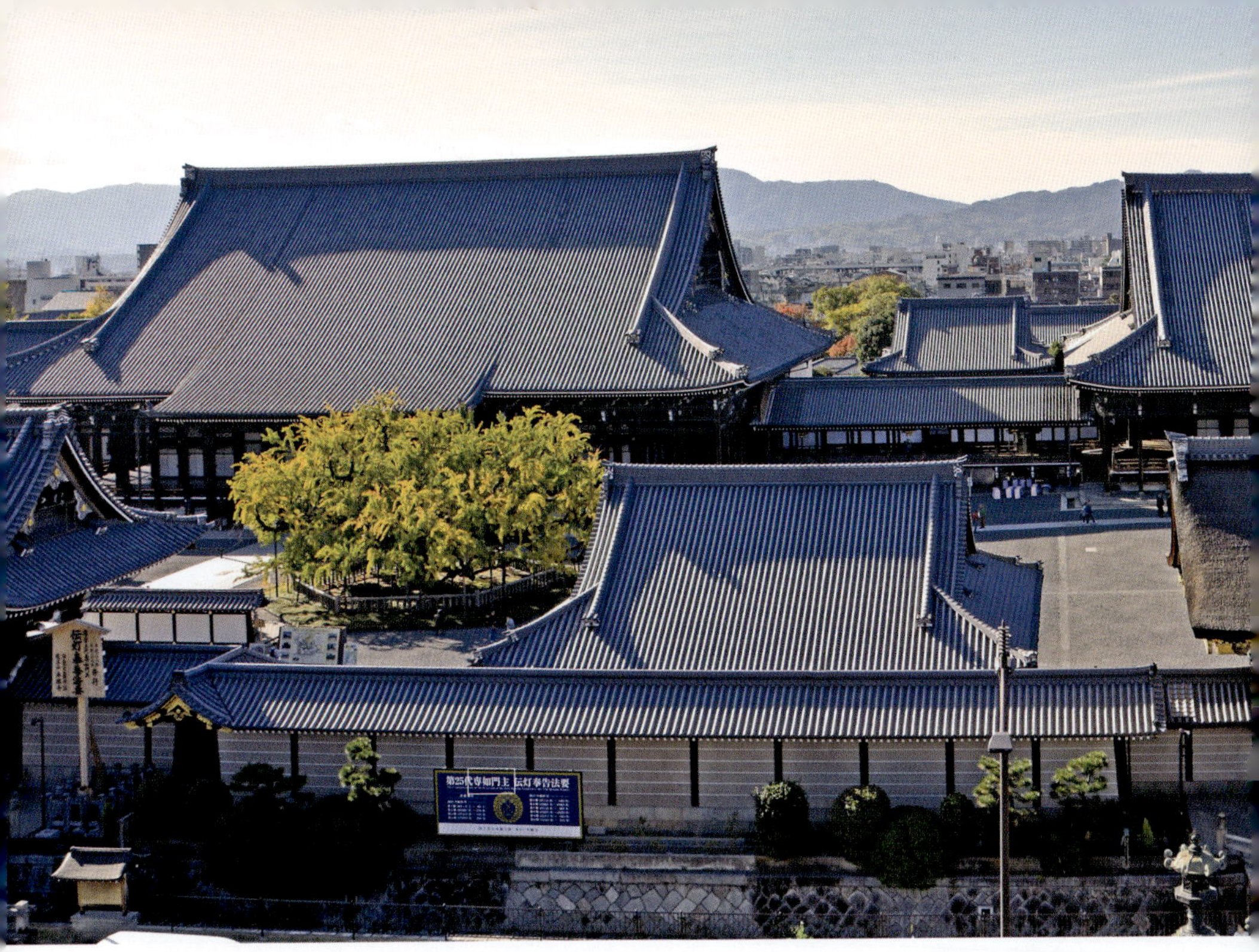

大坂本願寺 御影堂・阿弥陀堂 復元模型（大阪城天守閣蔵）

大坂本願寺は8代蓮如が布教の拠点として大坂の地に堂舎を建てたのが始まりである。顕如の父である10代証如の時、天文の乱で山科本願寺が焼亡したため寺基を大坂に移した。本願寺が両堂を備えるようになったのは7代存如の時代からで、大坂本願寺も両堂がそびえていたが、信仰の中心というだけでなく、戦時には城の本丸としても機能したのであろう。〔編集部〕

右 真宗本廟 御影堂・阿弥陀堂

真宗大谷派の本山・真宗本廟（東本願寺）の御影堂（右）・阿弥陀堂（左）。東本願寺の堂宇は教如の創立後、焼失と再建を繰り返し、現在の両堂は幕末の戦火で焼失した後に明治28年（1895）に再建したものである。御影堂は、床面積で東大寺大仏殿や西本願寺の御影堂を上回り世界最大の木造建築とされる。阿弥陀堂はその半分程度で、並べてみると小さく見えるが、実際にはこちらも世界有数の堂々たる大建築である。

（真宗大谷派提供）〔編集部〕

伝下間仲之所用 紅地日の丸文四半旗（大阪城天守閣蔵）
仲之が石山合戦に際して用いたとされる軍旗。

伝下間仲之所用 采配柄（大阪城天守閣蔵）
采配は、軍配と同じく一軍を指揮する大将が持つ道具。房が欠失しているが、仲之が軍事面でも重きをなしていたことを示す遺品である。

伝下間仲之所用 富士山模様蒔絵鞍（大阪城天守閣蔵）
仲之が河内若江で織田信長と戦った際に銃撃で破損し、後に修理したものと伝わる。

伝下間仲之着用縮衣（大阪城天守閣蔵）
ゆったりした袖と裾に襞をつけて動きやすくした衣。石山合戦時に仲之が鎧下着として着用したと伝わる。

底面

下間少進家伝来　下間頼照石山合戦着用桶側胴(おけがわどう)残欠風炉（古田織部美術館蔵）

下間仲之の父である頼照が着用した、桶側胴と呼ぶ鎧の胴を、江戸時代前・中期頃に風炉(ふろ)に仕立てたもの。風炉とは夏の茶席で釜を掛ける炉のことである。側面には桜と梅の切鉄が取り付けられており、雑賀系の置手拭形兜(おきてぬぐいなりかぶと)との強い関係が示唆される。また、底板の下面には素懸威(すがけおどし)の穴があいた草摺(くさずり)の板が転用されており、野趣に富んだ素朴さをもつ風炉である。これを着用した頼照は天正元年ごろ、顕如によって越前に派遣され同国を実質的に支配したが、同3年に信長の攻撃を受け敗死している。

〔編集部〕

阿弥陀如来立像および念珠（大阪城天守閣蔵）

阿弥陀如来像はもともと顕如の持仏であったものを、「石山合戦」が終結した際に念珠を添えて仲之に下賜したものと伝える。持仏とは、個人が日常的に礼拝すべく、身近に置いていた仏像のことである。小さなものを厨子に納めて携行したり、持仏堂などに安置して礼拝したりした。

前々ページよりここに掲載した資料は、いずれも顕如の最も有力な家臣の一人であった下間仲之に関連するものである。仲之は、本願寺と織田信長との和議が勅命によって結ばれた際、誓紙に頼廉、頼龍とともに署名血判したことで知られる。下間家の嫡流ではなかったが、行政官、外交官として、そして戦時には実戦を指揮する武将としても重用された。また、猿楽の名手でもあり、能楽史上に下間少進として名を残している。顕如と教如が対立した際には一貫して顕如に従い、東西分立に際しても准如に従って、その家系は代々西本願寺に仕えた。〔編集部〕

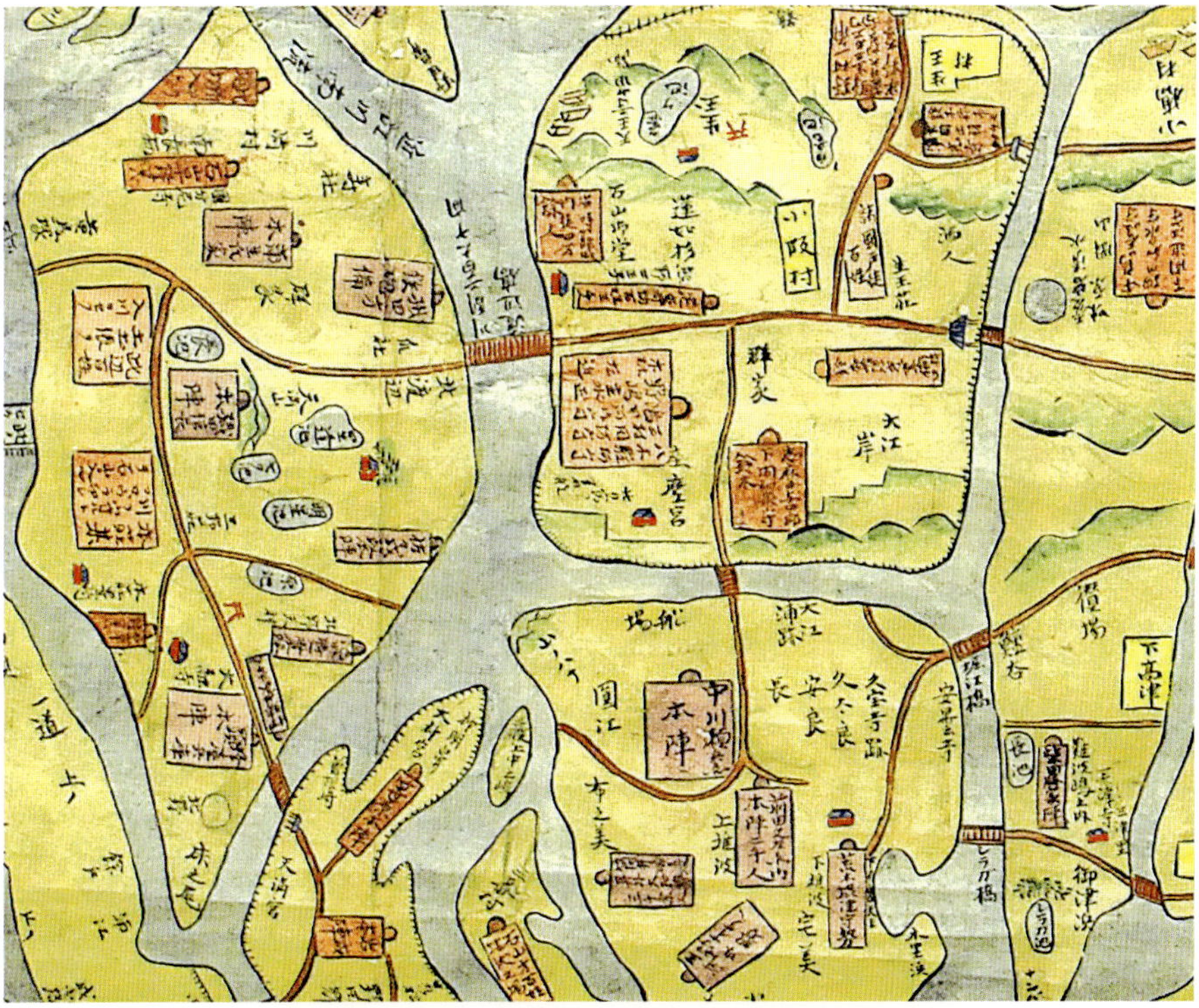

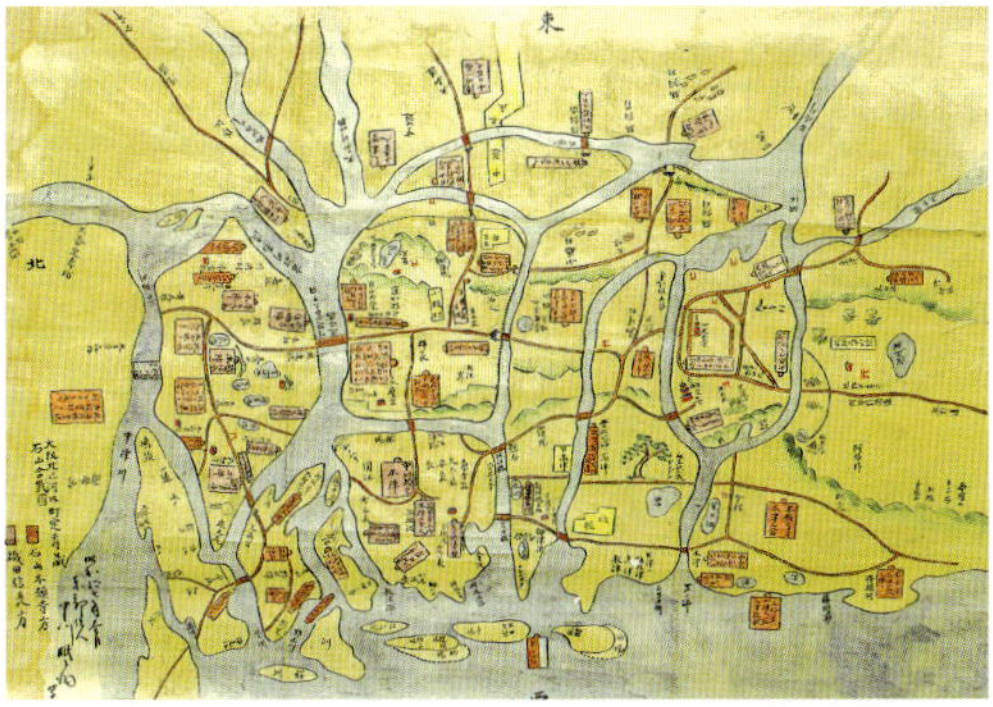

「石山合戦配陣図」（和歌山市立博物館蔵）

石山合戦時に信長と戦った大坂定専坊に伝来していたものを、昭和十七年に中川眠之助が写したもの。図中には鈴木孫市や信長をはじめ諸将の名が見えるが、時期も不明で史料としては信頼性に欠ける。しかし、図中の「石山御堂」の前に「定専坊百姓三千人」とあり、おそらくは本願寺門前で戦ったという栄誉を後世に伝えるために作られたものであろう。信長と戦った寺院にとって、石山合戦の記憶がいかに強烈で、また誇らしいものであったかを物語っている。　〔編集部〕

カバー挿図解説

顕如上人御影（岐阜県本巣市祐國寺蔵）

本品は表画が縦94・6㎝、横37・6㎝。手織り絵絹で1㎝あたり18～19組。袈裟の様躰は勝久寺蔵御影と同じ。上賛文は「樹心弘誓仏地／流□～□海／帰□意尤他事／渇仰□□余念」。裏書は付されていないが、賛文の字体は准如筆である。享和元年の「起居筆記」という上申留や明治十年寺院明細簿に、慶長六年九月六日付で「本巣郡山口村祐國寺」の「願主釈了円」への授与とある。同寺の由緒であるが、蓮如晩期（実如初期）、天台宗から真宗へ改宗し、この時、山口城主の古田兵部の娘が嫁いだといわれる。戦国期の山口城主古田重安の甥に古田織部重然がいる。織部は織豊期の武将として活躍する一方、千利休の跡を継ぐ「茶匠」として著名である。山口故城の膝下にある祐國寺は、地元に残った古田家関係者らの菩提寺的な存在と思われる。なお同寺には伊達政宗宛の織部書状もある。

〔金龍 静〕

祐國寺蔵 顕如上人御影 全体図

目次

おことわり

本書において画像を掲載、あるいは引用・紹介している史料について、真宗本願寺派の「龍谷山本願寺」（いわゆる西本願寺）が所蔵するものについては「本願寺蔵」とし、真宗大谷派の「真宗本廟」が所蔵するものについては「真宗本廟（東本願寺）蔵」とした。ただし、文中の本願寺の呼称については、東西分立後の両寺を区別していう場合は、便宜上「東本願寺」「西本願寺」の語を用いている。

はじめに

木越祐馨

本願寺十一代顕如（一五四三～九二）は、中世から近世に移行する変革の時代を生きた人物である。大谷廟堂から始まった本願寺を門跡に押し上げ、中世までの八宗から変遷した新たな八宗（真言・天台・律・禅・法華・浄土・時宗・真宗）に真宗が加わる基礎を作りあげるなどの宗教的事績をみることができる。いっぽうで列島各地に展開する教団を背景に、畿内に展開・進出した三好三人衆・足利義昭や織田信長・豊臣秀吉などの政治勢力と向き合わなければならなかった。

なかでも信長とは十年にわたる石山合戦を通して対峙（たいじ）した。やがて合戦の講和を巡って長男教如と対立し、後の東西分派の遠因をつくった。この石山合戦・父子対立において顕如の激しい感情を読み取ることができる。いわば教団の外部では信長、内部では教如という二人の人物との関係が注目される。

現在、顕如および顕如を支えた内衆下間（しもつま）氏に関する史料の発掘がみられるようになり、この時代をめぐる研究も進展しており、これらの成果を生かした十四本の論文で本書は構成される。各論によって顕如と同時代を生きた人物の新たな姿を〝発見〟し、その生涯に迫ることを期した。以下各論の特徴を提示したい。

ところで、生涯の五分の一にも及ぶ石山合戦の表記について、本書では石山合戦・「石山合戦」・石山戦争・大坂本願寺攻め（大坂本願寺合戦）と、筆者によって異なる。いわゆる石山合戦の評価が一定していないことが背景にある。その現状に従い、ここでは表記を統一せず、筆者の用例に従った。

第一章　木越祐馨「若年の顕如」

十七歳で門跡成（もんぜきなり）するまでの顕如の置かれた環境について言及したものであり、証如の晩年頃よりの本願寺をめぐる諸問題を検討しようとした論考である。

まず祖母鎮永の後見を本願寺の家父長的立場によると捉え、享禄の錯乱で敗北した加賀四ヵ寺赦免を証如が逡巡（しゅんじゅん）するなかで実行させ、本願寺一門一家衆を再統合したことに注目する。顕如の継職は寺内安定のもとでなされ、鎮永の補佐を有効ならしめたという。

ついで内衆下間氏との関係を検討する。この関係を見ていくために、正月の恒例行事である本願寺宗主の下間氏宿所訪問を、証如の時期から取り上げて顕如に及ぶ。いずれにおいても宗主自身と近親者および下間氏嫡流の家督という限定された人物の一味同心の場であったと指摘する。ここでの参加者が本願寺の中核を形成したことになろう。顕如の行動が彼等に規定されたと推定している。

またわずかではあるが室町幕府奉行人奉書の形式を踏襲した文書の発給について考察する。武家的性格の文書は軍事的指揮者でもある下間氏に相応しいものであるが、門跡成を頂点とする公家的性格を有する本願寺には不相応であったために、広く採用されることはなかったという。

第二章　安藤　弥「顕如の前半生――本願寺「門跡成」から親鸞三百回忌へ――」

誕生から石山合戦勃発（ぼっぱつ）までの顕如の前半生における事績から人物像を探る論述である。その人物像を、公家としての顕如、僧侶としての顕如という二つの性格で示した。

二つの人物像を導き出すうえで、永禄二年（一五五九）の門跡成と同四年の親鸞三百回忌が重要な事象であることを強調する。門跡成の意義について興味深い指摘は、各地域における本願寺教団の展開に影響を及ぼしたとするものである。なかでも東海地域において院家成した三河本宗寺・伊勢願証寺の、「寺内」という地域社会の拠点に新たな権威を付与したという。やがて一向一揆の拠点ともなるこの二ヵ寺が信長・家康に殲滅されたことを、本願寺門跡・院家の権威否定という文脈で捉えるよう提唱する。

親鸞三百回忌について、行道の導入等による儀式の通仏教化、法服・七条袈裟といった権威的法衣の着用等の特徴と、他宗僧徒および「大群衆」の参詣という現象を指摘する。

同十年の光教寺顕誓異義事件を、門跡成・三百回忌後の矛盾・動揺と捉え、顕如の側近として抬頭する御堂衆と一家衆の対立が背景にあるとする。排除された顕誓の著作『古今独語』『反古裏書』や願得寺実悟の著作『本願寺作法之次第』を、若き顕如への諫言と評した。

第三章　弓倉弘年「永禄・元亀の政局」

室町将軍をめぐる永禄・元亀年間（一五五八～七三）の政局を詳述した論考である。内容は三好政権および織田信長の畿内進出による幕府復活を軸に進められ、大坂本願寺の置かれた状況を検討する上で有益である。近年の三好政権研究の進展成果を取り入れながら記述する点が注目される。三好氏の家格上昇と畠山氏から河内を奪うなどの分国拡大や、三好政権を織田政権の先駆とみるなどの指摘をうけて躍動的に描く。三好一族の内訌が永禄八年（一五六五）将軍足利義輝殺害へと展開し、三好三人衆が足利義栄推戴へと動き、長慶の後継義継が足利義昭方へ転じた様子を簡潔に述べる。

ついで信長上洛後の政情について、将軍義昭の構想を管領や有力守護の在京体制等の復活とし、信長の方針は義昭からの政権委任によるものと押さえる。

さらに元亀の争乱の特徴を挙げる。顕如が信長による本願寺破却を訴えるなかで、雑賀衆が三好・反三好の枠組みで戦いを捉えていたとするなど両者の差異を示す。また反信長連合は統一戦線ではなく、反信長の一点での寄せ集めとする。いっぽう信長の狙いは近江・伊勢の領国化であり、終了するまで幕府を必要とし、義昭追放によって畿内の領国化が本格化したという。

第四章　川端泰幸「一向一揆と織田武士団」

「石山合戦」の前半期におこった近江・伊勢長島・越前の一揆と権力者＝織田信長との関係に注目し、この戦いにおける権力者による根切・撫切という殺戮の意味と影響を問うものである。

まず姉川合戦で敵を悉く打ち滅ぼすという思考を信長が持ったとする自説を押し広げ、近江門徒への脅威と克服を課題とし、長島・越前での行動の前提と位置付ける。

ついで長島の一向一揆では天正二年（一五七四）の攻撃で「根切」という文言が初めて登場し、翌年までに使用が限定されるという指摘に注目する。信長の「根切」という行動から、徳政一揆や土一揆といった要求のある一揆ではない一向一揆に対する不安や苛立ちを看取できるとする。

また同三年の越前でも「数多くひをき」るなどの殺戮がなされたことを踏まえて、虐殺により一揆を根絶やしにするしか選択肢がなかったともいう。この二ヵ所の殺戮が顕如に籠城を決意させたと展開する。やがて信長率いる織田軍団が一揆の地を統治するようになると、一転して慰撫にむかう。織田・豊臣氏をへて徳川氏による幕藩体制が構築される前提として、「石山合戦」が持つ意義の重要性を強調する。

第五章　大澤研一「寺内町の構造と展開」

山科本願寺期に登場し、大坂本願寺期に各地で出現、近世にも及んだ一向宗寺内町の展開過程を、近年の発掘調査の成果を参照しつつ考察した論文である。

まず史料用語の「寺内」と、学術用語としての〝寺内町〟との関係を確認する。宗教儀礼の場（本堂と住持の居所）を区画装置（土塁や土塀）で囲む狭義の「寺内」、その外側に在家・市が展開する町場空間や山林等をともなう状態を広義の「寺内」と解する。また〝寺内町〟とは、「町の寺内」と「村の寺内」という分類のなかで、「町の寺内」に該当するとの説を踏まえて、個別に認知の様子や空間・社会構造の実態から議論すべきと説く。

さらに一向宗「寺内」の空間について、宗教性（仏法領）と経済性（不入権・諸公事役免許等の特権）の結合による存立を指摘する。その出現を吉崎に見出し、ついで山科での寺内町成立を確認し、この時代を空間・特権両面での「寺内」成立の画期とする。大坂本願寺の時代は同寺を頂点とする「大坂並」体制の展開を受け、「石山戦争」期に惣中が運営の主体となり、近世に及ぶと見通す。

最後に、中世から近世への移行期の事例として三河本證寺の「寺内」について、古文書・絵図、および発掘成果から「寺内」空間を復元・推定する。このような具体相の提示は各地の「寺内」を考察するうえで大きな示唆を与えてくれよう。

第六章　武内善信「雑賀衆と「石山合戦」」

紀州雑賀衆と「石山合戦」との関係について再考を促す論考である。

まず『国史大辞典』の「雑賀衆」の項目に記述される「紀州鷺森御房を中心に結束した本願寺門徒」という通説に疑義を示して、雑賀衆には門徒が含まれるものの、門徒集団ではないとする。

「石山合戦」開戦時の雑賀衆は、紀伊守護畠山秋高の催促に従って足利義昭・織田信長側についており、雑賀門徒衆が独自の判断で本願寺側となることはできず、鈴木孫一が三好三人衆方であったのは個別に傭兵として加勢したためと推定する。

天正期に入り、義昭による反信長戦線結成、信長方の守護畠山秋高殺害、鷺森を本願寺退去地とする決定等によって、雑賀門徒衆は本願寺側に立てたのであり、さらに同門徒衆と個々の有力土豪とによる反信長戦線の雑賀一向一揆成立を指摘する。

しかし雑賀衆のうち宮郷・中郷・南郷の三組は反信長戦線に加わっておらず、天正四年（一五七六）調略によって再び信長側に与したという。ただし三組内の門徒は依然本願寺側にあったとする。

雑賀衆・雑賀門徒衆・雑賀一向一揆を同一視することなく、「石山合戦」での複雑な動きに注視すべきことを指摘している。

第七章　小谷利明「勅命講和」

大坂本願寺合戦の最終的な講和（勅命講和）について、織田信長と本願寺両者にとっての意義を問う論考である。それぞれの意義を導き出すために、まず合戦前の畿内の政治構造について述べ、その後合戦を前後期に分けて検討している。

合戦前における畿内の政治構造の特徴として、信長の「天下布武」が天下再興＝幕府再興の世論を受けて出されたこと、文言中に「信長」と家臣に呼ばせた文書を発給して自らを畿内の権力と同位置であること等を示したとする。

合戦前期は将軍足利義昭主導で、信長の領国支配政策によるものではないとするものの、信長による義昭追放と畿内領国化で、本願寺の講和相手が信長になったという。合戦後期は天皇との関係から政権を安定させた信長による掃討戦争で、畿内とその周辺をほぼ平定して講和するも、両者とも永続するものではないとの認識を有していたと捉える。ついで攻城戦を有利に運んだ信長は勅命講和に持ち込み、本願寺側からの三家老誓詞と顕如・教如連署添状を自らの文案で提出させた点に注目し、その文言から信長側からのイデオロギー闘争で本願寺を屈服させたと読み解く。

信長の赦免は、武力・イデオロギーの両方で本願寺に勝利したことから、同寺滅亡による社会不安を回避するためと指摘した。

第八章　草野顕之「教如教団の形成と性格」

大坂籠城を契機として形成された教如教団の性格について、教団を構成する家臣・坊主衆（一門一家衆・一般坊主衆）と地域教団を検討した論考である。

まず家臣団の動向として下間頼廉・頼龍・仲之の三人を見てゆくが、なかでも親顕如・反教如の仲之に注目し、教如の籠城を謀ったとする説を首肯する。坊主衆のうち一門一家衆では慈敬寺証智・教行寺証誓・毫摂寺善海、一般坊主衆では端坊を籠城派として取り上げる。彼等への処分がその門下の直参化であったことを強調する。

さらに地域教団における教如支持の事例を示す。自説である本願寺一門一家衆寺院や有力直参寺院などの中核寺院に、周辺の末寺・門徒が勤仕することを通して結集する地域教団の具体例を挙げている。これによって教如支持が組織的で広範囲であると理解できよう。

教如教団の骨格が籠城派であることから、教如の籠城の論理を最後にまとめる。教如が大坂を死守するために蓮如を持ち出した点に着目し、大坂が蓮如の説く「仏法領」の具現化した場所との認識を重視する。教如の認識は蓮如の子弟である一門一家衆のなかで支持を得ることになったという。籠城が「仏法再興」につながるとする論理への結集を促したと指摘する。

第九章　岡村喜史「大坂退出についての教如の動向」

天正八年（一五八〇）三月の勅命講和による大坂退出をめぐる教如の動向を、対立した顕如と対比させながら検討した論考である。

両者が本願寺存続という点で一致しながら、その手段として教如は拘様（籠城継続）、顕如は禁裏保証のもとでの信長との和平と、正反対の主張がなされたという。そこで顕如の主張を次の四点に集約した。①天皇申し出の和平、②仏法破滅の回避、③親鸞木像御座所の雑賀移転、④教如の虚言である。これに対する教如の主張をみていくと、①天皇の和平への不服従、②抗戦継続による仏法再興、③親鸞木像御座所としての大坂、④教如支持グループの存在となる。

集約された四点のほかに、さらに言及すべき内容として、教如にとって大坂が本願寺歴代の故地として死守すべき地であったことを挙げる。また教如支持派について本願寺内部の坊官・一家衆ばかりではなく、諸国坊主衆の存在にも視野を広げている。

そして両者の主張には「仏法興隆」が掲げられるが、決定的相違は退出と籠城という結果となったという。さらに教如の主張が顕如の開戦時の方針と合致するといい、退出という転換は①によっており、天皇の権威に組み込まれた結果と指摘する。

第十章　青木　馨「大坂拘様終結における顕如と教如」

天正八年（一五八〇）の大坂退城・籠城（拘様）をめぐる顕如および教如の行動原理を、両者の下付（授与）物の特徴から析出することを試みている。

顕如の退城は「法流断絶」という危機の回避策で、「安泰」という原理を見出すことができるという。いっぽう教如の籠城は、大坂という聖徳太子旧跡であり、蓮如以来の「（親鸞）上人の御座所」である地の消失という危機への挑戦で、「死守」の原理を看取する。そこで顕如のいう「安泰」とは、門跡たる自身の身分と身体および門徒の安全と規定する。

次に下付物の特徴から教団の状況を析出する。顕如の場合、絵像本尊の小型化がみられるとして道場の規模の縮小等を挙げる。親鸞御影三点の九州への下付や本願寺代々次第（連座像と墨書列名）に注目する。なかでも連座像における歴代宗主の装束で、九代実如より鶴丸紋が定紋化したことを指摘、権威の上昇の可視化とみる。

教如の場合、この時期すでに「大谷本願寺釈教如」と名乗り、顕如が制限した十代証如影像・親鸞御影・同影像を多数下付した事実を、未紹介の裏書を掲げて指摘する。その行動を大谷破却後に在国して宗主活動を続けた蓮如への回帰と看取した。さらに多量の寿像下付も、その特徴とする。

以上の両者の差異が東西分派の底流にあると展望する。

第十一章　大原実代子「天満・京都時代の顕如本願寺と洛中本願寺屋敷」

天正十三年（一五八五）和泉貝塚から大坂天満へ移転した後の顕如および本願寺、さらに顕如死没後の教如・准如の動向と、東西分派までを論述する。

この間の注目すべき出来事として、同十五年五月に豊臣秀吉より京都に屋敷地を与えられたことを挙げ、本願寺文書の「室町本願寺絵図」がこの屋敷地に該当する略絵図であると推定した。略絵図により屋敷地は室町通・中御門通・勘解由（かげゆ）小路今立売町・町通に囲まれた南北三十一間・東西二十五間の広さをもつことがわかり、現在の京都市上京区門跡町全体にあたるという。大坂より本城を移した聚楽第周辺に屋敷を与えられた本願寺の存在は、門跡寺院としてよりも戦国大名家と見なされていたとする。

さらに真偽の問題を有する天正十五年極月六日付准如宛顕如譲状について、京都屋敷と関説した。同十三年頃から病を得ていた顕如が譲職して京都屋敷に隠居する意思を推測し、譲状が同十五年に作成された背景を説明する。そのうえで辻善之助の譲状偽作説を否定する金龍静の自筆説を補強している。

また教如が慶長四年（一五九九）六月に移った「門跡町」（『大谷本願寺通紀』）を、この京都屋敷と指摘する。これによって教如による「本願寺」再興が大坂ではなく京都で画策されることになったとする。

第十二章　太田光俊「顕如発給文書について」

顕如の発給文書の特徴を書札礼から検討した論考である。発給文書は書状・消息と御印書に大別され、それぞれの特徴について考察を加える。ただし顕如発給文書の蒐集・研究状況が十分でない現状から、控えである文案（『顕如上人文案』）を分析する。文案には料紙の種類が記入されており、充所による料紙と書留文言の差異によって、充所と本願寺との関係をみようとしている。

まず天正八年（一五八〇）の勅命講和における庭田重保・勧修寺晴豊充について、杉原紙と「恐々謹言」の書留文言の使用を確認し、分析の起点とした。ついで両家の家格である羽林家・名家充については、参議在任中の場合、父証如より顕如の方が薄礼であったと指摘し、門跡成の影響とみる。料紙は引合が門跡として相応しいと想定する。さらに摂関家・門跡・武家充に言及、同じく門跡成によって摂関家では家令を介し、門跡とは直接往来したことを指摘する。

また門跡充では門跡成によって作成された御印書の二通一体（御印書・坊官副状）から三通一体（御印書・坊官副状・坊官内衆副状）形式への変化に注目する。三通一体は天正十四年（一五八六）大坂天満移転にともなう御堂復興に必要とした。理由については、石山合戦敗北過程で登場した坊官の内衆が臨時に懇志収取で活躍して文書を発給するようになり、そのための体系化と考察する。

第十三章　金龍　静「下間頼廉名乗・花押考」

石山合戦終結時の「血誓三人之一人」である下間頼廉（一五三七〜一六二六）の名乗と花押の変化を提示し、無年号の多い発給文書（現在三八五点を確認）の編年化に資する論考である。

まず略歴の中で、源十郎―右兵衛尉―刑部卿（ぎょうぶきょう）という官途名と、法眼から法印への位階等の変遷時期を示す。ついで名乗の変化として、「廉」字の麻垂（广）の左タレ（三画目）についての変化（斜め左型と垂直型）に着目し、さらに花押の変化を詳細に説明する。これらの変化に留意しながら数点の文書を取り上げて、年次推定の再考を促す。

いっぽうで頼廉花押の編年化における課題も示す。変化の時期が天正五年頃から同十年頃までの間に集中するが、この時期は本願寺にとって重要な出来事があり、頼廉文書の年次の絞り込みが進むと、研究の深化に寄与するとの意義を強調する。しかし、この時期以降は変化をほとんど示さず、編年化は不可能となるため、小奏者の花押の変化追求を期待するなどの多くの所見が示されている。

第十四章　塩谷菊美「寛政の顕如――石山合戦を題材とする浄瑠璃・歌舞伎――」

寛政年間（一七八九～一八〇一）頃の浄瑠璃・歌舞伎に登場する顕如像の特徴を論ずる。石山合戦を題材とする作品では、東本願寺が真宗浄瑠璃を不許可としていたために顕如の実名を使用できず、足利義昭の変名覚慶を用いて、「慶覚上人」を誕生させたことを初めに述べる。描かれる顕如像から、これまでの真宗浄瑠璃を踏まえて石山合戦に不関与で責任を負わせない「生き如来」と、合戦の端緒を行動で示す〝単なる人間〟という二つの異なる姿を見出している。

この二つの顕如（慶覚）像には当時の真宗信仰の内実が投影されていると指摘する。「生き如来」は教義を理解せず、ただ念仏を唱える素朴な信仰によるといい、〝単なる人間〟は真宗聖教の文句を覚え、教義理解の進んだ段階での人物像という。真宗信仰が二面性を内在させながらゆっくり変化したことを踏まえ、信仰の新たな段階を強く表現するか否かによって、顕如（慶覚）像の差異が生まれたと分析する。

寛政の顕如は聖なる力を行使できず、魅力溢れる人間にもなれないという。そして語られず、知られない顕如とは、真宗信仰の深部の変化を体現する存在であるとする。

第一章　若年の顕如

木越祐馨

はじめに

本願寺十一代顕如は、天文十二年（一五四三）一月六日に、大坂本願寺で誕生した。童名を茶々、諱を光佐といい、信楽院と号した。父は同寺十代証如（一五一六～五四）、母は庭田重親の女如従（顕能、一五二一～五八）である。如従の祖母が同寺八代蓮如十女の祐心（中山宣親室、庭田重親は宣親息）であることから、如従は蓮如の曽孫となる。兄弟は播磨本徳寺証専（祖父円如の弟実円孫）の室の妹顕妙である。室は細川晴元養女の如春（実は三条公頼女）で、六角義賢の猶子として嫁した。如春との間に、教如・顕尊・准如の三男と女子一人（早世）を儲けた。天正二十年（一五九二）十一月二十四日、五十歳で没した。

この五十年の生涯において、永禄二年（一五五九）の門跡成、元亀元年（一五七〇）から天正八年（一五八〇）に及ぶ石山合戦、同八年の勅命講和・大坂退去、同十九年（一五九一）の京都本願寺成立等の大きな出来事をみることができる。以上の代表的な出来事から、顕如および本願寺が、当時の武家・公家社会のなかで存在したことを知ることができよう。中世後半にこうした社会に本格的に参入し、近世を迎えるなかで本願寺を体現したのが顕如であった。

顕如の本格的伝記は、谷下一夢氏の『顕如上人伝』[註1]に始まるといってよい。昭和十六年（一九四一）の三百五十回忌にあたって、浄土真宗本願寺派が、同派に属し、帝国大学史料編纂所嘱託であった谷下氏に執筆を委嘱したものである。谷下氏は西本願寺に所蔵する古文書・古記録を駆使し、史料編纂所での研究を生かして執筆、大方の顕如の事績をよくまとめている。

次いで本願寺史料研究所編纂の『図録顕如上人余芳』[註2]と、千葉乗隆氏の『顕如上人ものがたり』[註3]を挙げなければならない。両書ともに同派が、平成三年（一九九一）の四百回忌を期して刊行した。本願寺史料研究所が蒐集した史料を活用しており、書名が示すように前者は多数の図版が掲げられ、後者は平易な文章で簡潔に仕上げられている。

ここでは前掲の三書に学びながら、生涯の中で永禄二年、十七歳で門跡成するまでの若年顕如について触れてみたい。そのため顕如の意思よりも、父証如の構築した環境とその変化について言及することになろう。

一、祖母鎮永の後見

谷下一夢氏は『顕如上人伝』のなかで、その生涯を第一期祖母補佐時代・第二期石山合戦時代・第三期寺基移転時代の三期（時代名は編名）に分けた。このうち第一期を天文十二年（一五四三）の誕生から、鎮永の没する前年の元亀元年（一五七〇）の二十八歳までとした。元亀元年は石山合戦発端の年であることから、祖母補佐時代と名付けながらも、第一期の下限としたようである。第一期における継職・門跡成という重要な出来事において、谷下氏は証如の遺言をうけ、隠れた努力を行ったという鎮永の補佐を認めている。そこで補

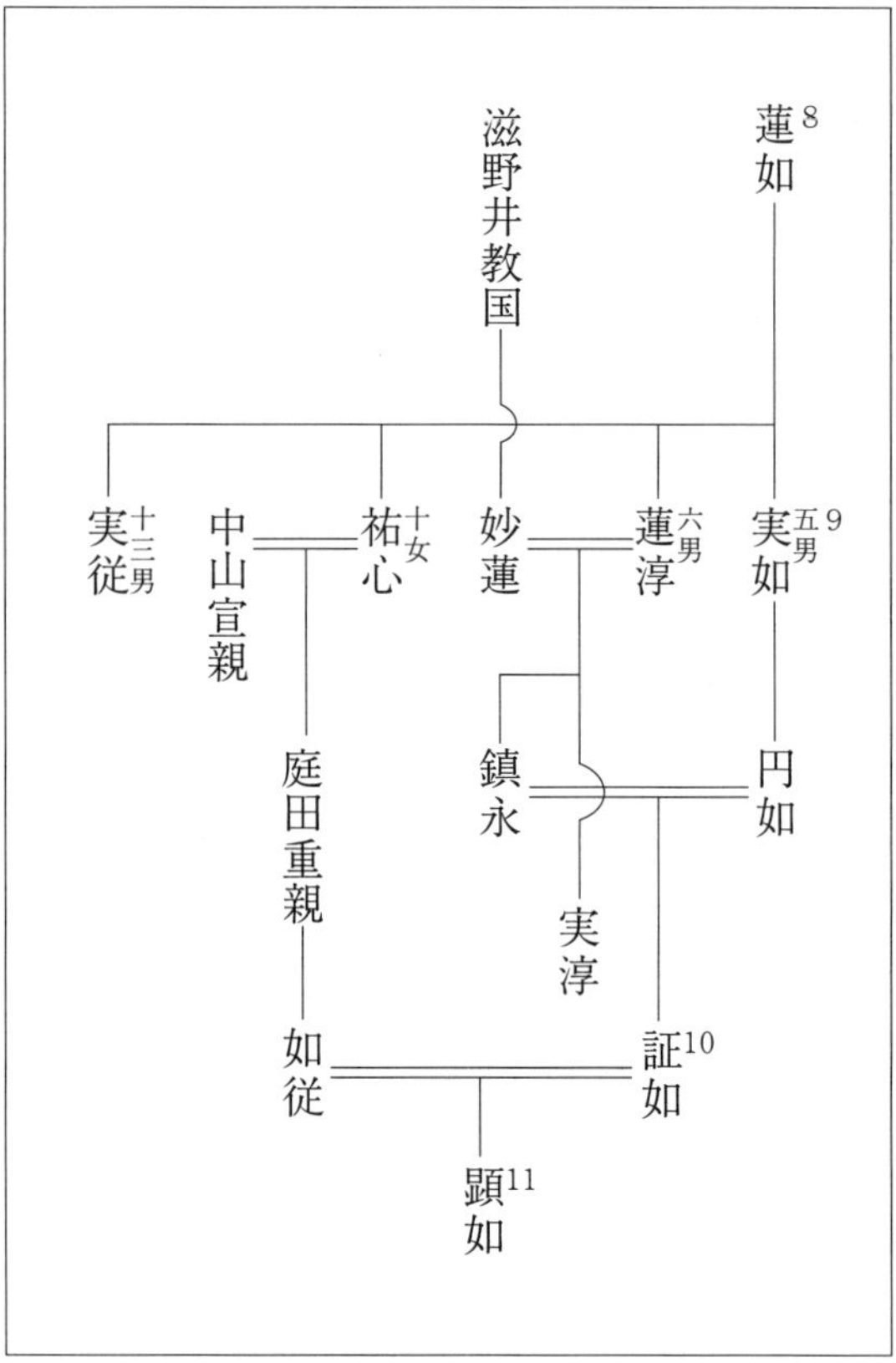

本願寺略系図

佐の実態をみていく必要があろう。

既に指摘されているように、天文二十三年（一五五四）八月十三日、証如は死に臨んで、「何事も大方殿（鎮永）ヲ御跡之儀ハ頼御申候」（『私心記』(註4)）と顕如に遺言した。鎮永は、証如が十歳、顕如が十二歳と若年で継職するなか、いずれにおいても後見的立場にあったとされる。『増補改訂本願寺史』第一巻(註5)では、この立場を示す事例として、証如在職期の天文十九年（一五五〇）、享禄の錯乱で破門された加賀四ヵ寺等の赦免を働きかけ実現したこと、顕如継職後弘治二年（一五五六）の越前朝倉氏との和睦交渉等を挙げている。

若年の顕如に対する鎮永の後見的立場はどのようにして確立したのであろうか。この点を検討するために、証如による享禄四年（一五三一）の錯乱（享禄の錯乱）に敗北した加賀四ヵ寺等の赦免に注目したい。赦免を逡巡する証如の背中を押した鎮永の行動について、赦免された一人の光教寺顕誓の述懐を、その著『反古裏書』(註6)からみてみよう。

シカリトイヘトモ、ナヲヲリ〳〵ヨシミヲモトメテ、家中ヲ頼奉ル所ニ、兼誉御病中ニ御遺言アリシトテ、一門衆同ク越州ヘツカヒヲタテラレ、二度帰参セシメヲハリヌ、数年ノ願望、一身ノ満足、是ニスキストソ侍ル、時ニ天文十九年季冬中旬也、

慶寿院鎮永尼絵像（本願寺蔵）

赦免は天文十九年八月に没した、証如の外祖父で鎮永の父にあたる蓮淳（蓮如六男）の遺言であったという。顕誓等は近江六角定頼・能登畠山義総の仲介で早くから赦免を求めており、最も証如が忌避した本泉寺蓮悟も大坂に入るべく坂本まで到来したものの、結局許されず堺に止まることになった。なお蓮悟は赦免されることはなく、同十二年（一五四三）に没した。そこで顕誓等は「家中」つまり本願寺の中枢を構成する一門・内衆を頼り、その頂点にある蓮淳に取り成しを求めたのである。蓮淳は顕誓等の意を受けて死に臨み赦免を中

し入れたようだ。

蓮淳の遺言の重さを証如は承知していたとみられるが、逡巡する背景には永正三年(一五〇六)以来加賀に在国し、享禄の錯乱で顕誓・蓮悟等と戦った超勝寺等の越前衆の存在があり、その了解を取る必要があったからではないか。当時の超勝寺住持は顕誓らと争った実顕の息教芳で、教芳の母が蓮淳の女で鎮永の姉という関係も無視できなかったのであろう。それを示すのが、「一門衆同ク越州へツカヒヲタテラレ」との文言である。そして最終的には鎮永の説得によって証如は赦免したのである。

顕誓が赦免を「数年ノ願望、一身ノ満足是ニスキス」と手放しで喜んでいるように、天文十九年の赦免によって本願寺一門・一家衆の再統合がなったとみるべきであろう。

その功労者として鎮永が一門・一家衆の頂点に立つことになったのではないか。再統合という好条件のもとで顕如は継職しており、鎮永が後見的な立場に就くことは衆目の一致するところであった。

二、内衆下間(しもつま)氏との関係

次に知行・軍事の責任者である内衆下間氏(註7)との関係を見ておきたい。宗主に対して諸家・門末から寄せられた文書等の取次・披露を行う、同氏が担った奏者に注目しよう。まず同氏の中で奏者であった人物の系図(註8)を掲げる。

戦国期の奏者として十四人が確認されており、嫡流からは八人を出し、庶流ながら嫡流の女婿二人を含めると庶流を圧倒している。嫡流の官途名は頼玄の名乗った丹後である。その子頼秀が失脚すると、上野を名

乗った頼玄の弟の頼慶系が嫡流となり、光頼・頼総父子が丹後を、真頼・頼資が上野を称した。このうち顕如の代には頼総・頼資と庶流の頼言・頼良兄弟が奏者を勤めた。庶流頼言の就任は、父頼次（頼次の登用は父光宗が蓮如に祗候していたことも関係しており、宗主一族の信頼が厚かったとみられる）がその地位にあったことと、室（頼次の弟頼清女子）が鎮永に祗候していたことが影響していたのであろう。

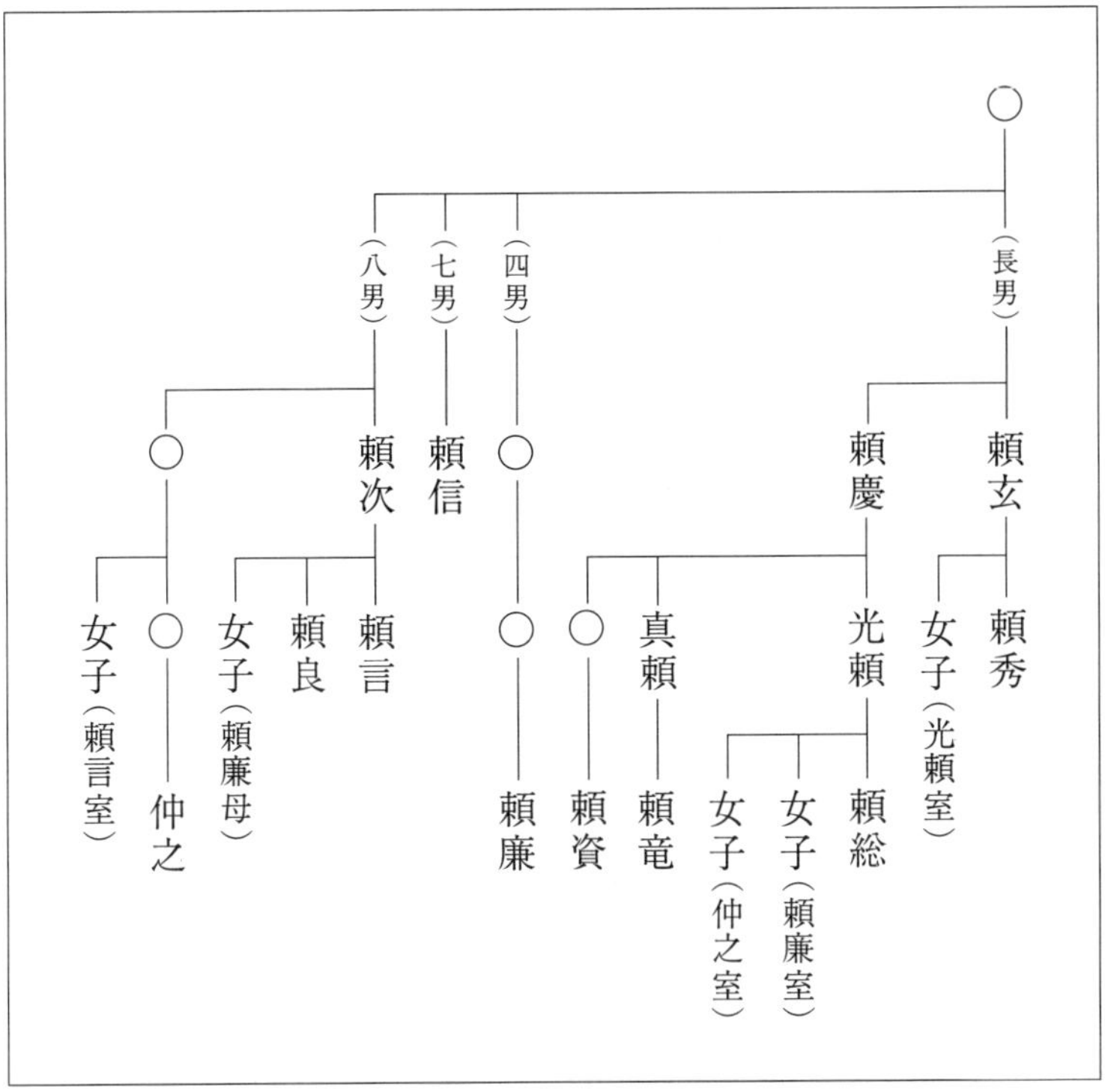

下間氏略系図（奏者のみを摘出）

　宗主と下間氏との関係について、密接さを示す事例として、正月四日の恒例行事である宗主による同氏宿所訪問に注目してみたい。この訪問はいつから始められたかは不明であるが、『天文日記』[註9]で現存する天文五年（一五三六）以降、毎年記述される。そこで初見の天文五年正月四日の該当記事を掲げよう。

如嘉例上野朝飯令沙汰候、いつも
壱貫文遣候へ共、去年より中定、
宿へ行候時こそ遣候へく事候へ、
是にてハ有間敷□□□、当年も其

分候、

同四年に形式が整えられたようであり、宗主が四日に下間氏の宿所を訪れ、朝飯を振る舞われ、宗主は志を下賜した。前掲記事にみえる上野とは頼慶で、嫡流の頼秀が弟頼盛とともに失脚し、同四年九月に大坂本願寺を退去したため、兄頼玄存生にもかかわらず、同氏嫡流の家督として遇されたようだ。そのため前述のように、丹後の官途名は頼慶の長子光頼とその子頼総が、上野は孫頼資が継承することになったのであろう。同六年正月四日には何らかの事情によって、証如は頼慶の宿所を訪れておらず、そのため志も渡していない。しかし、頼慶による振舞はなされた。その記事は次の通りである。

一、今日上野振舞候供御、午剋過ニ有之、相伴兼誉・兼智・兼盛・上野計也、様体別ニ録之候、佳例之百疋不遣候、其子細者宿へ行候時者其分候へ共、此方にての事にて候へハ無用候と云事にて、近年先々相止候事候、近一家計相伴也、絹袴不着、

証如の相伴者は、光応寺蓮淳（兼誉）・順興寺実従（兼智）・顕証寺実淳（兼盛）という「近（キ）一家」であった。蓮淳は前述の通り証如の外祖父、実従は蓮如の十三男で蓮淳の弟、実淳は蓮淳の長男である。証如自身とその近親および内衆の首座下間頼慶という限定された人物による一味同心の場であったことがわかる。

同九年正月四日には女房衆が初めて加わった。

一、如恒例上野宿へ行候、人数者此方三人、兼誉夫婦・中山・兼智・兼盛夫婦是也、女房衆者始而之儀也、

女房衆□へ被行候、如毎年百疋以周防遣之、自大方殿十合・十荷、あこより三種・十荷被遣之、

出席者は証如・母鎮永・あこの三人に、蓮淳夫婦・祐心（蓮如十女）・順興寺実従・顕証寺実淳夫婦の六人が加わった。このうち鎮永・あこを除く三人の女性は、祐心が中山宣親の室、蓮淳の室妙蓮が滋野井教国の女、実淳の室正妙が飛鳥井雅康の女という公家の内室または女である。一族内で婚姻関係を結ぶ本願寺一門・一家のなかで、蓮淳系の公家との婚姻は際立っており、公家社会と本願寺との回路の役割を果たしていたといえよう。この丹後の宿所への訪問記事は証如の身内の性格を示している。公家社会との回路を有する蓮淳とその一門、さらに内衆の首座にある下間丹後が証如を直接支持する立場にあったことを確認することができるのではないか。

そこで継職後の顕如が正月に下間氏宿所に赴いた記事を、順興寺実従（註10）の日記『私心記』からみてみよう。継職後の天文二十四年（一五五五）正月四日（註11）には、

四日、朝、丹後御中候、四時過ニ御出候、御輿也、予モ輿ニテ可参候由被仰間、輿ニテ土呂殿同道にて参候、土呂殿御煩候テ、輿ニ御乗候、又雨降候故也、飯上様御前汁四・菜十二・菓子七、中酒三返、後ニ雑煮一献・折三合、一度ニ参候、丹後御酌候テ後、御太刀折紙進上候、ヤカテ御盃頂戴候時、御太刀一腰被下候、結構ナル太刀也、御トヲリ過候テ、ヤカテ御帰候、（下略）

とあり、顕如が実従・実円（土呂殿）を従えて、下間頼総の宿所に赴いた。実従は鎮永より顕如の後見を託されており、顕如に代わって度々本願寺での仏事の調声を行うなど、近侍した重要な一門である。そのため実

従の日記『私心記』は若年の顕如の動向を探るうえで重要な記録である。実円は顕如の祖父円如（証如の父）の弟で、三河本宗寺（土呂）と播幡本徳寺を兼住し、顕如に最も近い一門であったが、天文二十四年には既に病を得て、同年十二月に没した。後継の実勝も同十九年に没しており、この後、身近な一門として実従の存在が重視されることになる。

次に記録の存する弘治三年（一五五七）には、顕如の病によって正月六日に延引され、顕如と鎮永・如従・実従が赴いた。(註12) 顕如以下は輿(こし)を用いたが、実従は徒歩である。天文二十四年は輿に乗ったが、実円の病と降雨によって、顕如の命で実従も用いたようだ。徒歩は鎮永・如従との身分の差異を示しており、実従に対する処遇の一端がわかる。

弘治四年（一五五八）は実従も徒歩にて同道するが、女房衆は前年の参加者に証如の姉祐宗が加わり、顕如の近親のみであることに変わりはない。(註13) 翌永禄二年（一五五九）には小袖を頼総に授与している。鎮永も頼総の母に小袖を下賜した。(註14) これによって頼総の存在が際立っていることを改めて確認できよう。

実従は永禄二年に顕如の門跡成にともない大坂より枚方に移ったため、同三年より正月四日の行事に参加することはなくなった。実従の後見的立場は大きく後退したといえよう。いっぽうで頼総の存在が重視されることになるのである。

三、下間氏の発給文書の変化

顕如の在職期、下間氏の嫡流頼総のみが奏者ではなかった。枚方に移った実従は永禄三年（一五六〇）正月五日大坂本願寺に上山して顕如に年始を進上したのち、「丹後・上野・周防宿へ行、二十疋ツ、」と下間氏の宿舎へ赴いた。(註15)翌四年の同日にも「丹後・上野・大蔵卿宿へ行、二十疋ツ、遣候」と同様の動きを示している。(註16)この三人のうち、上野が頼資(のち頼充)、周防・大蔵卿が頼良である。頼資は頼総の従弟で、前述のように光頼・頼総父子が嫡流を継承して丹後を名乗ったために、頼資が上野を称した。頼良は兄頼言の妻(下間頼清女)が鎮永に祇候していた関係で、庶流ながら兄とともに奏者となったのであろう。ここにも鎮永の影響力をみることができる。このように嫡流頼総と頼資・頼良が顕如前半期を領導していたといえよう。

彼らの領導の下では既に指摘されるように、(註17)次の通り発給文書に変化があらわれる。次の二通(註18)がその初見で、書留文書に「恐々謹言」等ではなく、「執達如件」「被仰出之状如件」を用いる。

嵯峨宝幢寺領加州河北郡松寺保事、有子細、唯今鹿王院進止云々、早令存知之、去年以来年貢・諸公事物等、如先々対彼庄主、速可令其沙汰、更不可及遅怠之旨、百姓中堅可被申付之由、被仰出候也、仍執達如件、

永禄元
九月廿七日　　右近将監
　　　　　　　頼良(下間)判
　　　　　　　左衛門大夫
　　　　　　　頼資(下間)判
渡辺宗左衛門尉殿
同与衆御中

嵯峨宝幢寺領加州河北郡松寺保事、有子細、唯今鹿王院進止云々、早令存知之、去年以来年貢・諸公事物等、如先々対彼庄主、速可令其沙汰、更不可及遅怠之旨、被仰出之状如件、

永禄元
九月廿七日　頼良判
頼資判

当所名主百姓中

二通は嵯峨宝幢寺領加賀国河北郡松寺保（いまの石川県金沢市松寺町）の年貢・諸公事を、鹿王院に沙汰するよう、本願寺顕如が加賀の一向一揆を構成する河北郡の組（与）の指導者旗本と組衆、および同保の名主百姓中に命じた内容の奉書である。書留文言が「仍執達如件」「被仰出之状如件」で、これまで同じ内容を伝える際に書状に用いる「恐々謹言」とは大きく変化する。さらに同日付で同院領石川郡安吉保公用の沙汰を命じた同形式の文書を、窪田大炊允（おおいのじょう）・同与衆中と同所名主百姓中に充てて発給している。「執達如件」は院宣・御教書に登場し、「（主人の仰せによって）お取次ぎいたします」の意味である。[註20]御教書は平安時代においては三位以上の人物の奉書を指し、鎌倉幕府では関東御教書、室町幕府では将軍家御教書と呼ばれた。さらに室町幕府では奉行の奉書でも「執達如件」を用いており、竪紙（たてがみ）奉書（書下年号、官途書、もしくは「沙弥」）と折紙（おりがみ）奉書（付年号、実名書、もしくは法名）の二種に分類される。応仁の乱以降は最も一般的な幕府の公文書であったようである。

前掲の第一通は実名に加えて官途を記すものの、付年号であるため折紙奉書系である。本願寺において顕如の意を奉じて発給する文書を、室町幕府奉行人奉書に擬して作成したといえよう。

この形式は永禄十二年（一五六九）十月十日付で、蜷川勘解由左衛門尉・同与衆中と当所名主百姓中に充て、上賀茂社領同国河北郡金津在の年貢などの沙汰を命じた、頼総（証念）を奏者とする奉書でも用いられている。[註21]これら三例はいずれも下間氏を奏者とし、加賀の一向一揆の旗本・組衆中と名主百姓中に充てて、京家領の年貢等沙汰について命じた限られた事例である。おそらくこのような形式の文書発給は、文書の実効力を期待する荘園領主の依頼によるものではないか。本願寺においても新たな文書を模索してのことであろう。しかしこの形式は定着しなかったようで、三例のみしか確認されていない。公家的性格を有する本願寺には相応しないと考えたためであろうか。いずれにしてもこの試みは幕府を意識したものであり、その影響を免れるものではなかった。いっぽうで本願寺の奏者が幕府奉行人と同じ位置であることを示そうとしたのではないか。下間氏は軍事的責任者でもあるため、武家的性格の文書を用いて、奉じた顕如の意志を一揆衆に確実に伝達しようと試みたのであろう。

おわりに

ここでは十七歳までの顕如のおかれた状況を扱った。谷下氏のいう祖母補佐時代は、証如による加賀四ヶ寺の赦免をへて、本願寺の一門・一家の再統合がなった時期であった。いっぽう内衆下間氏においては嫡流となった光頼系の頼総が奏者として行動していた。祖母鎮永がいわゆる家父長として、一門の実従が教学・儀式の指導者として、それぞれ後見していた。

顕如と彼らの一味同心を示す行事が、証如在職期と同じく、毎年正月四日に下間氏嫡流の宿所に赴くことである。この行事の参加者が顕如の側近であり、顕如の行動を規定していたと考えてよいのではないか。

〈註〉

(1)真宗本願寺派宗務所文書編纂部、一九四一年。のち谷下一夢『増補真宗史の諸研究』(同朋舎、一九七七)に収載。
(2)本願寺出版社、一九九〇。本文のほか巻末に年譜・自署花押集を載せ、便をはかっている。
(3)本願寺出版社、一九九一。西本願寺の大乗刊行会刊『大乗』(一九八九年六月から九〇年十二月まで)連載分を単行本にしたもの。
(4)大原実代子「興正寺本『私心記』について」(『加能史料研究』第二〇号、二〇〇八)。
(5)本願寺出版社、二〇一〇。
(6)『真宗史料集成』第二巻(同朋舎、一九八三)。
(7)戦国期における本願寺内衆下間氏の本格的研究は、金龍静「戦国時代の本願寺内衆下間氏」(『名古屋大学文学部研究論集』LXXI 史学二四、一九七七)を嚆矢とする。本稿も本論文に拠るところが大きい。
(8)『下間系図』(『真宗史料集成』第七巻、同朋舎、一九八三)より作成。
(9)『真宗史料集成』第三巻(同朋舎、一九八三)、大系真宗史料文書記録編8『天文日記Ⅰ』(法藏館、二〇一五)。
(10)実従については、草野顕之「順興寺と枚方寺内町——一門一家寺院論への展望——」(『講座蓮如』第三巻、平凡社、一九九七、のち草野顕之『戦国期本願寺教団史の研究』、法藏館、二〇〇四、に収載)参照。
(11)(4)に同じ。
(12)大原実代子「本願寺本『私心記』弘治三年・永禄元年」(『加能史料研究』第十七号、二〇〇五)。
(13)(12)に同じ。
(14)『真宗史料集成』第三巻(同朋舎、一九八三)。
(15)(16)(14)に同じ。

(17)『金沢市史』資料編二（金沢市、二〇〇一）の当該文書の解説。
(18) 鹿王院文書。たとえば『金沢市史』資料編二（金沢市、二〇〇一）。
(19) 鹿王院文書。(12)に同じ。
(20) 佐藤進一『新版古文書学入門』（法政大学出版局、一九九七）。
(21) 賀茂別雷神社文書。(18)に同じ。

第二章　顕如の前半生――本願寺「門跡成」から親鸞三百回忌へ――

安藤　弥

はじめに

本稿が担当する課題は、本願寺顕如（一五四三～一五九二）の生涯のうち、天文十二年（一五四三・数え一歳）の誕生から元亀元年（一五七〇・数え二十八歳）の石山合戦勃発以前という時期における、いくつかの歴史的な論点について検討し、その実態と意義を明らかにすることである。顕如は天正二十年（一五九二・数え五十歳）に没するから、担当範囲はその生涯の半分以上にわたっている。

さて、課せられた論点は、具体的には（1）前半生の人生儀礼（誕生・得度・猶子成・継職・結婚）、（2）本願寺「門跡成」、（3）親鸞三百回忌、（4）顕誓異義事件である。多岐にわたる論点を限られた紙幅でできる限り検討したい。

この四つの論点に限って現段階の研究状況を示しておく。安藤「戦国期本願寺『報恩講』をめぐって」では、谷下一夢氏や遠藤一氏、草野顕之氏、金龍静氏らによる先行研究（註1）（註2）（註3）（註4）の主な成果を踏まえた上で、（2）と（3）について、教団史の視座を中心とした全面的検討を試みている。（註5）そこでは基本的な歴史的経緯・実態について史料に即して詳細に確認した。それとともに、いずれも教団の変容・動揺をめぐる批判的評価が必要ではあるものの、（2）については戦国時代における本願寺教団の存続のために必要な選択肢だったのであり、本願寺の本山寺院化、「宗」の独立を強めたものという歴史的意義を確かめた。また（3）については、（2）をふまえ、本願寺教団の到達点を戦国社会に示すとともに、実質的に初めての〝御遠忌〟法要であると指摘した。なお、（1）（4）についても（2）（3）の前後状況として若干の言及をしているが、これらには追求すべき課題を残している。とくに（1）はすでに戦前の『顕如上人伝』（註6）における検討もあるが、（2）（3）と関連しつつ、戦国期における公家社会、寺院社会における本願寺の位置付けという問題に際して、あらためて重要な論点である。また（4）は、教学史的な問題が大きく関わる内容で、これまで北西弘氏、宮崎清氏による『反古裏書』研究のなかで若干の言及はあるが、（註7）（註8）戦国期本願寺教団における真宗教学の動態的状況を考える上で、さらに検討すべき課題である。

管見の限り、筆者の研究以降、とくに本稿の論点に関する専論は示されていないが、通史的なものとして『増補改訂本願寺史』第一巻が出された。（註9）また、重要な史料集として『大系真宗史料』文書記録編五　戦国期記録編年が世に問われた。（註10）本稿では、それらの成果も含み、あらためて本願寺顕如の歴史的な人物像を明らかにするという視座から、（1）～（4）の論点を再検討することにしたい。

一、誕生・得度・猶子成・継職・結婚

まず、本願寺顕如の誕生から得度、継職、そして結婚に関する問題を検討する。

顕如は、大坂本願寺において、天文十二年（一五四三）正月六日、父証如、母顕能尼（のち如従尼、公家庭田

重親の娘）の長子として生まれる。本願寺は天文元年（一五三二）には山科にあったが攻撃を受け焼失し、大坂へと移転していた。天文年間の初頭は本願寺の存続すら危ぶまれる政治的、軍事的情勢であったが、事態収束の後は、証如は大坂を新たな本願寺と定め、顕如が生まれる前年には新造の阿弥陀堂を完成させ、両堂（御影堂・阿弥陀堂）を調えていた。寺内町も発展し、本願寺は武家・公家ら諸方と音信儀礼によって関係を深め、社会的位置を確保していくことになった。顕如の誕生は、大坂本願寺をとりまく状況が安定期に入ったころのことであった。

顕如の誕生については、証如の日記『天文日記』の当日条には「辰尅半時計、男子誕生也」とあり、本願寺一門衆である順興寺実従（蓮如十三男）の日記『私心記』には「五半時程ニ新殿ニ若子御誕生候、則太刀持参候」とある。今でいう午前八時ごろの誕生とみられる。幼名は「ちゃちゃ」（茶々）と呼ばれた。『天文日記』には各所からの誕生祝の到着が記されている。正月十二日には「誕生七日之祝」があり、二月二十一日には誕生を祝う能が行われた。六月二日には新造された「小児居所」に移住している。七月十一日には「小児生霊玉」として生御霊（盂蘭盆会の行事）が行われ、十二月十七日には本来、三歳ごろに行うべき「髪置」の儀式を、顕如がよく風邪をひきあぶないからとして、執行している。

ところで、顕如が数え四歳の天文十五年（一五四六）、本願寺が末寺銭を上納している先の比叡山延暦寺西塔院が、次年の新礼拝講なる儀式の執事役を他ならぬ顕如に差定してきた。証如は即座に断っ

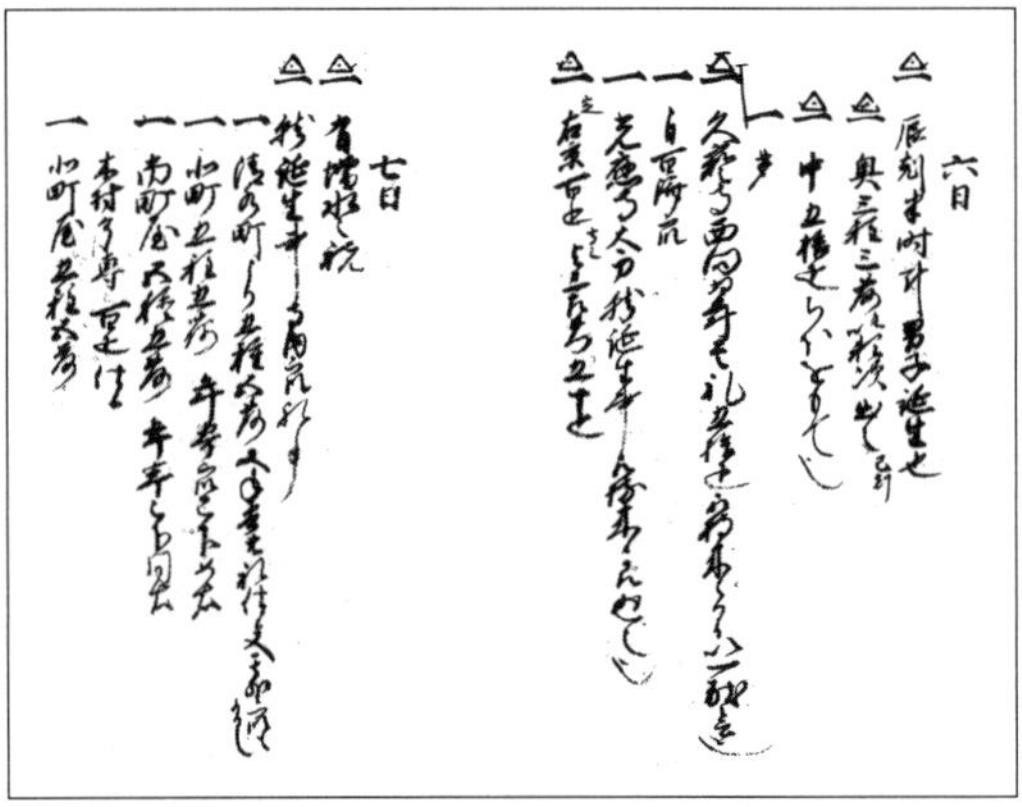

『天文日記』（本願寺 蔵）天文12年1月6日条

ているが、翌年にも同様のやりとりがあった（『天文日記』）。奇妙な事態ではあるが、幼少の顕如を取り巻く社会的状況として興味深い。その後、天文十六年（一五四七）正月十四日には数え五歳で「深曽木」（髪そぎ）の儀式、天文二十二年（一五五三）十一月六日には数え十一歳で「眉直並歯黒」の儀式があり（『天文日記』）、公家的な通過儀礼を執り行いながら、顕如は育っていった。

なお、顕如には四歳下で唯一のきょうだいとなる妹（字有子）がいた。彼女はのちに播磨本徳寺（三河本宗寺）証専の室となる（顕妙尼）。

証如唯一の息男であった顕如は当然ながらその後継として育てられた。天文二十二年（一五五三）十月二日には証如自ら『正信偈（しょうしんげ）』の冒頭四句を教授し、翌日には順興寺実従が「都見諸仏」以下を教え始め、十二月二十四日に終えている（『天文日記』『私心記』）。その後も儀式作法は実従が指南役であり、翌年八月六日には『和讃』の教授がなされた（『私心記』）。

さて、顕如の得度は、天文二十三年（一五五四）八月十二日、にわかに執り行われた。それは結果的に父証如の死去前日のこととなったが、本願寺の歴代は青蓮院で得度をするのが慣例であったといわれ、証如の容態の悪化による緊急対応であった状況が推測されている。『私心記』の当日条によれば、午後二時ごろ実従と教行寺実誓の提案によりにわかに得度式が執行され、御亭において証如が剃刀（かみそり）を当てた。顕如は童体で白素絹の法衣に袈裟衣をつけて得度式に臨み、御堂衆光徳寺乗賢により髪がすべてそり落とされた。西の方に「開山ノ等身ノ御影」（親鸞真向影像）を掛け、西方に向いて得度式をしたと記され、興味深い作法である。法名「顕如」が授けられた。なお、諱（実名）は光佐である。

ところで、顕如は九条稙通（たねみち）を猶父としたという。先立っては証如が九条尚経の猶子となっている（『日野一流系図』）。本願寺蓮如の猶父は広橋兼郷、実如の猶父は日野勝光とされるから、九条家への猶子成は公家的家格の上昇を意味する。九条稙通は天文二年（一五三三）に関白になっているものの、翌年には経済的困窮などで辞任し、その後は西国を放浪していた。公家社会において失脚していた九条稙通を猶父としたとすれば、

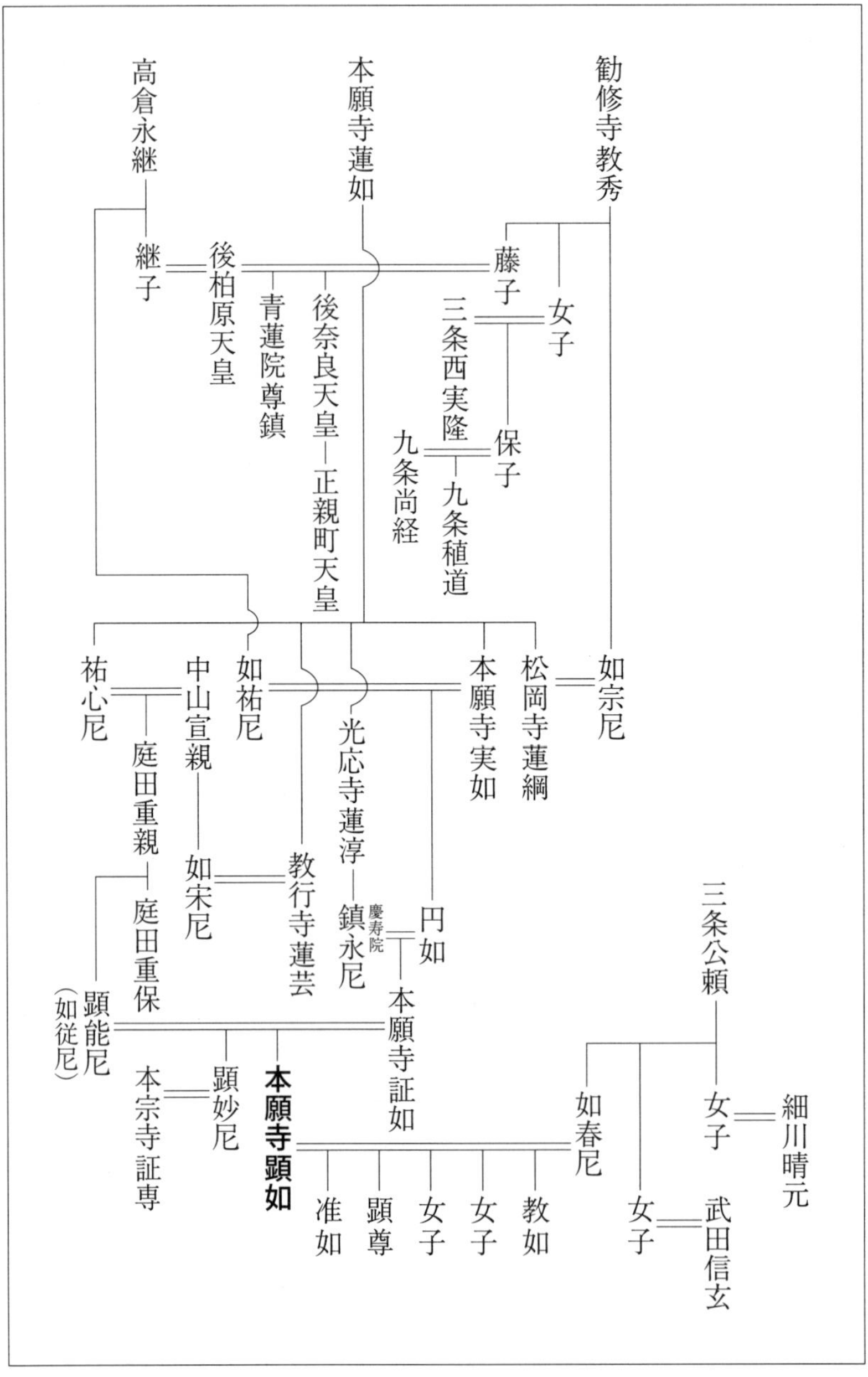

系図（本願寺の婚姻関係［抄］）

それは家格の上昇と権威の獲得と見るほかない。『天文日記』天文十八年（一五四九）六月十八日条に、本願寺証如が九条稙通に二千疋を進上したという記述がある。この経済的援助と顕如が稙通の猶子になることは対応しているといえよう。

天文二十三年（一五五四）八月十三日、顕如の父証如は死去した（数え三十九歳）。顕如はただちに本願寺を継職していくことになるが、証如はその遺言で、自身の母である慶寿院に後事を託していた（『私心記』同日条）。顕如にとっては祖母にあたる。この慶寿院はすでに天文年間、大坂本願寺で辣腕（らつわん）をふるっていたが、孫の顕如が継職すると、元亀元年（一五七〇）九月七日に死去するまで、顕如をよく補佐したものとみられる。

同時に、本願寺の法要儀式に関しては、順興寺実従と三河土呂本宗寺実円らの補佐があった。本願寺教団最大の法要行事である報恩講や毎月二十八日（親鸞命日法要）における式文拝読については、当初は実従・実円が担当し、弘治元年（一五五五）十一月の報恩講で初めて顕如が式文拝読を勤めた。儀式作法を実従からよく習ってのことであったとみられる。なお、同年四月十二日、広橋兼秀が勅使として大坂に下向し、顕如を直叙法眼に叙す勅書が伝えられ（『私心記』）、同月二十一日には顕如から後奈良天皇へその御礼金五千疋が進上されている（『御湯殿上日記』）。法眼とは僧綱の官位（僧位）の一つで、下位の法橋を経ずにただちに法眼に叙されたので直叙法眼というのであるが、それは本願寺住職の僧位僧官の上昇を意味することがらであった。

続いて顕如は、弘治三年（一五五七）四月十七日、数え十五歳で結婚した。顕如より一歳年下の妻如春尼は、公家三条公頼の娘で、室町幕府管領細川晴元の養女となり、さらに近江の戦国大名六角義賢を猶父とした（『厳助大僧正記』）。ちなみに如春尼には姉が二人いて、一人は細川晴元に嫁ぎ、もう一人は武田信玄に嫁ぐという関係であった。これが後に反織田信長同盟のつながりにもなっていく。

『私心記』によれば、四月十二日に「晴元御料人」（如春尼）がにわかに舟で大坂へ下向し、同日中に慶寿院と対面、その後、二、三日過ぎて「大方殿」（如従尼＝顕如母）にも対面している。十七日は夕方より祝言の儀式があり、まず白小袖を着用し、饗が五膳あり、その後、白小袖から色小袖に着替えて慶寿院・大方殿・御料人が座敷に出座したという。雑煮が初献、その後、二献、三献と供御があり、汁三・菜十五であった。慶寿院から小袖五色が贈られ、「ウヘノ唐織」を御料人が着したという。十八日は続々と祝言の贈答儀礼があり、十九日には三日目の祝が、十七日と同じく式三献の饗で行われた。また、二十九日には寝殿において祝言を寿ぐ能があった。なお、この縁談自体は先立つ天文十三年（一五四四）七月三十日、顕如が数え二歳の時に、細川晴元から証如に対して申し込まれたものである（『天文日記』）。

結婚した翌年の永禄元年（一五五八）九月十六日、長男の教如が誕生した。顕如とは十五歳違いとなる。その後、永禄七年（一五六四）二男の顕尊が、天正五年（一五七七）三男の准如が生まれることになる。

二、本願寺「門跡成」

本願寺顕如は永禄二年（一五五九）十二月十五日、数え十七歳で、正親町天皇の勅許により門跡となった。『私心記』には、同年同月十六日条に前日の十五日に大坂本願寺へ万里小路秀房が下ったとあり、十七日条には顕如が門跡になったことへの祝いに実従らが大坂まで行ったことが記されている。また、天皇に仕える女官たちの日記『御湯殿上日記』の同年十二月二十七日条には、本願寺から「門跡成」の礼銭が上納され、その取次が万里小路秀房であったことが記録され、蓮如の孫で本願寺一家衆の光教寺顕誓が永禄十年（一五六七）に著した『今古独語』にも本願寺顕如への門跡勅許についての記録がある。

「門跡」とは、「一門の祖跡」を原義とするが、中世寺院社会の歴史的展開のなかで、貴種(皇族・摂関家、のちには将軍家)が継承する院家(上流貴族子弟が入寺する寺院内坊舎)の称号となっていったものである(門跡寺院の住職をも指す)。貴種が入ることにより寺院が門跡と称されるのであり、そうであれば、門跡は本来、成るものではなく、また親鸞の血統を歴代とする本願寺が門跡化することもありえない。それが実現した背景として、次のような状況について考える必要がある。

まず、前述したように、顕如が関白九条稙通の猶子になったとみられることである。こうした公家的家格の上昇は明らかに門跡の寺格を得ていく前提、背景となった。

同時に、一時的な青蓮院門跡の影響力低下が考えられる。証如の時代には青蓮院門主として尊鎮がおり、この尊鎮が本願寺と証如の上昇志向を制限していた。天文年間に本願寺は青蓮院の院家格にあり、さらに脇門跡格を望んだが、これを尊鎮が退けている。しかし、尊鎮が天文十九年(一五五〇)に没して後、伏見宮邦輔親王とその息男(後の尊朝)が青蓮院に入ることが決定するものの、尊朝は天文二十一年(一五五二)の生まれで、青蓮院入室後、永禄五年(一五六二)に至って得度するという年齢である。先立つ顕如の得度からこの門跡成に至るまでの時代、青蓮院門主は実質的には不在であったといってもよい。本願寺は青蓮院を介さず、姻戚関係のある庭田重保らを通して朝廷との結び付きをさらに深めていく。

大坂本願寺と朝廷・公家社会との関係については、さらに永禄元年(一五五八)以降の烏丸光康の大坂常住、本願寺「門跡成」の勅使として大坂に下向した万里小路秀房とその周辺の動向に注目すべきである。とくに万里小路家は当時、正親町天皇の外戚として大きな力を持っていた。その天皇輔弼体制にはいくつかの特徴がみられるが、なかでもキリシタン排除は重要な方針であり、その一方で、本願寺や法華宗とは密接な関係を積極的に結ぼうとした。外来の異宗教を日本から排除する一方で、かつては異端視し弾圧対象であった新

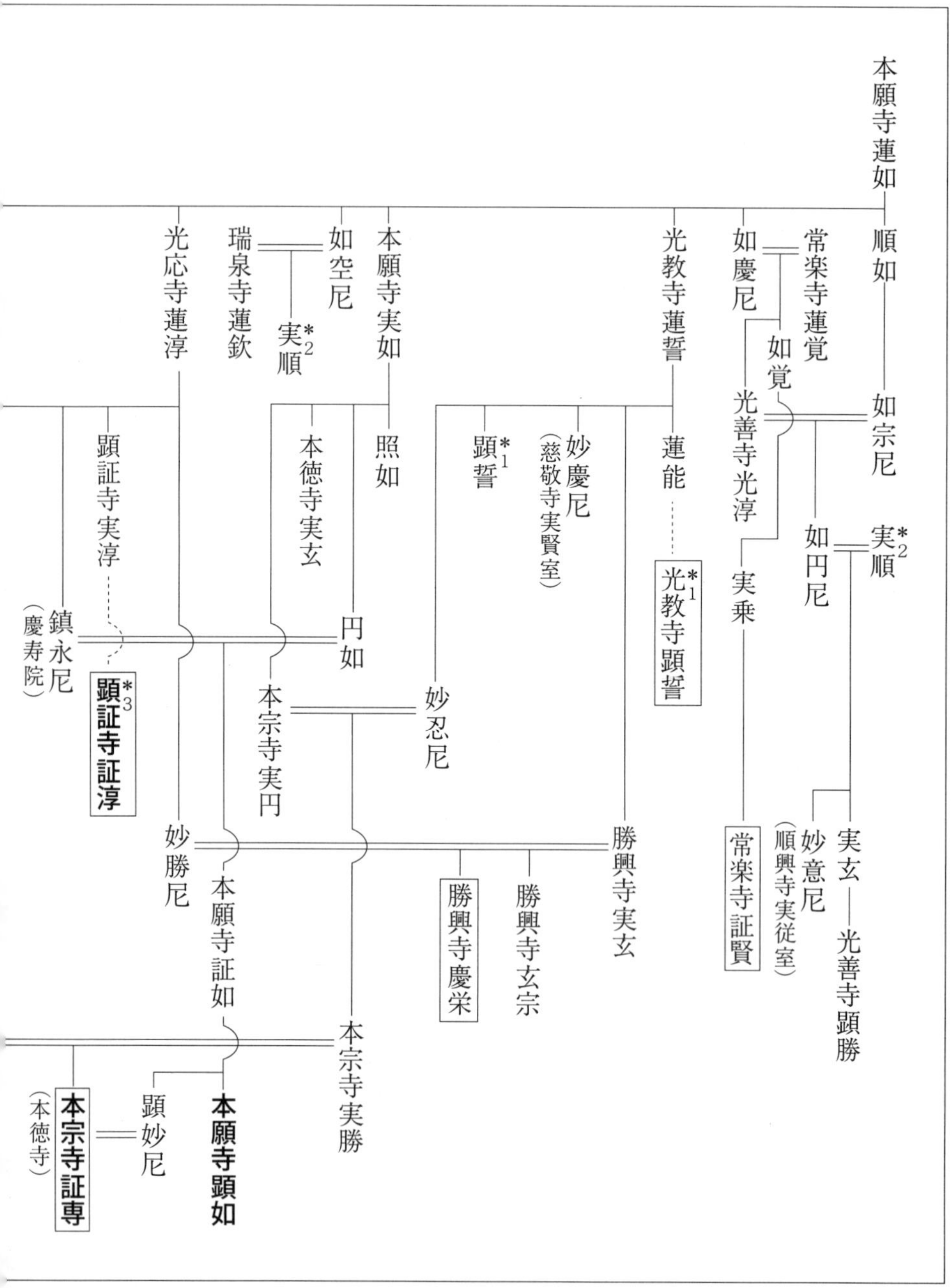

本願寺と院家寺院の関係系図　＊数字は同一人物を示す

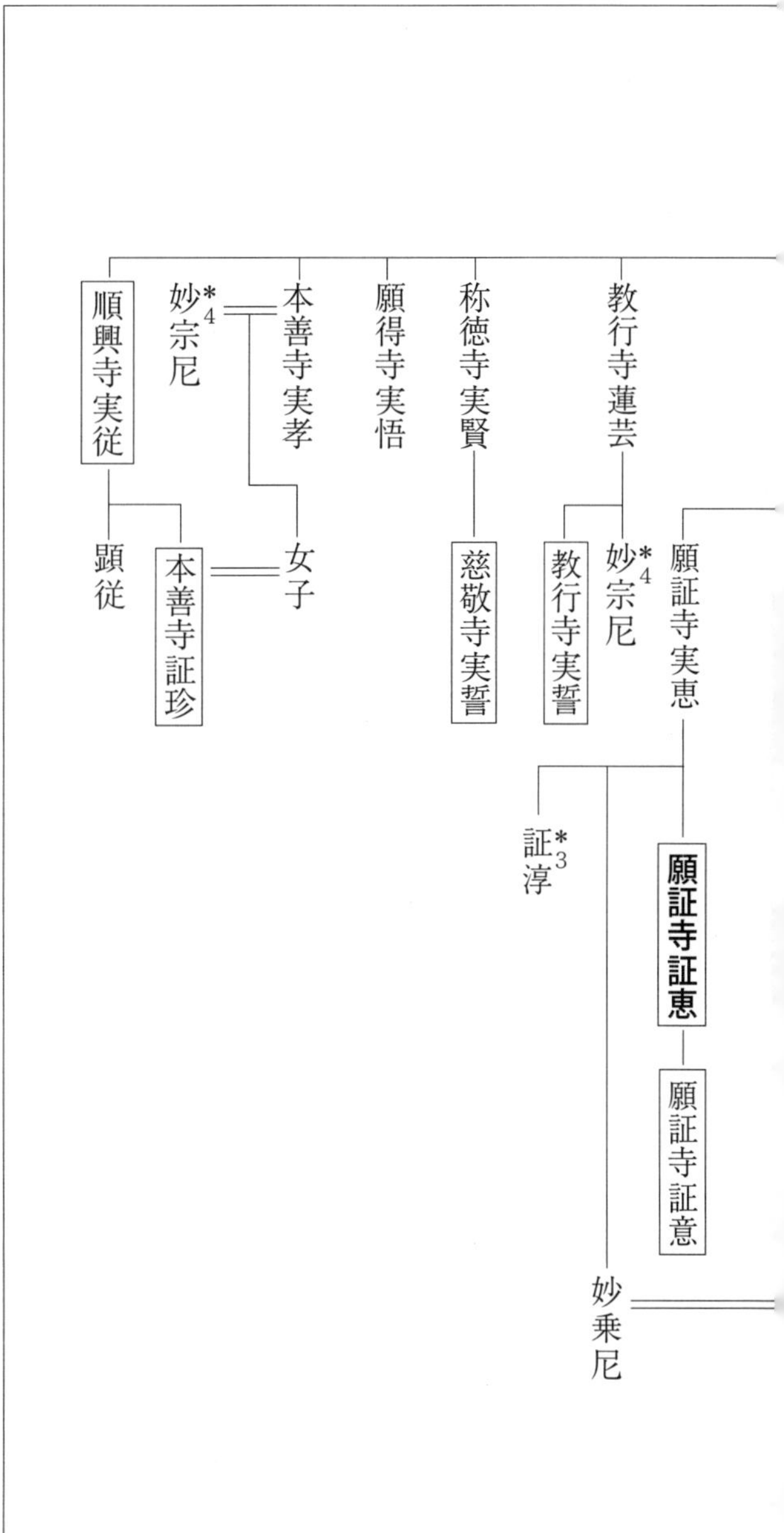

仏教勢力を取り込んでいく動きは、結果的に「日本仏教」の秩序編成が大きく変わっていくこととつながる。

正親町天皇らが本願寺や法華宗とつながりを深めていくことにはもう一つ、そうした新仏教勢力が豊かな経済力を有し、その方面での支援が期待されたからという側面も考える必要がある。江戸時代初期の西本願寺の文献である『法流故実条々秘録』には、正親町天皇の即位儀式の費用を本願寺がすべて用立てたために門跡に任じられたと記されている。なお慎重な考察が必要ではあるが、正親町・万里小路が主導した当時の朝廷は、『兼右卿記』永禄二年十二月二十七日に記されるような、本願寺に門跡号を授けることへの批判意見を退けて、本願寺を門跡に勅許していったのである。

ところで、門跡寺院には、その家政機関として坊官家が置かれることになっていたが、これにはまず本願寺の寺侍としてすでにそれを担っていた下間家の一族が任じられた。『今古独語』には、大蔵卿法橋、左衛門大夫頼資改め上野頼充（法橋）、丹後頼総（法眼）の名が、最初の坊官として挙げられている。こうした坊官下間氏は、これまでのような本願寺住職の発給文書に添状を付けたり、奉書を発給したりすることに加えて「御印書」と呼ばれる家臣団連署状をも出し始める。坊官下間氏を筆頭にした家臣団編成がなされ、門跡寺院本願寺の政務体制が整えられていくことになる。

また、門跡寺院はその秩序下に院家寺院を置き、寺院社会を形成していた。これに準じて本願寺にも院家が置かれることになり、永禄三年（一五六〇）冬に三河本宗寺（播磨本徳寺兼帯）・伊勢願証寺・河内顕証寺の三か寺が院家成をした（『私心記』『今古独語』）。『御湯殿上日記』同年十二月一日条には本願寺一家衆である播磨の院家（本徳寺証専）から一万疋の御礼があったと記録されている。次いで、同年十二月には摂津教行寺、河内順興寺、近江慈敬寺、大坂常楽寺、越中勝興寺が院家成し（『私心記』『今古独語』）、のちに光教寺、大和本善寺、さらには願得寺が院家となった。

本願寺における院家は当初、本願寺の血縁寺院を制度的に教団組織に配置した従来の一門一家衆体制と対応させながら組み立てられたので、導入自体は容易であった。しかし、その後、寺格や僧侶身分を含んだ教団内の序列的価値観、具体的には儀式における座配やまとう法衣装束の種類などをめぐり、混乱が生じた（後述）。

一方で、本願寺門跡と院家という新たな権威は、各地域における本願寺教団の展開にも新たな性格をもたらすことになったと考えられる。畿内では大坂本願寺から各地域の一家衆寺院に寺内特権が広がる、いわゆる「大坂並」体制に門跡―院家の権威が重ねられた。また東海地域において、三河本宗寺、伊勢願証寺の院家成は、その「寺内」の地域社会における拠点性に新たな権威付与がなされたとみられる。この二寺はのちに一向一揆の最大の拠点となる。一向一揆の性格を考える上でも重要な問題で、家康、信長がこの二寺を殲滅的に攻略したことを、本願寺門跡―院家の権威の否定という文脈で捉えてみることも意味があろう。

本願寺「門跡成」の歴史的意義は、さらに長い射程で見ていく必要がある。まず顕如の生涯においても、石山合戦終結時の勅命講和の受諾や関白秀吉の命令下に身を置かざるを得なかった「門跡」顕如の歴史的位置が見て取れよう。逆に勅命講和に背いた顕如長男の「新門」教如の特異性も浮かび上がる。

とはいえ、顕如―教如・准如（本願寺東西分派）の時代において、本願寺は門跡になることにより、そして門跡体制を教団組織に組み込むことにより、教団の歴史的存続を図り、それを成し遂げた。歴史的な状況においては、「門跡成」により本願寺は、のちに「准門跡」的な位置付けと扱いを受けるとはいえ、他の門跡寺院と比肩する社会的地位を得たのであり、そのことはさらに意義を加味すれば、本願寺が一宗の本山寺院としての社会的性格を獲得したといえよう。

一方で、「門跡成」が親鸞の精神に背く本願寺の貴族化の極致であるという批判的視座も、考え続ける必要がある。本願寺住職の「法主」化、教団の封建的体質、戦時中の国家協力なども含むその歴史的性格は、現在も本願寺教団が自己批判し続けるべき課題である。

三、親鸞三百回忌

永禄四年（一五六一）大坂本願寺において親鸞三百回忌法要が執行された。本願寺教団は蓮如以降、親鸞の命日法要である「報恩講」を中心法要とする教団儀式体制が確立されたが、この三百回忌に至るまで、いわゆる遠忌法要の大々的な執行は史料上に認められない。親鸞三百回忌は、顕如が門跡となり、本願寺教団が一つの到達点を見た段階で執行された、いわば初めての〝御遠忌〟法要であった。

この法要の具体相については『私心記』『今古独語』に詳しく記されている。それらによれば、通常の「報恩講」ならば十一月であるところを三月に引き上げて十八日から二十八日までの十昼夜法要で営まれた。十八日の初逮夜（しょたいや）から、二十八日の結願（けちがん）日中まで、逮夜・朝勤（晨朝）・日中の三時法要が繰り返し行われたが、儀式次第は通常の「報恩講」とは異なっていた。すなわち、日中法要では通常の「報恩講」ならば中心儀式となる『報恩講式』（式文）拝読を行わず、浄土三部経（『大無量寿経』上下・『観無量寿経』・『阿弥陀経』）の読誦と行道が行われたのである。伽陀（かだ）の後、三部経のいずれか一巻が読誦され、その後、十四行偈が始まり行道。次に漢音阿弥陀経、念仏回向（えこう）という次第であった。

導師は礼盤に上がった御堂衆が勤め、顕如を筆頭に、さらに院家衆と御堂衆が行道をした。この時の内陣行道衆は門主顕如、院家衆の本宗寺証専・願証寺証意・顕証寺証淳・教行寺実誓・慈敬寺実誓・常楽寺証賢、御堂衆の法専坊賢勝・教明・明覚寺・光徳寺乗賢であった。順興寺実従、光教寺顕誓、願得寺実悟らは老齢が理由と思われるが、行道には加わらず、南座敷に着座した。行道はこの親鸞三百回忌で初めて取り入れられた作法である。なお、散華は十一月正忌における行道で初めて行われた。行道・散華の作法が親鸞三百回忌を契機に導入されたことは真宗儀式の歴史的問題としてたいへん興味深いことである。ちなみに、式文拝読は逮夜法要で行われ、顕如ではなく順興寺実従と教行寺実誓の二人が一門衆の一老・二老格として担当している。この時期、儀式においては実従と実誓による顕如輔弼体制がとられていた。二十八日の結願日中には読経ではなく、式文拝読が行われ、この式文拝読は顕如が勤め、結願成就となった。

以上のような、とくに式文拝読という本願寺独自の儀式の執行を逮夜に移し、読経・行道を日中法要に執り行うという、いわば通仏教的な内容にする儀式変更の理由は、本願寺が門跡寺院になったことにより、他宗僧徒の参詣があるため、それへの対応であった。すでに永禄二年以降の「報恩講」では他宗僧徒の参詣が増えていることが『私心記』の記述から知られる。

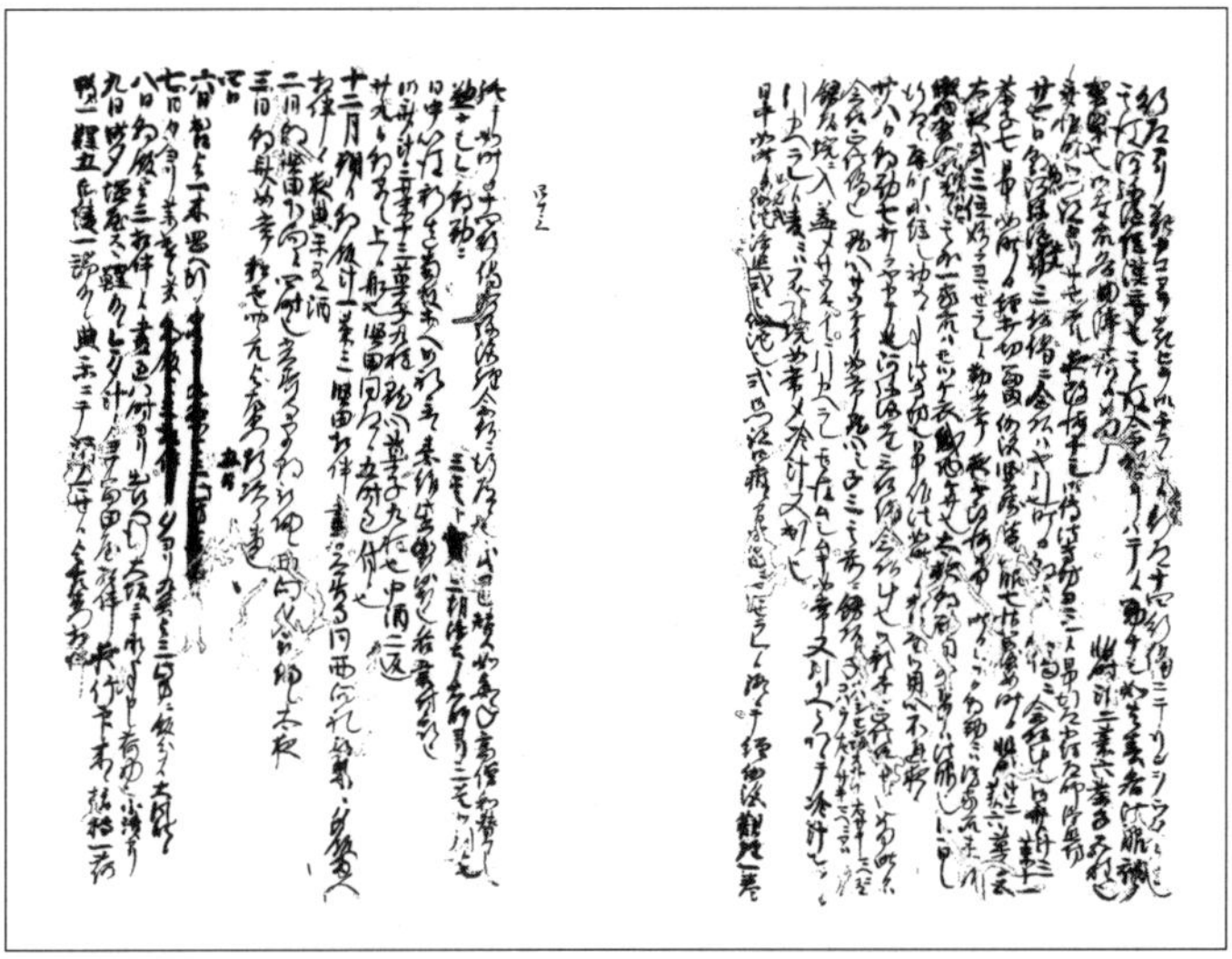

『私心記』（本願寺蔵）**永禄４年11月28日条**

顕如は儀式主宰者として筆頭出仕したが、まとった法衣は法服・七条袈裟という「聖道」門の装束であった。これも門跡になったがゆえに、最高格の法衣をまとうことになったのであるが、顕如のみならず、行道をした院家衆、そして御堂衆までもが法服・七条袈裟をまとっての出仕となった。こうした法衣装束の華美化・権威化志向とともに、家臣身分の御堂衆が行道のためとはいえ門跡・院家衆と同じ法衣をまとったことは、後述する教団内身分の相克・動揺へとつながっていくことになる。なお、法服・七条袈裟の導入については青蓮院門跡の出世松泉院に相談しているといい、「門跡成」が必ずしも、青蓮院門跡からの完全な独立を意味するものではないことも知られる。むしろ、青蓮院門跡系の新たな門跡として、寺院社会・公家社会にその立場を確保していこうとする動きとして考えられよう。

ところで、本願寺「報恩講」における重要な儀式として、「改悔」という参加者による信仰告白儀式というべきものが蓮如によって措定され、執り行われていたが、親鸞三百回忌では執行されなかった。これも多様化した参詣者への配慮が理由であったが、こうした法義の疎略は、親鸞三百回忌が何よりも顕如が門跡になったことの披露というような記念式典的性格の問題性を象徴するものであり、やはりその後の教団動揺につながっていく。

以上のように、儀式内容の変更（通仏教型）、権威的な法衣の導入、法義の疎略といった特徴を持った親鸞三百回忌は、これまでの「報恩講」の実態や意義と比して考えてみれば、きわめて異例な様相を呈していたといえる。こうした前例のない儀式の変更は教団の変容と密接に関わり、教団内部の対立や動揺をもたらしていくことになるが、それにしても親鸞三百回忌が諸方に与えた衝撃は相当に大きなものであった。

まず、参詣僧侶のなかに常陸願入寺など関東の親鸞旧跡寺院の僧侶が見出される。これは、それまで必ずしも帰属の明らかではなかった彼らが、門跡寺院となった本願寺を真宗の本山寺院として認め、そこで執行された親鸞三百回忌に参詣したということであろう。顕如は親鸞の血筋を引く本願寺住職として彼らに対し、関東の親鸞伝承などの情報を聞き取りつつ、その立場をさらに確立していったものと考えられる。こうした動向は、ひいては大坂本願寺が浄土真宗の一大本山として確立、さらに広範な認知を得ていったものと見ることができる。

次に、前述のように他宗僧徒が多く参詣していることも注目される。戦国の動乱による荘園制の衰退により、経済的基盤を弱体化させた顕密寺院がその法会・年中行事を安定的・持続的に執行できなくなっていくなかで、彼らは新たな門跡寺院の法会として本願寺の「報恩講」、親鸞三百回忌に参詣の意義を見出したのであろう。衰退する顕密寺院とその法会に比して、十昼夜法要を盛大に執行する本願寺の儀式執行力は驚異的なものであったと考えられる。法会執行を鍵として、日本仏教界における本願寺の社会的地位の上昇、確立が進んだと見ることができよう。

さらに、「大群衆」の参詣である。著名なキリシタン宣教師史料である『耶蘇会士日本通信』は、日本の富の大部分が顕如の所有であるとし、大坂本願寺の「報恩講」について、参詣が甚だ多く、開門と同時に競って入ろうとするため多数の死者が出るといい、この際に死することを幸福と考え、わざと門内に倒れて圧死しようとする者までいたと記録している。また、本願寺一門衆の願得寺実悟が著した『山科御坊事並其時代事』や『本願寺作法之次第』には、蓮如や実如の山科本願寺時代には厳粛な雰囲気のもとで行われていた「改悔」が大坂本願寺では多数が一斉に叫ぶ騒々しく興ざめなものになってしまったという嘆きが記されているが、裏を返せば、それだけ大多数の民衆が本願寺へ参詣したということである。戦国乱世の社会を生きる多くの民衆が救済を希求し、それを本願寺に期待し、集結していったのであり、それは一方の政治権力側からすれば、異様かつ警戒すべき様相に見えたことであろう。

以上、顕如が永禄四年（一五六一）、数え十九歳の時に厳修した親鸞三百回忌について、その歴史的実態と課題、意義について述べてきた。醍醐寺厳助はその日記に「小坂大法会有之云々、真乱上人三百年忌云々」と記している（『厳助大僧正記』）。表現の裏にこの法要に対する顕密僧の複雑な思いが推察できる。「門跡成」を経た本願寺が「日本仏教」秩序の変容をもたらしていく象徴的なできごとの一つとして親鸞三百回忌を捉えることができよう。

四、顕誓異義事件――親鸞三百回忌後の教団動揺――

盛大に執行された親鸞三百回忌であったが、事後にさまざまな矛盾や動揺が噴出する。まず儀式内容については原則、親鸞三百回忌の内容は特別次第であり、十一月「御正忌」に行道に加えて散華が行われた以降は、通常の式文拝読を中心とする内容に戻ったものと見られる。問題は法衣装束であった。『今古独語』に親鸞三百回忌以降の問題状況が記されている。十一月「御正忌」の式文拝読にあたり顕如は法服にて出仕した。つまり、華美化・権威化した法衣装束の着用は継続したのである。さらに、親鸞三百回忌で御堂衆が顕如や院家衆と同じ法衣装束で出仕したために、その後も御堂衆の一部に同格の法衣装束の着用を望む傾向がみられたり、新たに「鈍色（どんじき）」という法服に準ずる法衣を導入したりするなどの動きが続いたが、永禄九年（一五六六）にかけて整理されていく。門主（顕如）、院家衆、一家衆、坊主衆、御堂衆ら、教団内身分の区別が確認され、着用できる法衣装束の種類、出仕の際の堂内座配があらためて定められることになった。その背景には、一家衆と御堂衆の対立状況を見出すことができる。[註5]

また、法義の問題、すなわち「改悔讃嘆」の執行をめぐる状況もあいまいであった。そうしたところ、永禄七年（一五六四）末に火災によって大坂本願寺の両堂が寺内町とともに焼失してしまうという事態が起こる。これを契機に毎朝の法義讃嘆も復活していくが、顕誓は教団内における掟の揺らぎを指摘し、『反古裏書』には大坂本願寺焼失・再興の後、顕如が旧儀再興の方針を打ち出したことに諸人が安堵の思いをなしたと記している。

なお、永禄七年十二月二十六日夜の火災は、『言継卿記（ときつぐきょうき）』『御湯殿上日記』などにも記され、寺内全焼が伝えられている。もっとも詳しく伝えるのはフロイス『日本史』で、記録された日付に疑問は残るものの、キリシタン一行が大坂寺内に入り、宿に泊まっていたところ、「恐るべき大火」が起こったという。相当な被害であったこととともに、「大坂の仏僧」すなわち顕如は、この火災を「自分の敵の幾人かが故意に自分に仕掛けたもの」と考え、寺内の取り締まりを行ったため、キリシタン一行は捕縛の危機に陥ったが、関係者の手配で匿われ逃れたことなどが記されている。

さて、顕誓異義事件は、こうした状況下で起こった。あらためて記すと、顕誓は蓮如四男蓮誓の二男で、加賀四か寺の一つの光教寺を継ぐ、本願寺の一門一家衆である。しかし、享禄四年（一五三一）の錯乱（大小一揆）において加賀四か寺は粛清され没落し、光教寺顕誓は願得寺実悟らとともに教団を追放された。赦免・帰参は天文十九年（一五五〇）末のことで、それ以降は実悟とともに一門一家衆の長老格として主に大坂本願寺にあった。永禄二年（一五五九）実従が河内枚方順興寺に入寺すると、代わりに御堂鎰役に任ぜられ、親鸞三百回忌にも出仕、永禄九年（一五六六）には円如十三回忌を前に院家に補せられたという（『今古独語』）。

ところが、その顕誓が、『反古裏書』末尾に「于時永禄十一年六月十八日　当津蟄居徒然之余、染愚筆記之」と記し、蟄居（ちっきょ）状態に陥っていることが知られる。「当津」とは播磨英賀湊のことであり、そこには顕誓の妹如忍尼が嫁した本宗寺実円が兼帯住持した本徳寺があり、当該期には彼らの孫証専が住持していた。また、『大谷一流系図』の兼順（顕誓）の項にも、「永禄十年十月末、就法流之義蒙御不審籠居、元亀元年十

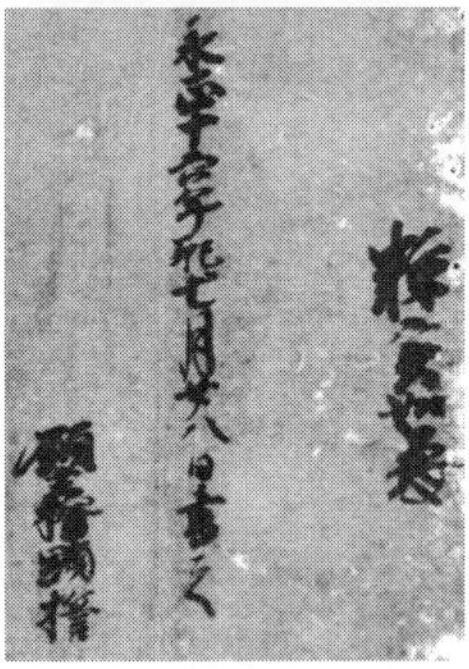

同裏書

方便法身尊像（顕誓宛）
（兵庫県姫路市亀山本徳寺蔵
写真提供 兵庫県立歴史博物館）

月廿四日卒七十二歳」とある。永禄十年（一五六七）十月に教義理解をめぐり不審をかけられ蟄居処分になったとみられるのであるが、その判断自体は門主顕如（数え二十五歳）が下しているものの、『顕誓領解之訴状』という史料には、仕掛けたのは御堂衆の光徳寺乗賢であると記されている。

『顕誓領解之訴状』（以下『訴状』）とは、その名の通り、顕誓の「領解」（教義理解）を顕如に訴えたもので、その内容は主に蓮如の『御文』を軸としつつ、『浄土文類聚鈔』『和讃』『末燈鈔』『大無量寿経』等を典拠にして述べている。具体的には、御堂衆光徳寺乗賢が永禄十年夏に行われた「夏中の御文」という法要儀式において、拝読後の讃嘆（法話）で、顕誓からすれば不審な教義理解を述べていることへの疑義・反論である。乗賢の教義理解について『訴状』が問題にしている要点は、乗賢が「自然（じねん）」を「由断（油断）ノ詞」とし、「嗜テ念仏申候人ヲ、自力ト申ス人ハ、オホキナルアヤマリ」ということである。そもそもこの問題に関する乗賢側の史料は現在に至るまで知られていないから、あくまで『訴状』の内容によるかぎりでは、乗賢が真宗教義の要語である「自然」を否定的に捉え、乗賢本人は否定しているものの、他力の信心に基づく真宗要義とは異なり、自力的な称名念仏を重視する理解にたっているということになる。

『訴状』では、御堂衆の宿老であった浄照坊と法専坊が往生して後、経論の解釈と異なることを言われることが多い問題状況があるとし、さらに乗賢は経典解釈によらず虚説を参詣者に説き、顕如側近（顕誓を含む）を誹謗（ひぼう）しているので、糾明すべきだとする。徹底的に乗賢側の理解・言動を批判する内容である。しかし、実際に教義理解の誤りを理由に蟄居に追い込まれたのは顕誓である。このことをどう捉えるべきであろうか。

一つには、『訴状』通り、確かに乗賢が親鸞の言葉を軽視し、自力的称名念仏を主張していたと捉える見方があり得る。だとすれば、そうした乗賢の主張が顕如にも受け入れられたわけで、この教義理解が当該期の本願寺における主流であったことを意味する。一向一揆を含む本願寺の能動的な動向の思想的背景と捉えることができ、たいへん興味深い。石山合戦へと展開する歴史的な前提状況として考えるべきであろう。

もう一つには、乗賢にそこまでの理解の齟齬はなく、あくまで微妙な理解の食い違いを含む対立であったという見方もあり得る。乗賢の教義理解の内容を他の史料から知ることができないのであるが、光徳寺は河内門徒を基盤とする有力寺院であり、少なくとも乗賢の父乗順の時代から大坂本願寺を支える有力な坊主衆であった。それを背景に乗賢は御堂衆となったのであり、また『教行信証』の板木を所持するといった御堂衆としての教学研鑽を考える上で重要な事実も知られる。何よりも、乗賢は顕如の得度の際に髪の毛をすべてそり落とす役を担っており、後には浄照坊・法専坊に次ぐ御堂衆の序列を得ていた。こうした立場にあった乗賢が、親鸞三百回忌後の教団内身分の序列をめぐる動揺状況もあいまって、顕如側近の御堂衆として発言力を増していた状況は確かにある。摂津・河内を中心とする大坂本願寺教団体制において北陸一家衆である顕誓を構想外とする意図が働いた可能性もあろう。(註11)

いずれにせよ、一家衆・顕誓と御堂衆・乗賢の対立状況があったことはほぼ間違いなく、石山合戦以前の大坂本願寺の教団内部における実態として注目すべきである。そして、顕如は御堂衆乗賢の進言を聞き入れたとみられるのであり、それに対して、顕誓は『訴状』のみならず『今古独語』『反古裏書』を著して顕如に上奏しようとし、また石山合戦期には願得寺実悟も『本願寺作法之次第』を同じく顕如に上奏しようとしている。若き門主顕如を一家衆の宿老格が諫言しようとする構図であるが、それがどこまで顕如に届いたであろうか。

おわりに

本稿でとりあげたのは誕生から石山合戦勃発までの顕如の生涯における主な歴史的事象である。ここから、どのような顕如の人物像が浮かび上がるであろうか。

（A）公家としての顕如…顕如誕生時、大坂本願寺は戦国社会において武家・公家・寺社諸方と音信関係を結びつつ社会的位置を確保していた。そのなかで僧侶身分の上昇や猶子成によって公家的性格を強めていた。顕如若年期の通過儀礼を見れば明らかにそれは公家的世界の様相である。また、門跡になることも公家的性格と密接に関係していた。門跡としての顕如は戦国期の公家社会、寺院社会に秩序再編の新たな方向性を示すことになり、同時に親鸞を祖とする浄土真宗・本願寺の本質を問う課題もあらわになった。

（B）僧侶としての顕如…若年期から本願寺の継承者として声明・儀式作法を教え込まれ、本願寺住職となった顕如は教団の儀式主宰者として、親鸞三百回忌という初めての〝御遠忌〟ともなる盛大な法要儀式を確かに勤めあげた。また、法義をその身に体現し、それを司る存在（〝法主〟的性格）であったが、一家衆・御堂衆の対立のなかで必ずしも的確な判断ができなかった可能性がある。教学研鑽の核となる『教行信証』伝授は永禄三年（一五六〇）に至り、順興寺実従から返伝されたという。顕如教学は課題である。

もう一つ、（C）武将としての顕如という性格を考えなくてはならないが、それは元亀元年（一五七〇）に勃発する石山合戦以降に鮮明になるであろう。次章に送ることとし、本稿はここで終える。

〈註〉

（1）谷下一夢「本願寺門跡に於ける院家の起原に就いて」（『龍谷学報』第三〇五号、一九三三。後に、谷下一夢『増補真宗

史の諸研究』所収、同朋舎出版、一九七七）。
（2）遠藤一「『本願寺法王国論』への一視点」（北西弘先生還暦記念会編『中世社会と一向一揆』吉川弘文館、一九八五。後に、遠藤一『戦国期真宗の歴史像』第二部第六章、永田文昌堂、一九九一）。
（3）草野顕之「戦国期本願寺教団と天皇」（『大谷大学史学論究』第四号、一九九一。後に、草野顕之『戦国期本願寺教団史の研究』第Ⅲ部第四章、法藏館、二〇〇四）。
（4）金龍静『蓮如』（吉川弘文館、一九九七）。
（5）安藤弥「戦国期本願寺『報恩講』をめぐって―『門跡成』前後の『教団』―」（『真宗研究』第四六輯、二〇〇二）。
（6）『顕如上人伝』（真宗本願寺派宗務所、一九四一）。
（7）北西弘『反古裏考証』（真宗大谷派宗務所、一九八五）。
（8）宮崎清『真宗反故裏書之研究』（永田文昌堂、一九八七）。
（9）『増補改訂本願寺史』第一巻（浄土真宗本願寺派、二〇一〇）。
（10）木越祐馨編『大系真宗史料』文書記録編五　戦国期記録編年（法藏館、二〇一四）。
（11）安藤弥「戦国期本願寺御堂衆をめぐって―大坂本願寺時代を中心に―」（大阪真宗史研究会編『真宗教団の構造と地域社会』清文堂出版、二〇〇五）。

〈参考文献〉

安藤弥「親鸞三百回忌の歴史的意義」（『真宗教学研究』第二七号、二〇〇六）。
安藤弥「本願寺『門跡成』ノート」（『仏教史研究』第五三輯、二〇〇八）。

第三章　永禄・元亀の政局

弓倉弘年

はじめに

本稿で対象とするのは、永禄から元亀年間にかけての、畿内を中心とした政局である。この時期、畿内の政局は大きく動いた。永禄元年（一五五八）に将軍足利義輝が帰京して室町幕府が復活したが、義輝は永禄八年（一五六五）には三好・松永に殺害された。永禄十一年（一五六八）には織田信長が足利義昭（義輝の弟）を擁して上洛し、室町幕府を復活させた。だが、信長の思惑は幕府体制の復活にはなかったため、元亀四年（一五七三）には足利義昭を追放した。このように永禄から元亀年間にかけての畿内を中心にした政局は、織田信長上洛までは幕府・三好政権の関係、信長上洛後は幕府・織田信長の関係を軸に推移することとなる。

以前から指摘されているように、永禄十一年（一五六八）の織田信長の上洛が一つの画期となったことは間違いないだろう。だが、信長は上洛した時点で足利義昭を擁し将軍とした。義昭は信長の傀儡（かいらい）ではなく、それなりの経済基盤と軍事力を有し、権力を行使していたのである。（註1）また、三好政権に関しては、将軍足利義輝を近江に追い、室町幕府を中絶させた時期が三好政権の全盛期であるとされるようになった。（註2）近年は天野忠幸氏の一連の研究によって、織田政権の先駆としての三好政権の姿が明らかにされてきている。（註3）

研究の進展にともなって、三好政権の位置付けが大きく変わりつつある。そのような研究成果を生かしつつ、本稿では、永禄から元亀年間にかけての畿内を中心にした政局を、時系列にそって述べていきたい。

一、幕府の復活と三好政権

永禄元年（一五五八）十一月、将軍足利義輝と三好長慶の和睦が成立し、義輝が近江から帰京した。前後の流れを整理するため、記述の一部が将軍が近江に追われていた時期に遡ることをお許しいただきたい。

天文二十二年（一五五三）三月、将軍足利義輝と三好長慶の間が決裂し、義輝は近江朽木に閑居した。これ以降、義輝が帰京するまで室町幕府奉行人奉書が京都に対してほとんど発給されず、長慶裁許状によって京都支配が行われていた。また永禄改元の際も正親町天皇は、足利義輝ではなく、三好長慶に諮って改元を行っている。このような事実から今谷明氏は、三好長慶が将軍を近江に追放していた五年間を三好政権の全盛期とされた。[註4]

三好長慶が将軍との和睦を余儀なくされたのは如何なる理由によるものか。筆者は長慶の同盟者である畠山氏家中の動揺にあったと考えている。三好政権成立に際し、重要な役割を果たしたのが河内守護代遊佐長教である。遊佐長教は河内・紀伊・大和の権力者であったが、天文二十年（一五五一）五月暗殺された。守護代家の権力は、後継者である遊佐太藤や安見宗房が継承した。安見宗房らと畠山高政の不和が弘治三年（一五五七）には表面化するようになった。永禄元年（一五五八）の足利義輝と三好軍との戦いに畠山氏の軍勢は参戦していない。天文二十一年（一五五二）から二十二年にかけて、三好長慶が足利義輝を近江に追放した際、三好軍と共に戦った畠山氏の軍勢が永禄元年には京都にいなかったのである。このような事態は三好政権にとって痛手であった。

永禄元年（一五五八）十一月、安見宗房らと不和になった畠山高政が、河内高屋城から紀伊へ出奔した。畠山高政の出奔とほぼ同時期に足利義輝が三好長慶と和睦し、帰京している。三好長慶の同盟者である畠山氏家中の動揺が、将軍帰京という事態に繋がった可能性が高い。安見宗房は畠山高政とは不和になったが、三好政権に反旗を翻したわけではなかった。だが、安見宗房の書状の中には三好長慶を「三筑」と記したものがあるなど、三好長慶の臣下になったわけでもなかった。そのような安見宗房を三好長慶としても捨て置けなかったのであろう。

足利義輝帰京に対する対応が一段落した永禄二年（一五五九）五月、三好長慶と畠山高政が会談し、三好軍は畠山高政の復帰を名目に、河内・大和に出兵した。安見宗房の軍勢を破った三好軍は、八月、畠山高政を河内高屋城に復帰させた。この際、大和の筒井氏等が安見に味方したことを口実に、松永久秀の軍勢が大和に入り、この地を制圧した。

軍事行動が一段落したことで、三好長慶は畠山高政との同盟を確認した。両者の合意として細川氏綱が山城淀城に入った。これは氏綱が足利義輝と結託し、不穏な動きをすることを防ぐためとされる。『細川両家記』[註5]によれば、安見宗房の飯盛山(いいもりやま)城保有は認められたらしい。これは元々安見宗房が反三好でなかったからではないか。穿(うが)った見方をすれば、三好長慶は、あえて河内に火種を残したのかもしれない。これ以降、畠山高政の河内復帰を支援したことで、三好長慶は、大和を支配下に収めるとともに河内支配に関わるようになった。

戦国期の河内では、守護家と守護代家による重層的支配が行われていた。天文年間になると、守護代家の権力が守護家を凌駕（りょうが）するようになった。畠山高政は河内に復帰したとはいえ、守護代家の協力無しでの河内支配は不可能であり、永禄三年（一五六〇）五月、畠山高政は安見宗房との和睦を余儀なくされた。ただ、永禄三年に入ると三好長慶は河内再出兵を計画していたとされ、和睦はこれに対抗するための措置とされる。三好長慶が河内再出兵を計画したのは、畠山高政の河内支配が行き詰まっていたからであろう。

永禄三年（一五六〇）三好軍は河内に侵攻し、畠山高政らと戦った。畠山高政が当てにしていた湯河直光ら紀州勢の多くが、根来（ねごろ）寺を除いて足利義輝を利用した三好方の調略によって畠山軍に加わらなかったこともあって、三好方有利に進んだ。十月、飯盛山城・高屋城が相次いで陥落し、畠山氏は河内の主要部を失陥することとなった。飯盛山城には三好長慶が入って畿内を押さえ、高屋城には三好長慶の弟実休が入って河内を支配した。大和は松永久秀がそのまま支配した。ここに三好政権は、細川氏分国に加えて河内・大和を版図に加え、畿内を直接支配下に置くこととなった。

二、三好政権の変質

将軍足利義輝が帰京した永禄元年（一五五八）以前、三好政権の直接支配する地域は、旧細川氏分国であった。それが変化する契機となったのが、永禄二年（一五五九）の河内出兵であった。三好政権は、畠山氏との同盟より、直接支配地域を拡大することを選択し、河内・大和を版図に加えた。その結果三好長慶は、拠点を摂津芥川山城から河内飯盛山城に移した。政権の不安定要因であった河内・大和を直接支配下に置くことによって、阿波から京都に至るルートを確固たるものとし、要衝の地である飯盛山城を支配拠点としたのであろう。

永禄元年（一五五八）の将軍足利義輝の帰京以降、変化したことに支配地域とともに、三好氏の家格がある。三好長慶は天文二十一年（一五五二）二月に御供衆となり、翌二十二年三月には従四位下に叙せられていた。長慶は永禄三年（一五六〇）正月には相伴衆となり、修理大夫に任じられ、翌四年三月には桐の紋の使用が許可された。嫡子孫次郎（後の義興）は永禄二年（一五五九）十二月に将軍から偏諱（へんき）を与えられて義長と名乗り、翌三年二月には、松永久秀とともに御供衆になった。永禄四年（一五六一）には義興と実休も長慶と同じ相伴衆となり、同年三月には将軍足利義輝が三好義興邸に御成した。

永禄年間の足利義輝による三好氏に対する一連の栄典授与は、復活した幕府体制に三好氏を位置付けるために行われたとみられる。三好長慶が相伴衆になったことに加えて桐紋の使用を許可されたことは、三好氏が主家である管領家細川氏を凌駕し、将軍家足利氏に準じる待遇を得たことを示している。これらのことは、新たに分国に加えた河内・大和に対する三好氏の支配権の正当性を示すこととなった。

畿内一帯を支配し、家格を上昇させた三好氏ではあったが、三好長慶は細川氏のように在京し、幕府に出仕したわけではなかった。三好長慶は摂津芥川山城から河内飯盛山城に移り、必要に応じて上京した。また、長慶をはじめ三好一族は、支配下に置いた国々の守護職を得たわけではなかった。これらの事実を天野忠幸氏は、織田信長が常に在京せず京都と岐阜を行き来していたこと、守護職を求めなかったことなどを挙げて織田政権との共通点として、三好政権を織田政権の先駆とみている。[註6]

永禄二年（一五五九）、織田信長と長尾景虎（後の上杉謙信）が上洛した。その際長尾景虎は、相伴衆に取り立てられ、関東管領上杉憲政の進退を任せられた。将軍足利義輝は、関東管領の進退を任せる権限を行使することで、関東をも包括した体制を構築しようと考えたのであろう。また、景虎と長慶は同時期に相伴衆に取り立てられたこととなる。前述したように、永禄二年八月、三好長慶は細川氏綱を淀城に入れている。史料で直接確認することはできないが、三好長慶も将軍から管領家細川氏の進退を任されていた可能性が高い。

永禄八年（一五六五）の足利義輝殺害後、織田信長・上杉謙信ともに大覚寺義俊から上洛を求められている。このことから、永禄二年の両者の上洛も、反三好の立場をとる大覚寺義俊が、陰で差配していた可能性がある。

三好長慶を頂点とする京都・山城の裁許体制は幕府復活後も維持されていたことが明らかにされている。(註7)これは三好長慶と足利義輝の和睦が、弘治年間の三好政権による畿内支配体制を否定したものではないことを物語っている。永禄初年の室町幕府復活により将軍足利義輝は、三好政権の現状を追認するとともに、栄典授与という形で支配権の裏付けを与えることで、幕府体制内に三好政権を包括しようとしたものとみられる。

三、反三好勢力と三好政権の激突

永禄初年の三好氏の家格上昇と分国拡大は、公家や各地の守護等の反発を招くことになった。特に三好氏に分国を奪われた畠山氏や、細川氏の旧臣、支配下に置かれた大和国人らの不満は強く、反三好の兵を挙げることとなった。

永禄四年（一五六一）四月、岸和田城にあって和泉を支配していた十河一存（そごうかずまさ）が没した。三好政権は、十河一存が和泉守護代家松浦万満を後見する立場で和泉の支配権を確立しており、一存の死は、松浦氏内部の動揺を招いた。その隙に乗じて七月に入ると、畠山高政が紀伊から和泉に出陣した。畠山高政は近江の六角義

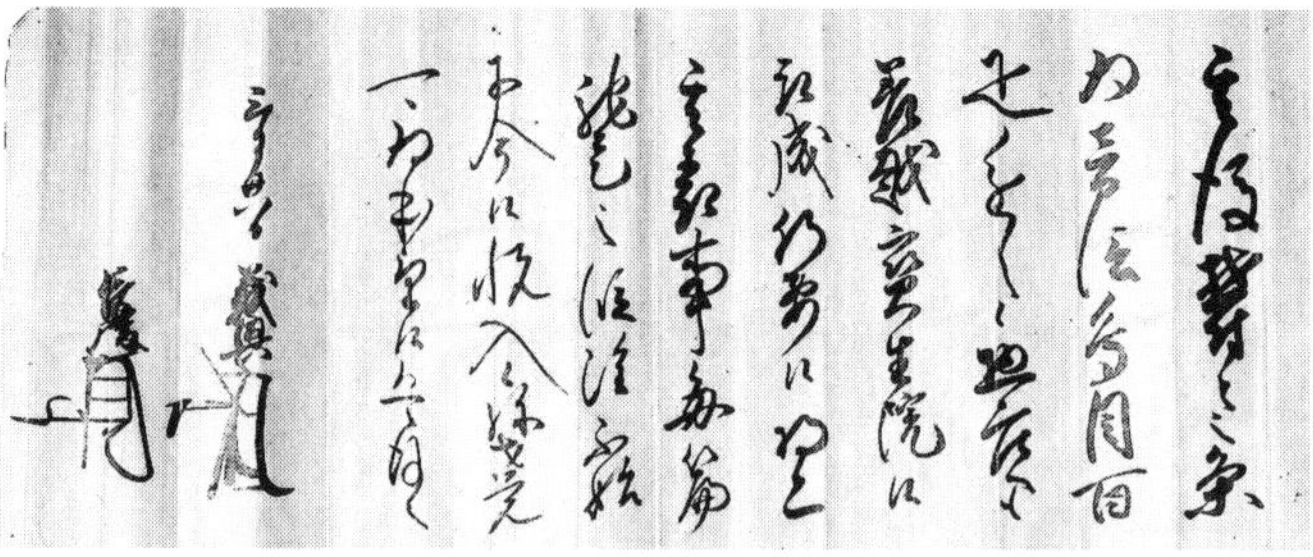

三好長慶・義興連署書状（和歌山市善能寺蔵）

賢と同盟したほか、大和国人衆も畠山陣営に味方して蜂起（ほうき）した。

六角軍の動きは速く、七月下旬には山城将軍地蔵山を占拠したが、ここで六角軍の動きは止まった。これは六角氏にとって、支配基盤のない他国に侵攻することが、不利だったからに他ならない。分国奪回をめざす畠山氏とはその点が異なっていた。だが、これまで同一行動をとったことがない畠山氏と六角氏が、共同作戦とみえる行動をとったことは事実である。両者を結びつけたのは、足利義輝の叔父である大覚寺義俊とみられている。[註8]

永禄五年（一五六二）に入ると畠山軍の活動が活発化した。畠山高政は、奉公衆家の湯河直光や熊野三山等紀南の軍勢をも動員して、和泉久米田に殺到した。対する三好方は、六角軍の動向もあり、長慶自身は飯盛山城から動けず、三好実休が中心となって防戦した。同年三月五日、和泉久米田の戦いで三好軍は畠山軍に大敗し、実休は戦死した。三好実休は根来寺の往来右京に鉄砲で狙撃され、討死したという。[註9]新兵器鉄砲は、これ以前から畿内の戦闘で使われていた。だが軍記物とはいえ、根来寺鉄砲衆の戦果が具体的に記されたのは、久米田の戦いがはじめてであり、戦術の変化と根来寺鉄砲衆の活動を物語っていよう。

久米田の戦いについて、奉公衆家の一族である湯河春定は「てんかの御かち」と書状の中で記している。[註10]このことは、畠山高政らの目的が、分国河内の回復に止まらず、三好政権の打倒にあったことを示している。

永禄五年（一五六二）の畠山高政の軍勢は、奉公衆家の湯河・玉置氏に加えて、新宮の堀内氏の名代が参加したと記されるほどの規模であった。永禄年間前後の畠山氏による紀州勢の大規模な動員は、天文十一年（一五四二）と元亀元年（一五七〇）が知られている。天文十一年は将軍足利義晴の要請があり、元亀元年は将軍足利義昭の要請があった。永禄五年の動員も、大覚寺義俊が将軍の意向と称して紀州勢に対して様々な工作を行った可能性が高い。

和泉久米田の戦いに勝利した畠山高政は、河内高屋城を回復し、三好長慶の籠もる飯盛山城を攻撃し、六角義賢の軍勢は京都に入った。三好政権は、将軍が畠山・六角方に奪われることを避けるため、足利義輝を山城八幡に移した。五月に入ると、阿波から三好康長らの率いる援軍が到着し、三好方の反攻作戦が行われた。六角軍の動きが鈍いことを好機とみた三好長慶は、阿波の援軍に加えて、三好義興・松永久秀らの軍勢も河内に投入し、畠山軍との決戦に臨んだ。五月二十日、河内教興寺で三好軍は畠山軍を打ち破り、湯河直光を戦死させ、畠山高政・安見宗房等を再び紀伊へ追いやったのである。

教興寺合戦に際して畠山高政と同じ陣にあった人物を「大館晴光書状案」から抜き出すと、畠山高政・安見宗房父子・根来寺衆・湯河直光・薬師寺弼長・松浦万満等である。畠山高政の軍勢は、守護代家の権力者安見宗房、根来寺衆や奉公衆家湯河直光等分国紀伊から動員した軍勢に加えて、和泉の松浦万満や薬師寺弼長等細川晴元の残党が加わっていた。京都で反三好陣営にあった大覚寺義俊・伊勢貞孝父子・奉公衆等や、近江の六角義賢も加えると、大規模な三好包囲網を形成していたことになる。（註11）だが、反三好陣営は寄せ集め的な色彩が強く、そこを三好方につかれたことが、教興寺合戦における敗北につながったのであろう。この後、畠山氏には単独で河内を回復できる力はなく、六角氏も京都に進行する力がないことから、三好政権は大きな危機を脱したかに見えた。

四、三好一族の内訌と将軍暗殺

永禄五年（一五六二）五月の教興寺合戦に勝利したことで、三好政権は、永禄四年（一五六一）から翌年にかけての畠山高政等の攻勢を退け、最大の危機を脱したかにみえた。だが、一連の戦いで河内の領主三好実休を失うなど、打撃も大きかった。永禄五年八月には伊勢貞孝父子が挙兵したが滅ぼされた。また、和泉・丹波・大和方面の情勢も安定せず、反三好の動きが蠢（うごめ）いていた。教興寺合戦の後、大勢を覆すには至らないまでも、三好政権には不安定要素が存在していたのである。

永禄六年（一五六三）八月、三好義興が没した。三好長慶は後継者を十河一存の子三好義継（当時は重存）に定めた。翌年五月、三好長慶は弟の安宅（あたぎ）冬康を殺害した。同年七月に三好長慶が没している。一連の出来事には関連性が存在するとみるのが自然であろう。

安宅冬康の殺害には、長慶の病状が関係していたとみられる。安宅冬康殺害の理由に関しては、いくつかの説があるが、事実として重要なのは、弟を殺害せねばならないほど、政権の基盤が脆弱（ぜいじゃく）なことである。三好政権では、長慶の弟の政権内部での地位や役割が明確でなかった。長慶・義興ともに健在なうちは表面化することはなかったが、義興が没し、長慶も健康面に不安が存在するようになったことで、解決が急がれたとみられる。

三好義継を長慶の後継者にするに際し、一人しか後継者のいない十河氏から養子を取っている。義継が後継者に定められたのは、彼の母が九条稙通の養女だったからといわれる。（註12）三好実休の子息を差し置いて十河一存の子息を跡目としたことで、三好政権内部には、義継の跡目就任を快く思わない勢力が存在した可能性がある。三好三人衆や松永久秀らは、不満分子が安宅冬康を中心に結束し、畠山氏等反三好勢力と結ぶことを恐れたのではないか。松永久秀が安宅冬康殺害に一役買っていた可能性は否定できない。

永禄初年の三好政権は、政権基盤を強固にするため、版図の拡大を図った。その結果、河内・大和を分国に加えたが、畠山氏等との抗争に忙殺され、統治機構の整備は等閑にされた。三好義興が没し、長慶も健康を害したことで、政権の問題点が露呈することとなった。永禄七年（一五六四）七月に三好長慶が没した際、その死を隠したことは、義継の年齢に加えて統治組織の整備が行われなかったことが関係しているのではないだろうか。将軍との関係で考えてみると、永禄八年（一五六五）五月十九日、三好義継等は将軍足利義輝を殺害した。若年の当主義継のもと、義輝を殺害することで、三好政権の基盤を脅かす存在を除去しようとしたのであろう。

将軍殺害という事態にいち早く反応したのが畠山氏と大覚寺義俊である。六月廿四日付で畠山氏の有力内衆安見宗房は、越後の上杉謙信の重臣である河田長親・直江政綱に宛てて、「天下再興」のため上杉謙信の上洛を求める書状を送っている。(註13) 重要な書状なので、本文を示したい。

> 態被申上候、仍公方様去五月十九日、三好・松永以下以所行、被召御腹候、先代未聞之仕合、無是非次第候、天下諸侍御主ニ候処、三好仕様無念之儀候、善悪被申合、御弔矢被仕度覚悟候、於様躰者、従大門跡様可被入仰候間、此度其御屋形様於御上洛者、天下御再興可為御名誉候、南方之儀者、此方屋形幷同名新次郎被相催、可被及行候、越州・若州・尾州其外国々之儀者、従大門跡様被仰調由候間、定而其方へも可為御入魂候、就其、政頼・新次良以書札被申候、御取成肝要ニ存候、京都之儀、定具相聞可申候間、不能申分候、殊更今度上意様被召御腹候儀、其方上杉御家替ニ成被申、為御礼御在京候者、三好御成敗之段、被仰合由風説故、如此旨世上申事候間、旁以弔矢可被遊□毎事可然様ニ御取合奉頼候、

書状には、畠山氏が将軍を殺害した三好氏に対して軍事行動を行うことを記しているとともに、「越州・若州・尾州」等には大覚寺義俊が調略を行うことを記している。将軍足利義輝殺害後、織田信長がそれまでとは全く異なる形状の、「麟」の字の草書体をもとにした花押を使用し始めたのは有名な話であるが、これは大覚寺義俊の働きかけに応じた証ではないか。信長は同年中に一乗院覚慶（義輝の弟）に与することを覚慶近臣の細川藤孝に伝えている。

足利義輝が殺害されたことで、南都にいた一乗院覚慶は、軟禁状態に置かれたが、越前の朝倉義景らの調略によって脱出した。覚慶は永禄九年（一五六六）近江矢島で還俗（げんぞく）し、足利義秋（後、義昭と改名、以下義昭）と名乗ったが、三好軍の攻撃を受けて越前に移った。足利義晴・義輝が近江に難を避けた天文から弘治年間にかけて六角義賢は将軍を庇護したが、義昭を庇護してはいない。六角氏の立場は、永禄五年（一五六二）当時の反三好から、三好方に与する立場へと移ったのである。全くの推測になるが、六角氏は永禄六年（一五六三）の観音寺騒動を機に、外交姿勢も変化させた可能性があるといえよう。

永禄八年（一五六五）の将軍足利義輝殺害は、同年十一月の三好義継・三好三人衆と松永久秀父子との間の亀裂を招いた。三好政権は、実質的に長慶が一代で築いたものであった。長慶のみならず嫡子義興も没していた状況下において、若い養子の義継が三好政権を統制できなかったのは、当然の成り行きであった。

松永久秀父子は畠山氏と結び、その結果、足利義昭方となった。永禄九年（一五六六）二月以降、畠山氏と松永久秀父子は、河内・和泉で三好三人衆と戦闘を繰り広げた。このころから三好三人衆は、阿波の足利義栄を将軍候補にするようになった。これは、足利義昭を擁した勢力が活動を活発化させたことが関係してい方に寝返った。永禄十一年（一五六八）にかけて、畿内では断続的に戦闘が行われた。

五、信長の上洛と幕府の復活

永禄十年（一五六七）、織田信長が稲葉山城を攻略して美濃を平定した。兼ねてから足利義昭に誼を通じていた織田信長にとって、義昭を奉じての上洛が現実味を帯びてきたことになり、「天下布武」の印判の使用を始めた。一方、三好三人衆側では、永禄十一年（一五六八）二月、足利義栄が将軍に就任した。義栄は上洛したことがないといわれ、将軍就任は異例とされている。だが、永禄十一年春の時点で京都は三好三人衆側が押さえており、畿内の戦乱も三好三人衆側に有利であり、織田信長の実力が分からなかった以上、義栄の将軍就任は当然の成り行きであろう。

永禄十一年七月、岐阜に足利義昭を迎えた織田信長は、同年九月、近江の六角義賢父子らの抵抗を排して上洛した。同月、将軍足利義栄が摂津で没したこともあり、事は義昭・信長方有利に進んだ。上洛前から足利義昭方であった畠山秋高・三好義継・松永久秀父子ら畿内諸勢力の協力によって、信長は短期間で畿内一帯を略定することに成功した。

足利義昭と織田信長は、摂津芥川山城で三好義継と畠山秋高に河内半国を安堵し、大和は松永久秀に任せた。摂津は親義昭方の伊丹忠親に加えて降伏した池田勝正の支配を認めるとともに、義昭は腹心の和田惟政にも知行を与えている。この時点で信長やその家臣は、畿内に知行を得ていない。これは信長の政権構想とのからみもあるが、伊勢の平定問題を抱え、近江の分国化が十分でない状況では、当然の判断であろう。永禄十二年（一五六九）正月、三好三人衆らが京都本圀寺の足利義昭を襲撃した際、撃退の中核となったのは義昭によって再編された軍勢であった。京都周辺では、再建された幕府による軍事力が機能していたのである。

将軍足利義昭は、管領や有力守護の在京体制による支配の復活をめざしたとみられる。織田信長に管領家の斯波氏の家督を与えようとしたのもこのためであろう。信長が本拠地岐阜を中心に活動したことは周知の事実であるが、他の大名はどのように対応したのであろうか。畠山氏の場合、秋高が在国して分国支配にあたり、高政が在京して諸事に対応している。国内に三好義継の勢力が存在する上、守護代遊佐信教も権力の自立化を進めるなど、在京する余裕はなかった。他の大名も同じような状況にあったと考えられる。

将軍義昭のもとで幕府が復活し、所領安堵などに関する幕府奉行人奉書が発給されるようになった。幕府奉行人奉書と同時に信長の朱印状が確認できることは、畿内において幕府と信長の重層的な支配が行われたことを示している。これは戦国期の細川政権が、幕府奉行人奉書と管領奉行人奉書による重層的支配を行った先例によったのであろう。だが、信長の家臣による奉書でなく、信長自身の朱印状であることは、信長の立場・権力を考える上で看過できない。朱印状をもらう受給者にとって信長は新参者であり、信長自身の文書を必要とした。信長は新しい支配体制を考えて朱印状を用いたのではないか。また、信長の朱印状を伴わない幕府奉行人奉書が発給された事例が確認できることは、信長と義昭の関係が緊張を孕んでいたことを示していよう。

永禄十二年（一五六九）正月の本圀寺襲撃事件を受けて、信長は将軍御所の新築を始めた。同年三月、信長は山城・摂津・大和に撰銭令を発した。信長の権力は確実に畿内に伸張しており、将軍との関係が緊迫化するのは時間の問題であったといえよう。本圀寺襲撃事件で堺が三好三人衆側についたことに対して信長から詰問があり、前年に賦課されていた矢銭二万貫を支払わさせ、堺を屈服させたとされる。信長上洛時に堺の商人今井宗久は信長に誼を通じており、今井宗久を通して堺を利用することとなった。信長の家臣松井夕閑が堺代官になるのは天正年間とみられることから、元亀年間では、今井宗久を通した物資調達が重視されたのであろう。

永禄十二年（一五六九）、伊勢の大半を平定した織田信長は、十月上洛したが、程なくして帰国した。これは信長が義昭と衝突したからとされる。細川・三好政権の時期にも、将軍と細川・三好氏はしばしば衝突していたが、それが敵対勢力に利用されることが少なからず存在した。信長も同様の事態となっていくこととなった。

永禄十三年（一五七〇）正月、織田信長は五箇条の条書を足利義昭に承認させた。掟の内容そのものは信長独自の規定ではなく、いずれも室町幕府法のもとで定められてきた事柄で、信長は幕府による京都・畿内の秩序維持を期待していたとされる（註14）。第一条で義昭が諸国へ御内書を発給する際は、信長の書状を添えるとした。永禄十一年（一五六八）に足利義昭が上洛する以前に義昭方であった大名等が、同十三年の時点ですべて信長方というわけでない以上、義昭の発給する御内書を信長としては把握しておく必要があったのは当然であろう。第四条で「天下之儀、何様ニも信長ニ被任置之上者、不寄誰々、不及得上意、分別次第可為成敗之事」と記し、将軍義昭が「天下」のことをすべて信長に任せたとしている。義昭が上洛直後に信長に与えた感状に、「弥国家之安治偏憑入之外無他」と記している。ここで義昭は「国家」を「安らかに治める」ことを信長に「憑入」ているのだから、信長は政権委任と解したのであろう。信長にしてみれば第四条は、義昭との取り決めの再確認であった。永禄十三年の時点で三好三人衆等の反足利義昭勢力は健在であり、義昭は信長の要求を断ることはできなかった。

『二条宴乗日記』(註15)永禄十三年二月十五日条には、同年正月二十三日の時点で「禁中御修理武家御用、其外為天下弥静謐」のため来月中に上洛し、「御礼被申上」衆として、以下のように記されている。

北畠大納言殿同北伊勢諸侍中、徳川三河守殿同三河遠江諸侍衆、姉小路中納言殿同飛驒国衆、山名殿父子同分国衆、畠山殿同奉公衆、遊佐河内守、三好左京太夫殿、松永山城守同和州諸侍衆、同右衛門佐、松浦孫五郎同和泉国衆、別所小三郎同播磨国衆、同孫左衛門尉同国名衆、丹波国衆、一色左京太夫殿同丹後国衆、京極殿同浅井備前、同尼子、同七佐々木、同木村源五父子、同江州南諸侍衆、紀伊国衆、越中神保名代、能州名代、甲州名代、淡州名代、因州名代、備前州名代、池田、伊丹、塩河、有右馬、此外其寄之衆として可申触事、

この史料に記された国々や大名を信長・義昭は、威令の及ぶ範囲にしたいとみていたのであろう。当然のことだが、三好三人衆の勢力範囲である四国は記されていない。上洛に抵抗した六角義賢や、本来は鎌倉府の管轄である甲斐が含まれているのは、義昭のこの後の動向とも絡んで重要であるといえよう。さて、この史料には以前義昭を庇護していた越前の朝倉義景の名は見えない。朝倉義景は義昭の上洛どころか幕府復活後も非協力的であり、信長の政権構想から外れていた。つまり信長にとって朝倉義景は、攻撃対象に他ならなかったのである。

六、元亀の争乱

永禄十三年（一五七〇）四月（二十三日に元亀と改元）、織田信長は越前の朝倉攻めを始めた。信長軍が越前へ攻め込んだ時、北近江の浅井長政（信長の妹婿）・久政が朝倉方に付いたため、信長軍は危機に陥った。浅井久政が朝倉義景との関係を重視して信長を裏切った話は有名であるが、理由はそれだけであろうか。前出の『二条宴乗日記』に浅井長政は京極高吉の付けたりとして記されている。これは信長が、本来の近江守護家である京極氏を重視しようとしたことを示していよう。これに浅井父子が不満を持ち、それが裏切りの一因になった可能性も考慮する必要があろう。

浅井氏の挙兵に乗じて南近江では六角義賢父子が挙兵し、情勢は混沌とした。信長にとって、本拠地岐阜と京都の間に位置する近江の領国化が課題として残っていたことが分かる。元亀年間の信長は、近江の領国化を完成させるため、浅井・六角氏に加えて、延暦寺や一向一揆とも対決しなければならなかった。

信長と浅井・朝倉の戦いをみた三好三人衆は、七月二十一日摂津に上陸した。すでに六月二十八日の姉川の戦いで近江の戦局は信長方有利となっており、虎口を脱した後という状況であった。三好三人衆は信長・義昭に共通した敵であり、八月には信長に加えて将軍自ら出陣することとなった。信長・義昭方が動員した軍勢は、信長軍に加えて奉公衆や三好義継・松永久秀・畠山秋高の分国から動員された数万とされる大規模なもので、この戦いを三好三人衆側との決戦と位置付けていた。三好軍に対する信長・義昭軍の大規模な攻撃が迫る九月十二日、大坂本願寺が反信長の兵を挙げた。

本願寺は天文の一向一揆以降、畿内の政局に関わることを避けていた。この方針を変更した理由に関し、法主の顕如自身が美濃郡上（ぐじょう）門徒に対し、信長方が要求に従わなければ本願寺を「可破却由、慥告来候」（註16）なので、やむを得ず挙兵の決断をしたと記している。信長が本願寺に対してどのような要求をしたのかを記した信長の書状等一次史料は現在知られていない。よって、顕如が記したことが事実か否かを確かめることはできないが、法主自らが信長が本願寺を破却すると記したことは重要である。

近江や伊勢長島では一揆が起こったが、本願寺膝下ともいえる畿内と紀伊では、状況は異なっていた。紀伊の場合、顕如の呼びかけ以前に門徒を含む雑賀衆等が出陣していたこともあって、雑賀衆は当初法主自らの訴えに答えていない。雑賀衆らは三好・反三好の枠組みで摂津の戦いを捉えており、将軍自ら出陣した戦いで本願寺が攻撃される事態は考えられなかったのである。

九月二十日、近江で信長軍が浅井・朝倉軍に敗れ、森可成（よしなり）らが戦死し、京都の情勢が緊迫化した。状況を打開するため信長軍が二十三日には摂津から京都に引き上げたため、本格的な本願寺攻防戦は起こらなかった。だが、伊勢長島では一揆勢が信長の弟信興を自刃に追い込んでいる。

元亀元年以降織田信長と敵対した浅井・朝倉・六角・本願寺（一向一揆）・延暦寺・三好三人衆等を、よく反信長連合などと呼ぶ。だが、足利義昭に対する姿勢でいえば、反義昭として確実なのは三好三人衆のみであろう。立場の違う勢力を結びつけたのは本願寺であった。顕如と朝倉氏の間には姻戚関係があり、本願寺と三好三人衆とは従前からの関係が存在したからである。反信長連合は統一戦線ではなく、反信長という一点のみが共通する寄せ集めであった。

元亀年間、信長は伊勢・近江の領国化を進めた。近江は京都への経路として、伊勢は尾張の隣国としていずれも重要であった。一向一揆との対決、比叡山延暦寺焼き討ち、浅井・六角氏との対決は、領国化のためには避けては通れない課題であった。近江領国化の仕上げが天正元年（一五七三）九月の小谷城攻略であった。近江の一向一揆平定と延暦寺焼き討ちは、民衆支配をめぐる宗教勢力との対決であるとともに、信長が安土城を築き本拠とするための基礎固めでもあった。

近江の領国化が終了するまで、京都の幕府は利用価値があり、崩壊することは許されなかった。将軍が表と裏の顔を使い分けることは永正年間の細川高国政権以来常態化しているといっても過言ではなく、三好三人衆らによる足利義輝殺害の原因の一つでもあった。信長にとって政権を維持する上で必要なのは表の顔であり、義昭も三好三人衆の向背が定まらない以上、表だって信長と対立することは避ける必要があった。

足利義昭を支えた畿内の諸勢力も対立が目立つようになった。元亀二年（一五七一）五月、松永久秀が信長に背いて武田信玄と同盟し、六月に入ると河内の畠山秋高を攻撃した。三好義継も松永久秀方に与し、翌三年三月には畠山秋高方の河内交野城を攻撃した。松永久秀・三好義継ともに相伴衆であり、信長の麾下に入ることを快しとしなかったのであろう。畠山秋高は信長方に留まったが、これは義昭上洛時点での国分けに問題が内在していた。例えば河内は三好義継と畠山秋高は半国ずつ得たのだが、これは地域分割ではなく、河内の支配権を半分ずつ認めるというものであった。したがって、畠山・三好が一円支配のために戦闘に及ぶのは必然であったといえよう。畠山秋高が信長方に留まったのは、分国内に三好勢力が存在する以上当然であった。

信長は前述の如く近江の領国化を中心に活動しており、畿内の戦局には積極的に介入していない。元亀三年に畠山秋高救援の軍を派遣したのは、戦線が崩壊することで将軍が反信長陣営の手に落ちることを防ぐためであった。

状況が大きく動いたのは、元亀三年に至り、武田信玄が上洛の動きを見せた時である。同年九月、信長は「異見十七カ条」を足利義昭に提出した。信長から義昭への最後通牒といわれる。「異見十七カ条」は、信長と義昭が断交する直前の『尋憲記』元亀四年（一五七三）二月二十二日条[註17]に全文が掲載されている。おそらく信長方が自己の正当性を示すため、意図的に流布させたのであろう。

十月三日、甲府を発った武田信玄は十二月二十二日遠江の三方ヶ原で織田・徳川連合軍を撃破した。だが、朝倉義景は好機を生かすことができず、十二月三日には軍を越前に引き上げていた。信玄は自身の死期が近いことを知っており、人生の最後を上洛戦にかけたと思われる。だが、病身の信玄に冬季の行軍は難しく、翌年二月になると進軍のペースは鈍った。信玄は帰国途中の四月十二日に没した。信玄の喪は伏せられたが、これは義昭の判断に大きく影響することとなった。

元亀四年三月、将軍足利義昭は織田信長と断交して挙兵した。畿内で信長に味方したのは、義昭近臣の細川藤孝と摂津の荒木村重くらいであった。しかし、畿内諸勢力に一致して上洛し、義昭を支える力はなく、上洛した信長軍によって四月四日、義昭は和議に追い込まれた。和議は時間稼ぎであり、七月、義昭は山城槇島城に再度挙兵した。だが、ここでも援軍は得られず、義昭は信長に降伏し、三好義継の若江城に移った。この後義昭は、堺を経て紀伊由良に移った。

七月二十八日念願通り天正改元を果たした信長は、急ピッチで反信長同盟の壊滅を進める。八月二十日、越前の朝倉義景を滅ぼしたのに続き、九月一日には浅井長政父子を滅ぼした。これで信長の近江平定が完成した。畿内では、十一月十六日には三好義継を自刃に追い込み、十二月二十六日には松永久秀父子を降伏させた。ここに元亀年間の反信長同盟は解体したのである。統一した指揮系統を持たない寄せ集めの同盟では、信長に各個撃破されて解体するのは必然であった。

むすびにかえて

永禄から元亀年間にかけての政局は、三好政権から織田信長へと大きく移ったが、その核となったのは、将軍であった。将軍とどう向き合うかが各政権の命運を握ることとなった。三好政権は将軍を排除するため殺害に及んだが、分裂を招くこととなった。織田信長は将軍を排除するため、周到な準備の上で追放に及んだ。岐阜と京都の間に位置する近江の領国化の達成と将軍追放は密接な関係があると考えている。

本願寺・延暦寺等の宗教勢力とのかかわりにおいても、三好政権と織田信長では異なっていた。三好政権では、畿内の天文の一向一揆後の和睦(註18)が有効であり、本願寺と三好政権が対立することはなかった。しかし、民衆統治の面では、三好氏以外の命令系統が存続することになって、不十分な点が残ることとなった。織田信長は畿内の天文の一向一揆の和睦には縛られない立場にあり、本願寺・一向一揆との対決の道を選んだ。これは、分国支配の一元化と全国的な政権確立のためには避けては通れない道であった。信長による延暦寺焼き討ちも宗教的権威を屈服させるとともに、膝下荘園の支配権を獲得する意味合いがあった。

信長による足利義昭の追放によって、信長の畿内支配が確立したのではない。これによって信長の畿内領国化の動きが本格化することになる。

〈註〉

(1)脇田修『近世封建制成立史論　織豊政権の分析二』(東京大学出版会、一九七七)。
(2)今谷明『室町幕府解体過程の研究』(岩波書店、一九八五)。
(3)天野忠幸「三好政権と足利幕府の対立をどう評価するか」(今谷　明・天野忠幸監修『三好長慶—室町幕府に代わる中央政権を目指した織田信長の先駆者—』宮帯出版社、二〇一三)、同『戦国期三好政権の研究』(清文堂出版、二〇一〇)。
(4)註(2)前掲書。
(5)「細川両家記」(『群書類従』第二十輯合戦部、続群書類従完成会、一九五九)。

(6)天野忠幸『三好長慶─諸人之を仰ぐこと北斗泰山─』(ミネルヴァ書房、二〇一四)。
(7)天野忠幸　註(3)前掲論文。
(8)小谷利明「畿内戦国期守護と室町幕府」(『日本史研究』五一〇号、二〇〇五)。
(9)「長享年後畿内兵乱記」(『続群書類従』第二十輯上合戦部、続群書類従完成会、一九五七)。
(10)「尾崎家文書」(『和歌山県立文書館収蔵史料目録五　かつらぎ町天野丹生家文書目録　海南市黒江尾崎家文書目録』和歌山県、二〇〇一)。
(11)拙書『中世後期機内近国守護の研究』(清文堂出版社、二〇〇六)。
(12)天野忠幸　註(6)前掲書。
(13)「河田文書」(『新潟県史』資料編五中世三文書編三、新潟県、一九八四)。
(14)池上裕子『織田信長』(吉川弘文館、二〇一二)。なお、上洛後の織田信長の状況に関しては、本書に学ぶところが多かった。
(15)「二条宴乗日記」(『ビブリア』六二号、天理大学出版部、一九七六)。
(16)「安養寺文書」(『石山合戦関係文書及び安養寺文書』郡上市八幡町　安養寺蔵)。
(17)奥野高広『増訂織田信長文書の研究上巻』(吉川弘文館、一九八八)三四〇号。
(18)天文初年に畿内一帯で蜂起した一向一揆は、事実上本願寺方の敗北に終わった。本願寺は守護権力と和睦し、多額の礼銭を支払うなどして寺領の還付を実現した。詳細な和睦の内容は明らかになっていないが、この後天文から永禄にかけての畿内諸勢力の抗争に際して、本願寺は両方に音信を取り、どちらか一方に与しなかったことから、本願寺は政争に与しないことを守護権力と取り決めていたとみられる。

〔追記〕再校の段階で天野忠幸氏『三好一族と織田信長』(戎光祥出版)が刊行された。本校とかかわる論点も少なくないが、反映させることはできなかった。

第四章　一向一揆と織田武士団

川端泰幸

はじめに

元亀元年（一五七〇）に始まり、天正八年（一五八〇）に終結するまでの約十一年にわたって続いた「石山合戦」――。中世の終焉を象徴する出来事であり、これ以後、信長が天下統一への歩みを加速させるとともに、信長の跡を継いだ豊臣秀吉によって天下統一がなされ、近世国家の基礎が打ち立てられたのである。

「石山合戦」という表現については、近世以降につけられた名称であり、当該期には「石山」という言葉そのものがなかったことなどから、別の呼称をつけるべきであるとする指摘もあるが、後世に「石山合戦」として認識されたものが、畿内近国・北陸・東海と広範囲に展開した一向一揆総体をもっとも適切にイメージさせるものであると考え、カッコつきで「石山合戦」と表現することにしたい。

「石山合戦」に関する記憶は、当該期に一向一揆に加わり、信長方と戦った浄土真宗寺院においては、今に至るまで鮮明に遺されているといえる。各地に遺された寺伝、縁起などには「石山合戦」における先祖の忠節というものが、寺院の歴史を語る上での重要な要素として記されている。例えば、讃岐国宇多津の西光寺（現浄土真宗本願寺派、香川県綾歌郡）の由緒書では、「顕如上人大坂御籠城の時」に、住職が二代にわたって勧進（かんじん）すなわち寄付を募って、これによって兵糧を取り集め、信長方の海上封鎖をかいくぐって兵糧を大坂本願寺に搬入したことが記録されている。(註1)このような「石山合戦」に関わる「記憶」は各地に遺されているのである。

また、権力者の側においても、「石山合戦」の経験は痛烈な記憶として焼きついていた。豊臣秀吉が天正十六年（一五八八）に出した刀狩令の第一条が「諸国百姓等、刀、わきさし（脇差）、弓、鑓、鉄炮、其外武具のたくひ所持候事、かたく御停止候、其子細ハ、不レ入たうくあひ（道具）たくはへ、年貢所当を難渋せしめ、一揆を企、自然給人に対し非儀之動をなす族、勿論御成敗あるへし」(註2)と記すように、天下統一の最終段階に至って、一揆を防ぐことが最重要課題の一つであったことがわかる。

さらに、東西本願寺が分立する際、この問題について徳川家康と問答した本多正信が「本願寺の家は余の家には替り申候、其上太閤之御代に二本に被成候、右之通に被レ成候而可レ然、と被二申上一候、其上三河にて三ヶ寺之坊主いつき（一揆）をおこし、御命あやうき様に御座候も、此家にて御座候」(註3)と語って、東西本願寺を分立させておくことが一揆を防ぐためにも最善の策であると進言したことも、一揆の危機に対する認識があったことを示していよう。

このように「石山合戦」は、一揆の側、そしてそれに対峙した権力者の側、双方に強烈な記憶を遺す出来事であったのである。近年、神田千里氏によって、権力者との徹底対立というような構図を無批判に前提とする一向一揆像を描くことの危険性が指摘されている。(註4)たしかにそのとおりであると考えられ、近世以降にさまざまな教団事情などもからみあって生み出された物語的一向一揆像を、そのまま戦国期の一向一揆の実像として理解するわけにはいかない。

しかし、そうであるにせよ「石山合戦」という記憶が、現実社会に与えた影響の大きさをも無視することはできない。そこで本論では、特に畿内近国・北陸・東海といった各地で起こった一向一揆の様相をたどりながら、権力者と一揆との関係、また「石山合戦」期における一向一揆の意義について、いくつかの論点を提示することを目的として検討を進めたい。

一、開戦と近江門徒

まず元亀元年（一五七〇）九月の開戦前後の政治状況と、一向一揆蜂起がいかにして起こったのかについて見てみる。あわせて、開戦当初重要な役割を担った近江門徒の行動についても検討を加えたい。

織田信長像（愛知県豊田市長興寺蔵、写真協力 豊田市郷土資料館）

この年、織田信長に大きな動揺を与えたのが、四月に越前朝倉氏の討伐に向かった際、信長を裏切った浅井長政の行動であろう。『信長公記』巻三[註5]は長政の裏切りについて次のように記す。

木目峠打ち越え、国中乱入なすべきのところ、江北浅井備前(長政)、手の反覆の由、追々、其の注進候、然れども、浅井は歴然御縁者たるの上、剰へ江北一円に仰せつけらるるの間、不足あるべからざるの条、虚説たるべしと、おぼしめし候ところ、方々より事実の注進候、信長にしてみれば、義理の弟にもあたる長政が裏切るということは、にわかには信じ難かったようである。長政の離反の理由について決定的なことは明らかにされていないが、太田浩司氏の研究によれば、長政自身は「独立した一大名」としての意識を持っていたのに対し、信長が「家臣として扱」ったことが許せず、挙兵に踏み切ったのではないかと推定されている。[註6] 理由が何であるにせよ、この判断は一向一揆の蜂起とも無関係ではなかったはずである。江北は湖北十ヶ寺を中心として真宗が広く展開している地域であり、天文年間（一五三二〜五五）の本願寺第十代証如（しょうにょ）の時代より、本願寺そのものとも音信（いんしん）関係が築かれていた。

また、信長による討伐の対象となった朝倉氏にしても、かつては一向一揆との対立関係もあったが、同じく証如期よりは音信関係が結ばれており、元亀二年（一五七一）には新門主教如と朝倉義景の娘が婚約するほどの関係にまで進展するのである。これらを総合して考えるならば、本願寺・浅井・朝倉という三者が反信長という判断を下した前提には、すでに天文年間に構築されていた音信関係が確固たるものとしてあったということが言えるのではないだろうか。ただし、この段階ではまだ本願寺は反信長の旗を揚げてはいない。

浅井長政像（和歌山県高野山持明院蔵）

続いて、六月になると姉川合戦が起こった。姉川合戦で信長は浅井・朝倉連合軍を打ち破ることになるが、その直後、信長は細川藤孝に宛てた書状に「野も田畠も死骸計候、誠為二天下一大慶不レ過レ之候、」（「津田文書」[註7]二四一号）と記しており、この合戦を画期として信長が敵方を悉く打ち滅ぼすこと＝「天下」のためというような思考を持つようになってきていたの

朝倉義景像(福井市心月寺蔵)

である。[註8]そして、おそらくこの思考が後に続く「石山合戦」での根切り・撫で切りにもつながっていくものと考えられる。いずれにせよ、姉川合戦で信長は勝利を得たが、この時は小谷城が堅固であったために、最後まで攻め続けることは叶わず、一旦、浅井攻めを中断し、上洛して顚末を将軍足利義昭に報告した後、岐阜に戻ったのであった。

そして、同年八月、信長は大坂に兵を進めることとなった。当時、信長に敵対していた三好三人衆らの勢力を討つことを目的とした出兵であった。『信長公記』巻三[註5]によれば、「南方諸牢人」と呼ばれた細川昭元、三好長逸(ながやす)、三好康長、安宅信康、十河存保、篠原長房、石成友通らは大坂の野田・福島に立て籠っており、九月八日に、信長は大坂本願寺から十町ほど西にあった楼(ろう)の岸(きし)という地に砦(とりで)を築かせるとともに、次々と家臣らを配置していった。そして九月九日には自身が天満森に本陣をすえ、「南方諸牢人」への攻撃を開始したのである。このような状況の中で、九月十三日の夜、突如本願寺が一揆蜂起したのである。『信長公記』巻三[註5]では、本願寺側もその内に攻められるのではないかと危惧したために蜂起したのではないかとしている。

しかし、当時の古文書を見ると、もう少し早い段階から本願寺顕如は信長との間に事を構える決意をしていたようである。九月二日に美濃国郡上の惣門徒中宛に出された顕如の書状が次のようなものである(「安養寺文書」[註9]五頁)。

（封紙ウハ書）
「濃州郡上
　惣門徒中　　　顕如」
（端裏切封）
「―　―」
就二信長上洛一、此方令二迷惑一候、去々年以来、懸二難題一申付而、随分成レ扱、雖下聽（応カ）二彼方一候上、無二其専一、可二破却一由、慥告来候、此上不レ及レ力候、然者開山之一流、此時無二退転一様、各不レ顧二身命一、可レ抽二忠節一事難レ有候、若無沙汰輩者、長不レ可レ為二門徒一候、併馳走頼入候、穴賢、

九月二日　　顕如（花押）

濃州郡上
　惣門徒中江

これと同文で日付が九月六日の書状が、江州中郡門徒中にも出されている。この呼びかけによれば、信長が上洛以来、難題を本願寺に申し懸けてきており、それに対して扱（和解交渉）をもって、穏便にすませようと何とか応じてきたが、その甲斐なく「可二破却一由」をたしかに告げてきたという。そこでやむなく信長と交戦することを決意したとしている。難題などについてはこれまでにも矢銭（軍事費）の催促などが指摘されてきたが、決定的なこととして、大坂本願寺破却という問題があったことは重要である。それを告げた文書などは見当たらないため事実であるかどうかは確定しがたいが、寺社権門の中でもそれなりの位置にあった顕如があえて決起するという判断をするには、かなり重大なことがあったに違いなく、あながち大坂本願寺

破却通告というのも事実無根のことではないと考えられるのである。

そして、五日に顕如は紀州惣門徒中に対しても至急大坂へ参上し、警固につくことを求めている。(註9)五頁 その文書には「就二爰元機遣一、去廿八日以二兵部卿一雖二様体申下候一、于今一途無之候、如何候哉」と記されており、八月二十八日段階で、すでに紀州門徒のもとに兵部卿（常楽寺証賢）が使者として遣わされ、信長との戦いが直近に迫っていることが伝えられていたことがわかる。このことを考えるならば、決して突発的な蜂起だったのではなく、すでに蜂起することを予定していたということになる。本来、野田・福島の合戦は、信長にとって「南方諸牢人」を討つための合戦だったはずであるが、顕如が檄文（げきぶん）を発し、一揆蜂起を呼びかけたことによって、大坂の本願寺、および諸国の一向一揆との戦いへと一挙に転化していったのである。その前提として、姉川合戦で信長と戦った浅井・朝倉とのこれまでの関係、そしてまた「南方諸牢人」の中では、阿波三好氏の重臣でもあった篠原長房が、本願寺一門寺院の摂津教行寺実誓の娘を妻としており、本願寺とも遠い縁戚関係にあるなど、信長に対抗しようとした諸大名たちと本願寺との間に、それ以前の段階で構築してきた、縁戚や門徒を介した関係が結ばれていたことも本願寺に決起を決意させた要因の一つであったと考えられる。

本願寺門徒による一揆について信長はかなり警戒していたようで、『御湯殿の上の日記』(註10)には九月十八日に「ふけ（武家）よりおさか（大坂）の一き（揆）おこり候はぬやう、おほせいたされ候へのよし、一位の大納言して申さるゝ」とあるように、朝廷を通じて一揆を治めるように交渉がなされている。しかし、この状況に乗じるように、九月十六日、浅井・朝倉の軍勢が、琵琶湖の西に位置する大津坂本方面に進軍し、九月十九日には信長の重臣であった森可成らが討死するという事態に陥った。いわゆる「志賀の陣」である。

この志賀の陣頃から近江門徒による浅井・朝倉への加勢が始まっていく。近江門徒らの役割が開戦当時非常に重要であったことは、さまざまな文書から見えてくる。近江の中でも湖西の北側に位置する志賀・高島・三浦の門徒に対して、下間証念（頼総）が十月三日付で京都方面に心を配るように指示を出しているし（「三浦講中文書」）[註9 二〇頁]、十月七日には近江および讃岐・筑後の坊主・門徒衆に宛てて顕如から一揆を命じる書状が発せられている（「大谷派本願寺文書」ほか）[註9 二一頁]。また、十月二十日には、北郡（きたごおり）と呼ばれた湖北地域の門徒が越前朝倉勢と行動を共にして、京都の一乗寺方面に攻め込んでいる[註11]。このようにして、元亀元年の開戦当初は、大坂・近江という両側から信長を挟み撃ちにするような態勢で一揆が展開していき、その中で近江門徒は重要な役割を果たしたのであった。

越前朝倉氏、湖北北郡の浅井氏、そして北郡および近江の門徒という三者が合力することで、信長の動きは大幅に制限されることとなる。そのため、十二月から翌元亀二年正月にかけて信長が、姉川・朝妻間の通路封鎖を行い、特に加賀・越前やその他の北国から大坂に向けて移動する商人や旅人の身柄を拘束するという強硬な命令を出したのである（「旧神田孝平氏所蔵文書」ほか）[註9 三三頁]。美濃・尾張に本拠を置いていた信長にとって、どうあっても近江は通行せざるをえない地であり、それだけに浅井・朝倉だけでなく、近江の諸所あるいは西美濃地域に展開していた門徒集団の存在は脅威であり、この方面の対策をとることが開戦後しばらくは重要な課題となったのである。

二、長島一向一揆攻め

元亀元年九月の開戦から二ヵ月ほど経た十一月、信長にとってこれもまた非常に厳しい事件が起こった。

伊勢国長島と木曽川を挟んで相対する位置に築城された尾張国小木江城を守備していた信長の弟である信興が長島一帯の一向一揆に包囲され、最終的には自刃に追い込まれたのである。『信長公記』巻三[註5]は、その時の様子を次のように記している。

信長公の御舎弟織田彦七(信興)、尾州の内こきゑ(小木江)村に足懸かり拵へ、御居城のところに、志賀御陣に御手塞ぎの様体見及び申し、長島より一揆蜂起せしめ、取り懸かり、日を逐つて、攻め申し候、既に城内へ攻め込みしなり、一揆の手にかゝりては御無念とおぼしめし、御天主へ御上り候て、霜月廿一日、織田彦七御腹めされ、是非なき超目(題ヵ)なり、

先にも述べたとおり、一向一揆の拠点であった長島と小木江村は目と鼻の先である。長島一向一揆は本願寺の有力一族寺院である願証寺を中心に結集しており、志賀の陣で信長方が動けない隙を突いての行動であった。このことを受けた信長は、翌元亀二年(一五七一)五月、長島一向一揆攻めの号令をかけた。長島は「河内(かわうち)長島」とも呼ばれるように、木曽三川河口部のデルタ地帯に浮かぶ島であった。

五月十二日、信長は攻め手を三方に分けて進軍させた。信長自身は津島に着陣、佐久間信盛らは中筋口より、柴田勝家らは太田口より、それぞれ長島に向かって攻め寄せたのである。十六日に信長方は近在の村々に放火して退却しようとしたが、その時、長島の一揆衆が山手に移動した。そこは右手に大河、左手に山道という、攻めるに難く、守るに易い場所であった。柴田勝家が殿軍(しんがり)を務めて退却しようとしたところを見計らった一揆勢が一斉に襲いかかり、勝家は手傷を蒙(こうむ)りながらもなんとか逃れることができた。しかし、一揆勢と正面から激突した氏家卜全(ぼくぜん)が討死するなど、信長方にとって厳しい結果となってしまったのである。

この時、信長が大舘上総介に送った書状なるものがあるが、「彼一揆原所々籠楯(楯籠カ)之間、可二攻死一之処、種々依レ令二侘言一赦免候」(「牧田茂兵衛氏所蔵文書」(註7)二七八号)と記しており、氏家らが討死したことについては伏せられている。また、一揆に「原(ばら)」という軽蔑を込めた呼称を付けて呼んでいることからも、信長が一向一揆に対して怒りと侮蔑の思いを強めている様子が窺(うかが)える。

信長はこの戦いの結果を受けて、一揆狩りを開始した。家臣の猪子高就に宛てた朱印状では、下輪川西・川東なる場所に一揆が隠れているのでこれを捜索せよと命じるとともに、誰の家来であったとしても殺害せよと命じている。そして、自身に仕えていた高木彦左衛門尉貞久の家臣に一揆に与同している者がいるとの噂もあるので、それを糺(ただ)した上で、事実であれば彦左衛門ともどもに成敗するようにと通達している(「猪子文書」(註7)二八一号)。

信長が長島一揆を再び攻めたのは天正二年(一五七四)のことである。七月十三日、信長は「河内長島」を成敗するために、軍勢を発向させた。自身は元亀二年の折と同じく津島に陣を張った。長島の地について『信長公記』巻七(註5)は次のように描写する。

> 抑、尾張国河内長島と申すは、隠れなき節所なり、濃州より流れ出づる川余多へ(ママ)、岩手川・大滝川・今洲川・真木田川・市ノ瀬川・くんぜ川・山口川・飛驒川・木曽川・養老の滝、此の外、山々の谷水の流れ、末にて落ち合ひ、大河となつて、長島の東北、西五里・三里の内、幾重ともなく引き廻し、南は海上漫々として四方の節所申すは中々愚かなり、これに依つて隣国の佞人凶徒など相集まり、住宅し、当寺を崇敬す、

河内長島と呼ばれた地がいかに堅固な天然の要害であったかが目に浮かぶかのような描写であるが、海上交通・流通の要衝であった地に本願寺系の寺院が建立され、そこを中心に門徒集団が居住し、繁昌していた様子がわかる。同様の立地状況や共同体の存在形態が本願寺系の寺内町などでは見られるのであるが、信長の武士団はかかる場所において、武士ではない、しかも領地や恩賞を求めて戦うのでもない人びと＝門徒と対峙しなければならなかったのである。この経験はおそらく、織田武士団の大名たちに強烈な記憶を焼きつけることになったのであろう。その点については後述したい。

　この第二次長島一向一揆攻めにおいて、初めて登場するのが「根切（ねぎり）」という文言である。播磨良紀氏によれば、「根切」という文言を信長が使用する時期は天正二年から翌三年に限定され、元亀二年に一度赦免したにもかかわらず、赦免の恩を忘れて再び一揆を起こしたことに対する報復処置であったという。[註12]

　第二次の長島一揆攻めは諸方面からの攻撃がなされた。以下、『信長公記』[註5]によって、おおよその流れを確認すると次のようになる。長島周辺の砦や一揆方の陣地を次々に陥落させた信長勢は、七月十五日には、織田軍の水軍を率いる九鬼嘉隆らが安宅船（あたけぶね）を準備し、四方から長島に押し寄せた。近隣の城で最後まで残った大鳥居城・篠橋城の衆は赦免を願い出たが、信長は「佞人懲らしめのため、干殺になされ、年来の緩怠・狼藉、御鬱憤を散ぜらるべきの旨にて御許容これなき」とした。八月二日の夜、暴風雨にまぎれて逃げようとした大鳥居籠城衆が男女千人ほども切り捨てられたという。一方の篠橋城籠城衆は長島願証寺に入って信長のために働くことを約束したため、長島に追い入れられた。長島一揆衆は長島、屋長島、中江という三ヵ所にそれぞれ逃げていたが、三ヵ月にわたる籠城の中で餓死者が多数出ていた。そのような状況の中、九月二十九日に侘言が受け入れられ、籠城衆は長島を退散することになったが、船に乗って出てきた人びとを信長方は次々に殺害した。屋長島・中江に籠っていた籠城衆は男女二万人ばかりが焼き殺されるという大変な惨状が展開したのである。まさに「根切」「撫切」が決行されたのである。

ちなみに、信長が長島一揆に対する「根切」の意志を示したのは、天正二年七月二十三日付で河尻与兵衛秀隆に宛てた朱印状である。そこには「此表之事弥存分ニ申付候、種々一揆共懇望仕候へとも、此刻可二根切一事候之間、不レ免二其咎一候」（『玉証鑑』（註7）三）四六〇号）と記されている。まさに長島攻略が着々と進んでいる中で出されたものである。

また、信長は七月二十九日に明智光秀に送った書状で、篠橋・大鳥居の両城について「両所なから兵糧一円なき事慥相聞候、五三日迄ハ不レ可二相延一、可レ為二落居一候、此両所ニ一揆之中にても随分之者共楯籠候、是をさへ攻崩候へ者、根本の長島同前ニ候、長島之事も存之外雑人原北入候て、無二正体一事推量之外候」（「永青文庫所蔵文書」（註9）一三五頁）と述べている。「根切」についてはさまざまな議論があるが、これを見る限り、単なる政治的・作戦的な誇張ではないことがわかる。信長は相手方に兵糧がないことなども、すべて承知のうえで、「根切」を決行しようとしているのである。また、ここで注目すべきは、信長が一揆の人びとを「雑人原（ぞうにんばら）」と蔑称していることである。先にも「一揆原」と呼んでいることを指摘したが、信長にとって彼ら「一揆原」「雑人原」による抵抗こそ、得体の知れない、どう表現してよいかわからない、またどう処断すればよいのかもわからないものだったのではないだろうか。

一揆には徳政（とくせい）一揆や土（つち）一揆、荘家（しょうけ）の一揆などさまざまなものがあるが、それらはいずれもある目的（要求）を伴っている。例えば年貢減免や非法代官の解任、債務破棄など目的とするところは誰が見ても明らかである。しかし一向一揆に限ってはそのようなことが、少なくとも当事者である信長にとってみれば見えなかったのではないだろうか。目的の見えない一揆に対する不安や苛立ちが、信長を「根切」という行動に突き動かしたものと考えられるのである。それは信長だけではなく、現場で戦った武士たちにしても同様であったはずである。長島一向一揆とは、織田武士団にとって、そのような意味で「一揆」に対する強い警戒感を植え付けたものと考えられよう。

三、越前一向一揆攻め

長島一揆が壊滅状態に陥って、本願寺や各地の坊主・門徒たちの間では、危機感がつのっていた。越前国では長島一揆攻めの前年、天正元年末には朝倉氏が信長方の攻撃を受けて滅亡していた。そのような中にあっても、一向一揆の動きは収束することなく、常に信長方の動向に注意を払っていたようである。

例えば、越前国大町専修寺（せんじゅじ）の賢会（けんえ）は、長島一揆滅亡の報（しら）せを知ったのち、加賀国倉月荘（くらつきのしょう）の諸江坊（もろえぼう）に宛てた十月十五日付の書状に「長島落居、言語道断迄候、弥此表ニ極候、一大事まて候」（「勝授寺文書」[註9]一四七頁）と記しており、越前あるいは加賀に至るまで、今度は北陸が危険にさらされる恐れがあると述べている。賢会らはその後も、下間頼照らと連携しながら、具足の確保や要害の備えを固めるなどしていくのであるが、天正三年（一五七五）七月には、信長が越前に一揆成敗のために出馬するとの噂が京都で流れた（『兼見卿記』[註13]天正三年七月十日・十六日条）。

信長方は同年五月頃より、越前国内の寺院や土豪に対して、一向一揆に与せず織田方に味方するよう、切り崩し工作を行っていた。七月二十三日には信長の重臣である金森長近が、越前大野にある高田派の寺院などに「其国乱入ニ付て、大野郡至被レ抽二忠節一おゐてハ、一所可二申付一事、不レ可レ有二相違一候」（「専福寺文書」[註9]一六一頁）として忠節を求める交渉を行っている。

そして、八月に入ると信長はいよいよ越前へと兵を進めた。一向一揆は、北陸一帯を失うか否かという状況の中にあって、何としても信長の越前侵攻を食い止める必要があり、加賀などからも加勢がやってきて、各要所に城や砦を構えて待ち受けた。信長方は越前牢人衆を先陣として、柴田勝家や羽柴秀吉、明智光秀、蜂屋頼隆などの軍勢が諸口より乱入した。各所の城砦は次々と陥落し、八月十五日、ついに越前府中（現越前市府中）に攻め込んだ。府中の町では二千余りの一揆勢が切り捨てられたという（『信長公記』巻八）[註5]。

この時、まさに一揆は信長方からの虐殺にあったのである。八月十七日、信長が京都所司代の村井貞勝に送った書状（「泉文書」[註9]一六四頁）によれば、十五日に木目口と浜手など方々に人員を配置し、まず浜手の敦賀杉津城などを攻め落とし、「数多くひをきり、気を散之候」と記している。そして十六日には信長が木目口に馬を進めると同時に、明智光秀を浜手から府中へと進軍させた。光秀や秀吉はここで作戦を立て、木目口などから逃げ帰ってくるであろう一揆勢を、府中で一挙に攻めるという計画を実行することにしたのである。信長の書状には「如レ案五百・三百つゝにけ（逃）かゝり候を、府中町にて千五百ほとくひ（頸）をきり、其外近辺にて都合二千余きり候」とあり、さらに「府中町ハ死かい（骸）計にて、一円あき所なく候、見せ度候、今日ハ山々谷々尋捜可ニ打果一候」と、府中が死骸で溢れかえっている様子が窺える。

この他の書状などでも信長は次々に一向一揆衆の首を切ったことを、くりかえし記している。これほどまで多くの人びとを殺害し、しかもそのことを執拗に書状に記して家臣に伝えるという信長の行動は、おそらく長島一向一揆、そしてこの越前一向一揆での戦いに限定されるように思われる。ここで、あらためて天正二年から三年という限定された時期にのみ「根切」の文言が現れるという播磨氏の指摘を思い起こしたい。長島・越前という、それまでも信長武士団を苦しめてきた二つの一揆拠点を攻め滅ぼそうとした時に、信長は「根切」「撫切」という虐殺を行ったのである。

なぜそのように、この二つの一揆との戦いに限って信長は虐殺という選択をしたのであろうか。いくつかの理由が考えられるが、一つ想定できるのが、信長や織田武士団にとって、これまで経験したことのない戦を経験したことが、虐殺という道に舵（かじ）を切った理由ではないかということである。そもそも信長は天下を武威によって統（す）べるという目的のもとに、諸大名や室町将軍と対抗し、戦を重ねてきた。しかし、それに対して一向一揆は目的が全く異なるのである。北陸地域の一揆指導者であった下間氏や七里氏には、加賀や越前の一揆持ち体制を維持しようという目論見があったかもしれないが、一揆に加わった大勢の門徒たちは、おそらくそのような目的を持っていたわけではない。彼らを一揆に加わらせたのは、おそらくは門主の御書による本願寺の危機を何とかせねばならないとする呼びかけであっただろう。そのような動機も目的も異なる一揆に対して、虐殺によって根絶するしか選択肢がなかったのが、天正二年から三年にかけての信長だったのである。

ともあれ、越前一揆が壊滅状態に陥ったことは、本願寺にとっても存亡に関わる一大事である。越前一揆壊滅の報せを受けた顕如は、早速に紀州や加賀の奥二郡など、まだ門徒が健在な地域に対して危急を知らせるとともに、今となっては大坂の籠城戦を耐えぬくしかないと、次のような書状（「浄流寺文書」[註9]一六九頁）を発し、籠城への協力を呼びかけたのである。

今度越前へ敵乱入之由、此上ハ当寺の一大事ニ候、籠城ニ究り候、然ハ何方も可レ頼様体なし、付而今度懇志を励ミ、一筋ニ籠城候へき心懸之衆申合参上候ハヽ、誠ニ以有難、弥頼母敷可レ為二次第一候、就レ中不レ珍候へ共、法義之談合候而、安心決定の上ニ立、弥々無二油断一嗜候へく候、不信之面々ハ、片時も急而信を被取候ハ、可レ難レ有候、猶端之坊可二申伝一候、穴賢々々、

八月廿五日

顕如

尾張之国
西心坊
幷門徒中江

このような書状を受け取った紀州雑賀や尾張、そして加賀など各地の門徒たちもまた、やはりこの書状の旨を守り、以後、天正八年（一五八〇）まで続く籠城戦を、自ら籠城することや、兵糧を運上すること、また各地で信長方と戦うことを通じて支えぬくことになるのである。

ところで、越前では府中での虐殺を経て一年も経たない時期に、再び一揆蜂起が起こり、前田利家ら越前に在番していた織田武士団に鎮圧された。天正四年（一五七六）のことであろうと推定されているこの出来事に関わって、井上鋭夫氏が著書『一向一揆の研究』(註14)で紹介したのが、前田らが居城していた小丸城（現越前市）から出土した文字瓦である。瓦には次のように記されている。

小丸城跡出土文字丸瓦
（福井県味真野史跡保存会蔵）

此書物後世に御らん（覧）しら□御物かたり（語）可レ有候、然者五月

廿四日いき（一揆）おこり候まま、前田又左衛門尉殿、いき千人はかりいけとりさせられ候也、御せいはい（成敗）ハ
はっつけ（磔）、かまにいられあふられ候哉、如此候、一ふて書と、め候、

信長側近であった前田利家による一揆虐殺の様子を物語るものであるが、一向一揆はこのように幾度も起こるものであった。虐殺は知行地の領民を失うことにもつながるものであり、信長は天正五年（一五七七）の紀州雑賀一向一揆攻めにおいては、虐殺を行うことなく、赦免という選択をしている。長島・越前と一向一揆を虐殺する中で、それ以上の虐殺が自らの存立を脅かすことにつながると認識したからであろう。

以上のように、「石山合戦」の中で、畿内近国・北陸・東海各地で起こった一揆は、織田武士団に対して合戦のあり方や、民衆支配のあり方などを問うことにつながっていったのである。

おわりに

元亀元年（一五七〇）天満森での開戦に始まり、天正八年（一五八〇）の顕如の大坂退出、およびそれに続く教如の大坂退出まで続いた「石山合戦」であったが、この十一年間を支えた大部分は、名もない門徒たちであった。その中で織田武士団は、主従関係や御恩と奉公に結ばれるような武士的な思考を持たない門徒たちと戦わなければならなかったのである。このことは織田武士団、そしてその後に続く、豊臣・徳川時代の大名たちの領国支配のあり方に大きな影響を与えた。

越前一向一揆攻めを戦った金森長近は、後に飛騨国を与えられて入国することになるが、その際、飛騨の

有力真宗寺院である照蓮寺に孫娘を嫁がせるなど、自らの縁戚に取り込みつつ保護を与えることによって、照蓮寺および飛驒の真宗門徒たちを支配下に組み入れていった。(註15)また、越前一揆の再蜂起にあたって虐殺を行い、文字瓦にその行いが刻まれた前田利家であるが、彼もまた真宗が広く展開している加賀・越中を与えられることになった。前田家は利家の息子・利長の時代になっても真宗を危険視していたが、江戸時代に入ってしばらくしてからようやく真宗を保護し、特に越中の善徳寺などは厚遇されることとなった。善徳寺は「石山合戦」期に越前国石田西光寺から空勝が入寺した寺院で、元亀の開戦より参戦し、一向一揆を指揮し戦いぬいた寺院である。善徳寺には現在も空勝が「石山合戦」期に用いた軍配なるものが伝存しており、一揆の記憶が伝承されている。

この他にも、美濃国郡上八幡城主の遠藤慶隆も、美濃の有力寺院である安養寺と縁戚関係を結び、保護を加えるなどしており、少なからぬ織田武士団出身の大名たちが、「石山合戦」後には、それまでとは一八〇度異なる保護や厚遇を与えるようにしているのである。冒頭で見た徳川家康による「東本願寺」の保護もその一環として見ることができよう。

なぜこのようなことが起こったのであろうか。そのことに触れて結びとしたい。天下統一を目指した信長は、美濃統一や将軍義昭の後援といった段階を経て、敵対する勢力を次々と攻略するとともに、領国を獲得し、新たに家臣を入封させていった。もちろんそこにおいて、支配の対象であり年貢納入を行う主体者である民衆が虐殺されるということは起こり得ない。しかし、元亀元年(一五七〇)、本願寺から諸国門徒に蜂起を促す檄が飛ばされた時点から、それまで経験したことのない戦いをしなければならなくなった。全国に展開する真宗門徒との戦いである。彼らは一向一揆に与する「一揆原」であると同時に、戦時でなければ、領民として保護を与え、そのかわりに年貢を納めさせる存在なのである。自身の領有する地域に住む門徒を動員することによって、合力関係を築いた浅井氏のような場合は問題が起こることはないが、ひとたび敵対を宣言した織田武士団はそういうわけにはいかなかったのである。信長自身もどのように対処すればよいのか、見当のつかない状態が数年にわたって続いたにちがいない。そして天正二年（一五七四）、三年（一五七五）の二年間にわたって「根切」「撫切」という虐殺が行われることになったのである。しかしそれもまた続ければ、織田武士団の存立自体が危うくなるため、天正五年（一五七七）の紀州雑賀攻めなど以降は赦免というかたちをとるようになっていったと見ることができよう。

「石山合戦」終結後は、多くの織田武士団がかつて自分の戦った、あるいは虐殺した一揆衆の住む地へ入封しなければならず、その中で、一刻も早く関係を修復するために、有力真宗寺院を保護するなどの方針に転換していったのである。そのように見るならば、やはり織田・豊臣を経て、徳川による幕藩体制が構築される前提として、「石山合戦」が持つ意義は非常に大きいといわざるをえないのである。

〈註〉

（1）工藤克洋・川端泰幸・山本春奈「西光寺蔵『記録由緒書（諦観山西光寺略記）』」（『同朋大学仏教文化研究所紀要』三四、二〇一五）。
（2）「島津家文書之二」（『大日本古文書』東京大学史料編纂所、一九六六）。
（3）「宇野新蔵覚書」（『続真宗大系』真宗典籍刊行会、一九三九）。
（4）神田千里『一向一揆と石山合戦』（吉川弘文館、二〇〇七）。
（5）桑田忠親校注『信長公記』（人物往来社、一九六五）。
（6）太田浩司『浅井長政と姉川合戦―その繁栄と滅亡への軌跡―』（サンライズ出版、二〇一一）。
（7）奥野高廣『織田信長文書の研究』（吉川弘文館、一九八八）。

(8) 川端泰幸「信長の「天下」と一向一揆―元亀元年の開戦をめぐって」(『仏教史研究』四五、二〇〇九)。

(9) 真宗史料刊行会編『大系真宗史料　文書記録編12』(法藏館、二〇一〇)。

(10)「御湯殿の上の日記」(『続群書類従』続群書類従完成会、一九四三)。

(11)『言継卿記』(続群書類従完成会、一九六五)。

(12) 播磨良紀「織田信長の長島一向一揆攻めと『根切』」(新行紀一編『戦国期の真宗と一向一揆』吉川弘文館、二〇一〇)。

(13)「兼見卿記」(『史料纂集』続群書類従完成会、一九八七、八木書店古書出版、二〇一四)。

(14) 井上鋭夫『一向一揆の研究』(吉川弘文館、一九六八)。

(15) 大桑　斉『教如　東本願寺への道』(法藏館、二〇一三)。

第五章　寺内町の構造と展開

大澤研一

はじめに

慶長二十年（一六一五）五月七日、大坂城が落城し、翌日には豊臣秀頼が自害して豊臣家は事実上断絶した。大坂の陣の終結である。大坂の陣は大坂の町はもちろん、戦場となった周辺の村や都市にも大きな荒廃をもたらすことになった。そのため、徳川政権は急ぎ復興に着手しなければならなかったのである。

大坂夏の陣による焼土層が発掘調査によって広範囲に確認される場所のひとつに、摂津国と河内国の国境に位置する平野（ひらの）がある（現大阪市平野区）。ここは戦国時代に急速に都市として発展し、堺とも連携を深めた自治都市としてよく知られている。この平野では夏の陣終結後まもない五月二十二日に、年寄衆の連署により住民たちの還住が呼びかけられた。

［史料一］（個人蔵文書）

（前略）

一、平野百姓御なをし候事、御尤ニ存候、路次之儀も無事ニ可罷成候間、各々も早々御なをり御尤候、其上此間も切々平野之儀、上様御念比ニ被成　御意候条、如去年寺内之儀相違無之候間、弥々其御心得候て小百姓共へも御申触候て、早々なをり申候様ニ御馳走尤ニ候、

（中略）

末孫左衛門　判

（四名省略）

五月廿二日

末大郎兵様

貴報

ここで注目されるのは、百姓に還住を促す理由として、平野がそれまでどおり「寺内」として家康に認められることを掲げている点と、それを訴えているのが「寺内」の中心寺院（ここでは光源寺）ではなく都市の運営を担う年寄衆だった点にある。つまり、「寺内」であることが、慶長末年という段階でも住人にとって大きな意味のあることだったのである。

寺内町は長らく一向一揆の拠点と評価され、「石山戦争」期には本願寺の動きと連動しながら織田信長に対する戦いを繰り広げたとみられてきた。しかし近年の研究では、確かにそうした事例が三河や美濃では確認されるものの、畿内では信長と敵対関係になかった寺内町があったこともあきらかにされている。またこの平野の事例のように近世に入っても寺内町を維持しようとする動きもみられる。

これらのことは、寺内町の運動性としてはそれぞれの置かれた地域社会の諸関係を前提に、さまざまな展開の方向性がありえたことをうかがわせる。それぞれの寺内町がいったい誰によって建設されどのように運

営されたのか、権力と敵対した場合その争点はいったい何だったのか、近世まで存続する事例があるのはなぜか、具体的かつ多角的に吟味される必要があろう。

一方、寺内町をトータルでみていこうとすれば、その背景には寺内町を成り立たせていた原理ともいえる宗教観の存在が想定される。また、近年急速に研究が進展している都市空間構造の観点からも当時の寺院一般やさまざまな都市との関係性に目配りをする必要もあろう。

本稿では以上のような課題のすべてに応えることはできないが、一向宗寺内町(「寺内」)の場としての意味を念頭に置きながら、近年の発掘調査成果をも参照しつつ、寺内町の展開過程をたどってみることにしたい。

一、「寺内」と〝寺内町〟

〝寺内町〟という語が戦国~江戸時代初期の文献史料には登場せず、見受けられるのは「寺内」のみであることは以前指摘したことがある。[註1] したがって〝寺内町〟を用いるにあたってはまず史料用語の「寺内」が何を指すのかを認識したうえで、学術用語としての〝寺内町〟の意味づけを考え、使用することが必要となろう。史料用語としての「寺内」にこだわることは〝寺内町〟の原理を考えることにもなるためである。なお、あらかじめ両者の関係を単純化して示しておけば、「寺内」と〝寺内町〟はイコールではなく、「寺内」⊇〝寺内町〟が適当な図式と考える。

では「寺内」からみていこう。「寺内」が一向宗寺院に限らず、顕密寺院や法華寺院などで寺院の領域を示す用語として広く用いられたことはすでに指摘されている。[註2] その意味について『邦訳日葡辞書』(岩波書店、一九八〇年）には簡潔に「寺院、または僧院の内」と述べられている。物理的な寺院の〝内側〟を意味するだけの言葉のようにも受け取れるが、実際には「寺内」とは寺院が自己の領域として不入権を主張する空間であったことに注意を払っておく必要がある。[註3]そうなると、寺院が不入権を主張した空間は、その広狭にかかわらず「寺内」と呼びうることになるのである。

では、その空間を構成する要素はどうなっているのだろうか。実際には多様性が見られるにしても、宗教儀礼の場である本堂（道場）を中心とした堂舎建築と住持（道場主）の居所（屋敷）は必須の存在である（両者は一体化している場合もある）。そして、これらを土塁や塀などの区画装置によって取り囲み、外部領域との違いを明確に示したのがもっともシンプルな「寺内」（狭義の「寺内」）といえよう。

しかし、実際の「寺内」はそうした姿のものだけではない。狭義の「寺内」の外側に在家が付属していたり、さらには市が展開する町場空間や山林がともなうなどし、それらを含めて「寺内」と表現している事例も存在するのである。つまり狭義の「寺内」の周囲に世俗的空間をもち、その全体が「寺内」と称されるのである。こちらを広義の「寺内」と呼んでおこう。ただし、狭義の「寺内」と広義の「寺内」は無段階に連続するものであって明確に区分できるものではない。

こうした「寺内」のありかたを前提に〝寺内町〟を考えてみたい。〝寺内町〟という言葉が使用される場合は広義の「寺内」（広い町場空間を持つ「寺内」）か、使われ方によってはそのなかの町場空間を限定して指すことが多いと思われる。しかしこの〝寺内町〟にしてもどれくらいの規模の町場空間が存在するなら〝寺内町〟といえるのか明確な基準があるわけではないため、人によって同じ場所が〝寺内町〟と評されたり、評されなかったりすることがあり、混乱が生じる基となっているのは事実だろう。そのため、〝寺内町〟が「寺内」の一部であることを考えれば、個々の寺内町を指し示す際は「〇〇寺内」と称するのが妥当であると思われる。

鍛代敏雄氏は、「「寺内」がみな「町」をもって、都市に発展するわけではない」と指摘した。(註4) まさにそのとおりである。その一方で鍛代氏は「寺内」を「町の寺内」と「村の寺内」に分類され、いわゆる〝寺内町〟は「町の寺内」にあてはまるものと述べられた。(註4) この「町の寺内」と「村の寺内」は「寺内」の性格を考える指標としては有意義なものと考えるが、やはり各〝寺内町〟をどちらかにあてはめようとすれば判断は一致しない。むしろ〝寺内町〟という用語に固執せず、それぞれが「寺内」としてどのように認知され、さらにどのような空間構造や社会構造をもっていたのかを明らかにしていく必要があるといえよう。ここでは、〝寺内町〟を「寺内」から議論・検討する必要があるということを確認しておきたい。

二、一向宗「寺内」の構造

では、一向宗において「寺内」とはどのような意味を持つ空間だったのだろうか。「寺内」は顕密寺院等でも使用される領域観念であるが、ここでは宗教性と経済性の観点から一向宗「寺内」の存立基盤について考えてみたい。

最初は宗教性である。この点で取り上げたいのは「仏法領」である。仏法領についてはその概念規定とともに、その現実的形態がどのような形で現れたのかについて長らく議論が行われてきた。(註5)

仏法領が登場するもっとも古い史料は次の蓮如の「御文」である。

[史料二] 御文　文明七年(一四七五)四月二十八日付(『真宗史料集成』第二巻)

（前略）ソレ当流トイフハ、仏法領ナリ、仏法力ヲモテ、ホシキマ、ニ、世間ヲ本トシテ、仏法ノカタハ、キハメテ疎略ナルコト、モテノホカ、アサマシキ次第ナリ。ヨク〳〵コレヲ思案スヘキ事トモナリ。

この史料を含む「仏法領」の理解については、筆者はおおむね大桑斉氏による「仏法領では仏法がすべてを支配し、人々は仏法によって擁護されあるいは罰せられる」という概念理解と、理念上その現出の場として寺内町がありうるという指摘に賛同する。(註6) 仏法領は蓮如によって初めて使用された言葉であって、本願寺が主導する信仰的人間関係に覆われた生活空間を意味するものである。したがって、一向宗寺院の「寺内」やそれが拡大した形の〝寺内町〟は理念上仏法領とみなしうるものである。当時の一向宗徒には雑多な信仰を持つものが含まれていたが、本願寺はそうした人びとの存在自体を排除しているわけではないので、本願寺傘下にある「寺内」は基本的に仏法領と認識されたと考えてよかろう。それが諸役免許などのいわゆる寺内特権を獲得していこうとする一向宗「寺内」の存在を支える原理的な思考だったと思われる。ただ、そうした思考と世俗権力の関係は微妙であって、両者が共存できるのかできないのかによって各「寺内」の展開状況が違っていく点は注意しなければならないだろう。

次に、神田千里氏がとりあげた死生観の観点から考えてみたい。(註7) 神田氏は本願寺において死後の極楽往生を遂げる場が当初「道場」と認識されていたが、戦国期には「寺内」へと表現が変わっていくことを指摘した（以下、傍線筆者）。

［史料三］『改邪鈔』（『真宗史料集成』第一巻）

道場ト号シテ、簷ヲナラヘ墻ヲヘタテタルトコロニテ、各別々ニ会場ヲシムル事、（中略）町ノウチサカ

ヒノアヒタニ、面々各々ニコレヲカマヘテ、ナンノ要カアラン、アヤマテコトシケクナリナハ、ソノ失アリヌヘキモノ歟、

〔史料四〕『反古裏書』（『真宗史料集成』第二巻）

シカルニ実如御円寂ノ後、又在々所々ノ新坊主衆ニイタルマテ寺内ト号シ人数ヲアツメ、地頭領主ヲ軽蔑シ、カキリアル所役ヲツトメサル風情、定メテ他家ノ謗難アルヘキモノヲヤ、ステニ諸州所々ノ寺内破却セラレ南方ニモ北方ニモソノ類アマタキコユ、（中略）シカラスシテ名聞利養ニ着シ、町ノ内境ノ間タニ、アマタ所ニ寺内ノ新義、カヘリテ誹謗ヲ招クタヨリナルヘシ、（中略）軒ヲ並ヘカキヲ、タテヽ、町ノ間タ郡ノ中ニ別々ニ寺内造立、仏法ノ興隆ニ似タリトイヘトモ、事シケクナリナハ其失アルヘシ、

神田氏は、永禄十一年（一五六八）に著された史料四の趣旨は建武四年（一三三七）に著された史料三のそれを繰り返したものであること、それにもかかわらず史料三で「道場」と記された部分が史料四では「寺内」と表現されていることに注目した。そしてこの呼称の変化について、当初「道場」が極楽往生の信仰の場であったのだが、のちに戦国大名によって「特権を付与された生活の場」となった「寺内」が極楽往生の叶うアジール寺院として一般化したことが、その背景にあったと推測されたのであった。

「道場」がいわば信仰施設および信仰空間に特化しているのに対し、「寺内」はそれらを含む生活の空間であり、前者から後者へと歴史的な展開がみられたというこの指摘は、「寺内」という言葉の意味内容を考えるうえで注意されよう。「道場」は空間構造の実態としては狭義の「寺内」とほぼイコールではないかと思われるが、ここで神田氏のいう「寺内」が〝寺内町〟をともなう広義の「寺内」を指していることは明らかである。すなわち、

信仰施設に一定の町場空間がともなう空間を「寺内」とし、それが各地で戦国大名の承認のもとに経済特権を得て各地で広がっていったという状況が認められるというのである。これに従えば、少なくとも戦国期以降、一向宗において「寺内」と称した場合は広義の「寺内」のイメージをもって語られていた様子がうかがえる。もちろん実態として狭義の「寺内」の存在が否定されるわけではないが、「寺内」という語自体が広義の「寺内」のイメージをもち、それを前提として使用されたことに注目する必要があるのではなかろうか。

そうなると、次に考えなければならないのが一向宗の経済構造となろう。一向宗寺院は本願寺がそうであるように、広大な寺領を経済的裏付けとする経済構造をもっていない。門徒の小規模な生産が換金され、それが為替(かわせ)などの手段も用いながら懇志として集められ、教団を支えていくという構造となっている。そのため本願寺としては、農産物や鉱産物などの第一次生産品、およびその加工品などを恒常的・安定的に換金する仕組みを構築することが目指されるのであるが、その際、有効に機能を果たすのが膝下に置かれた〝寺内町〟ではなかろうか。〝寺内町〟を「寺内」と位置づけて不入権を主張し、さらに諸公事役免許や徳政免許などの経済特権が獲得できれば商人たちを集住させることができ、それは本願寺の経済的安定を支えることへとつながっていく。これが、本願寺が積極的に末寺「寺内」の経済特権獲得に乗り出し、〝寺内町〟が多く誕生することになった経済面での理由と考えられるのである。

以上、一向宗「寺内」の基盤を宗教性と経済性から考えてきた。これらの要素が組み合わさることで一向宗としての「寺内」が存立しているとみるべきであろう。そうなると、一向宗の「寺内」がどのように誕生してきたのかを考えるのが次の課題となろう。章を改めてその歴史をあとづけてみたい。

三、一向宗「寺内」の出現と展開

一向宗における「寺内」の動向を物語る史料としてもっとも著名なのが、前掲史料四『反古裏書』の「シカルニ実如御円寂ノ後、又在々所々ノ新坊主衆ニイタルマテ寺内ト号シ人数ヲアツメ、地頭領主ヲ軽蔑シ、カキリアル所役ヲツトメサル風情、定メテ他家ノ謗難アルヘキモノヲヤ、ステニ諸州所々ノ寺内破却セラレ南方ニモ北方ニモソノ類アマタキコユ」という一節である。「寺内」が各地で増加しそれぞれの領主たちとのあいだで所役忌避による相論が発生し、その結果破却される「寺内」も発生しているという内容である。本源的な不入権以上に諸役免許等の経済特権を獲得しようとする動きのあった様子がうかがえる。そして、それは実如没後のことと記されているので、この事態はおおよそ大永五年（一五二五）頃、すなわち山科本願寺時代の後半期にあたる頃の様子だったことがわかる。

では、一向宗における「寺内」の出現はいつ頃までさかのぼるものなのだろうか。一次史料がほとんど残っていないため、二次史料を援用しつつ探究してみたい。

管見によれば、史料上「寺内」で表現される初めての場所は吉崎である。吉崎は加賀との国境に近い越前国細呂宜郷に位置し、蓮如が本願寺の住持の地位を退いたのち文明三年（一四七一）から同七年まで居住した地であった。

ただし、吉崎の空間・社会構造に関する一次史料である蓮如の御文のなかには「寺内」という言葉は見受けられない。吉崎に対して「寺内」を用いているのは、実悟の手による『拾塵記』（遅くとも元亀年間までには成立、『真宗史料集成』第二巻）のなかで吉崎について「寺内寺外繁昌シテ諸人群集幾千万ト云不知数侍リカハ」とあるのと、同じ実悟の著作である『天正三年記』（『真宗史料集成』第二巻）中の「加賀一乱並安芸法眼事」に「吉崎殿寺内ニ安芸居住ノ処ニハ、土蔵十三立テ、被官数百人コト〳〵シク成サフラフテ」と現れる二例である。この吉崎「寺内」の空間構造・社会構造から検討を行ってみたい。

吉崎は親鸞真影が安置されなかったので本願寺そのものではなかったが、蓮如はここで『正信偈和讃』を刊行したり、名号を下付したり、住持並みの活動を行っていた。したがって吉崎がこの地域の一向宗の拠点としては群を抜く求心力をもっていたことは疑いない。

そこで吉崎の構造をみていくと、まず無主とされた吉崎山上には「坊舎」(御文　文明五年(一四七三)八月十二日付『真宗史料集成』第二巻)があり、このエリアは土塁状の高まりで囲まれ、山下へと向かう道の出入口には門があってひとつの独立した空間を形成していた(「照西寺本吉崎御坊絵図」)。(註8) ここは山科本願寺でいう「御本寺」に相当する場所とみなせる。ここから山下へ降りるメインの道(馬場大路)の両側は吉崎山の斜面地になっており、ここに北陸の有力坊主衆の出張所である多屋がまとまって存在した。この空間のもっとも外側にも門が設けられており(「照西寺本吉崎御坊絵図」)、その外側のエリアとは明快に区分されていた。この多屋地区は山科でいう「内寺内」的な性格の場所といえよう。

「寺内」にかかわって問題となるのは、この「内寺内」の外側の状況である。まず確認しておくべきことは蓮如の来住以前から吉崎山の北側、やや離れたところには春日神社があり、その門前一帯に集落が存在したとみられることである(「照西寺本吉崎御坊絵図」)。春日神社は当地が大乗院領であったために勧請されたもので、その集落は無主とされた吉崎山とは縁が切れた空間であった。

では、〝寺内町〟と呼びうる町場的な空間は存在したのであろうか。文献史料では、下間安芸蓮崇の「居住ノ処ニハ、土蔵十三立テ一門繁盛シ、被官数百人」(『天正三年記』)だったとの記事があり、この規模の土地を山上で確保するのは困難かと思われるし、「照西寺本吉崎御坊絵図」では吉崎山の直下に、散在的ではあるが明らかに春日神社門前の集落とは別の集落が描かれている。本図には江戸時代初めの絵画要素が含まれているので深読みは危険であるが、ある程度の規模の集落が山下に存在していた可能性は高いと思われる。山下ということで寺院本体との物理空間的な一体感は乏しく、求心性も感じられない位置にあるが、機能的にはここが「寺内」の一角だった可能性はあろう。ただし、経済特権が認められていたかどうかはわからない。

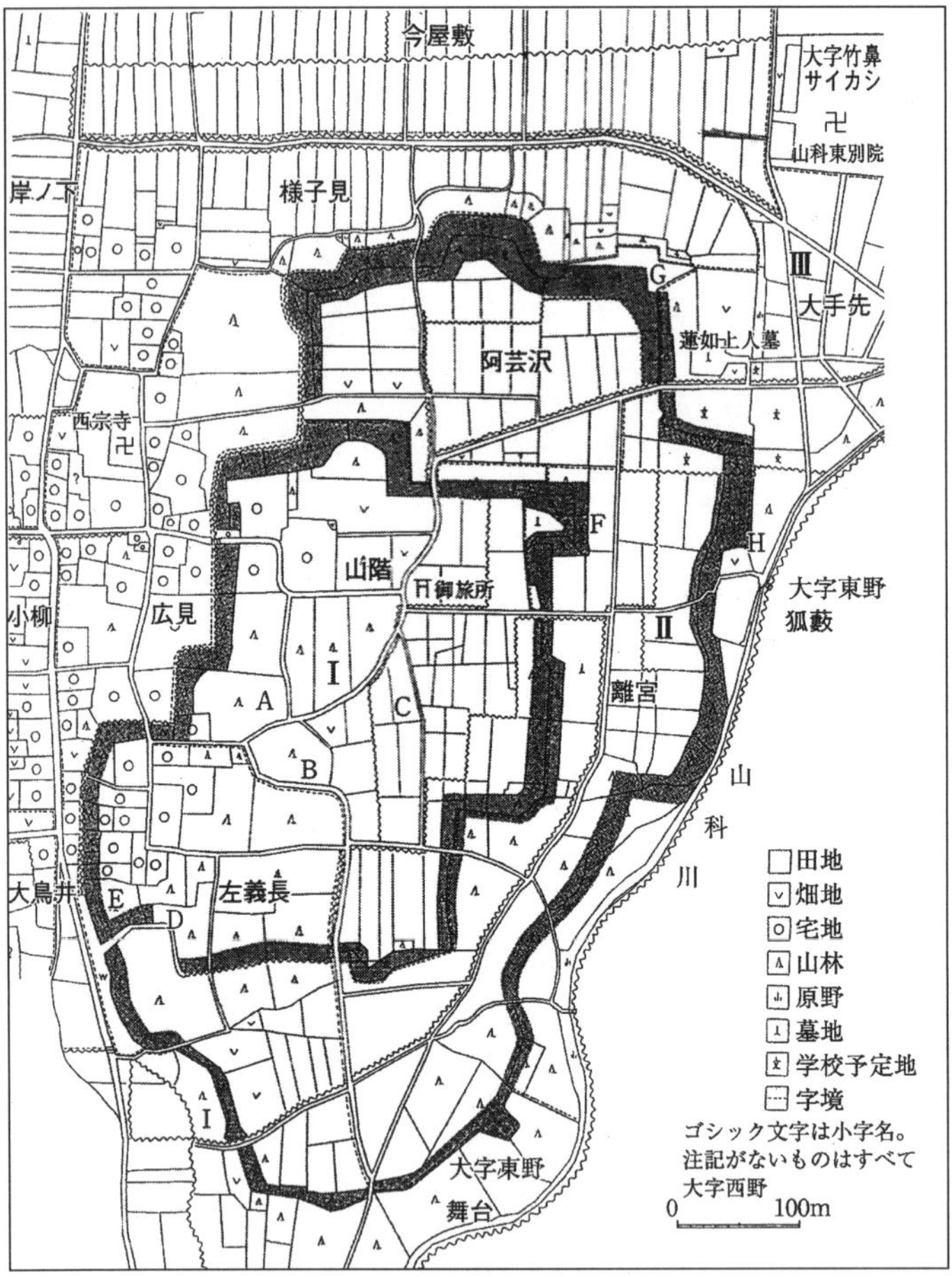

図1　山科本願寺寺内模式図
（福島克彦1998「城郭研究からみた山科寺内町」『戦国の寺･城･まち山科本願寺と寺内町』法藏館より）

現段階では、後述する山科本願寺同様の「寺内」が吉崎に存在したと認めることは難しいといわざるをえない。

次いで山科本願寺の時代についてみていきたい。山科本願寺は蓮如が文明十年（一四七八）に坊舎の造営を始めた。その場所は山科七郷のひとつ野村郷内（醍醐寺三宝院領）であり、当地の土豪海老名氏より土地の寄進を受けたと伝えられている。蓮如は明応八年（一四九九）に当地で没したが、山科本願寺は天文元年（一五三二）に六角定頼・法華宗徒らに焼き討ちされるまで存続し、その間、空間の整備が進められた。

山科本願寺は光照寺ほかに所蔵される絵図によれば、三郭の同心円的な空間構造を形成していた（図1）。第Ⅰ郭が御影堂・阿弥陀堂など本願寺中枢の堂舎が建つ「御本寺」、第Ⅱ郭が「家中」「仏光寺」（興正寺）が屋敷を構える「内寺内」、そして第Ⅲ郭が寺内町民が居住したとみられる「外寺内」である。このうち第Ⅰ郭については発掘調査の進展により、本願寺中枢部であった蓋然性が高まってきているが(註9)、第Ⅱ郭・第Ⅲ郭の具体像についてはあまり手がかりがない。ただ、第Ⅱ郭まで周囲に土塁や堀をめぐらした強固な防御ラインを建設していた点は一向宗の「寺内」として初めてであり、当時としては高度に発達した空間を構築していた。

この山科本願寺の空間については、「寺中」（「山科御坊事幷其時代事」『真宗史料集成』第二巻）、「寺内」（「蓮如上人一期記」「蓮如上人仰条々」『真宗史料集成』第二巻）、「寺内寺外」（「蓮如上人御一期記」『真宗史料集成』第二巻）、「八町」（「天正三年記」「蓮如上人御一期記」）、「町」（「山科御坊事幷其時代事」「本願寺作法之次第」『真宗史料集成』第二巻）のような表記が散見され、質量ともに吉崎とは一線を画した感がある。

まず「寺中」については、「野村の御坊にてハ、一家衆のあり所数ヶ所させられて、すゑ中居のやうなる所まてあり、めしつかひ候もの、あり所も候て、在寺中過分に候」と登場し、一家衆の住む〃内寺内〃のイメージで使用されている。一方、「町」については「町中も御精進日は、樽のさかなにても御入候へ、御坊中又町をも持とおる事停止候き」（『本願寺作法之次第』）とあって、俗人（町人）たちの居住地でありながら本願寺の宗教的統制が加わる場所として現れている。ここは〃寺内町〃とみなされる。ただしこの町場空間の所在地については、第Ⅲ郭に当てるにはあまりに同郭は狭小であり、郭外への想定が妥当とみるむきもある。しかし山科では、本願寺の中心部から〝寺内町〟まで大きな地形の断絶はなく、連続的・同心円的に空間が広がっていたことは大きな注目点である。

一向宗「寺内」の経済特権が初めて確認できるのは山科本願寺の時代である。

［史料五］「光行寺文書」山名誠豊書状（『兵庫県史』史料編　中世三）

但州山科末寺事、本寺無等閑事候間、諸公事課役免除儀、得其意上者、可為諸色節守護使不入地、然間於相当儀者、直可申出者也、恐々謹言、

大永六

八月九日　　　　　　　　堯威（山名誠豊）（花押）

本願寺末寺中

これは但馬光行寺（現兵庫県豊岡市）に伝来する文書で、大永六年（一五二六）、但馬国守護山名誠豊が但馬一国の本願寺末寺に対し諸公事免許・守護不入を認めた内容となっており、それは山科に准じたものとされている。したがって遅くとも実如の没するまで（一五二五年没）には山科本願寺が先行してそれら特権を獲得していたことになり、さらにそれが末寺へも及んでいたことがわかるので、「大坂並」の原型として注目されている。（註3）

晩年の実如は、永正三年（一五〇六）の河内国錯乱と北陸一揆および同十八年の北陸一揆において、各地の大名勢力との厳しい対抗関係に身を置くことになったが、その一方で本願寺内部の諸役や年中行事の確立が図られ、東国・西国への教線も拡大した時期であった。本願寺に対する社会的認知が武家勢力にとどまらず、

広く地域社会にも及んでいった様子がうかがえる。

こうした状況が、本願寺の得た特権が各地で認められる動きを支えたものと思われる。山科本願寺時代の後半期は各地において一方的に諸役を納めない動きに出る「寺内」のあったことは史料四で見たとおりである。この動きも本願寺の社会的力量の上昇がみられたことと表裏一体の現象と考えればこの時期の状況として理解できるものである。

ところで天文七年（一五三八）、大坂本願寺は諸公事免許等を獲得しようとし、かつて細川政元から徳政免許と諸公事免許を受けた前例のあったことを主張した（『天文日記』天文七年五月十四日条『真宗史料集成』第三巻）。蓮如と実如が細川政元と非常に近しい関係にあったことはよく知られており、その関係が下地にあって諸公事免許等が獲得できたのであろうが、これが事実であれば、細川政元は永正四年（一五〇七）に没しているので、それ以前の経済特権の獲得ということになろう。すなわちこれは山科本願寺の時期にあたるものであり、史料五に対応するものと考えられる。山科本願寺の時代に空間・特権の両面で「寺内」成立の画期を見出すことができるものと考える。

天文元年（一五三二年）、畿内各地で一向一揆が発生し、それに対して六角氏や法華衆が挙兵して山科本願寺を襲った。証如はやむなく寺基を大坂へ移し、大坂本願寺が成立することになった。大坂本願寺の時代は顕如が永禄二年（一五五九）に門跡となり、元亀元年（一五七〇）からは全国の門徒の支援を受け織田信長とのあいだに十一年間におよぶいわゆる「石山戦争」が繰り広げられた。この時期、本願寺の権威・権力は社会に大きく知らしめられたのである。

「寺内」の歴史にとっても顕如の時期は特筆すべき時期である。それは、本願寺をトップとした、いわゆる「大坂並」体制が展開したからである。「大坂並」体制とは、大坂本願寺が獲得した経済特権が本願寺配下の「寺内」

にも同様に認められ、広がっていくことである。具体的に見てみると、富田林道場（現大阪府富田林市）は守護畠山権力から諸公事・徳政・座公事・国質所質のすべてが適用外とされたが、それは「寺中之儀、何も可為大坂並事」、すなわち大坂寺内と同レベルとして認められたものであった。そしてこの富田林に認められた特権は「於諸職者可為富田林・大ヶ塚並事」と表現されて、大伴道場（寺内）にまで下降してきたのである。こうして特権が下降していく重層的な構造が「大坂並」体制である。（註10）

なおこの特権獲得の事例は、通常、大坂→富田林・大ヶ塚→大伴という流れに整理されるが、富田林については了承できるものの、大ヶ塚は少し事情が違ったと思われる。大ヶ塚の中心寺院は善念寺である。そしてこの善念寺は証如を支えた一家衆の蓮淳が入寺した久宝寺顕証寺の末寺となった寺院であった。したがって大ヶ塚経由の特権の下降ルートは本願寺→顕証寺→善念寺→大伴道場と、より重層的なものであったと推測されるのである。

大ヶ塚が在地的な「寺内」であっても大伴の先行事例とされたのは、一家衆寺院の末寺ということで本願寺の権威に連なる寺院であったためと考えられる。

この大ヶ塚という町場は善念寺だけでなく、同時期には大念仏（融通念仏）の主要道場大念寺が所在するところでもあった。近世の絵図によれば、大ヶ塚の街区は中央で南北に二分され、北に善念寺、南に大念寺があった。（註11）特権が認められた「寺内」はこの北側の善念寺を中心とするエリアだった可能性が高いが、こうした都市構造の町場の一角が「寺内」であった場合、都市全体の住民がそれとどう向き合っていたかは今後の課題である。

こうした本願寺をトップとした〝寺内群〟の構造は一向宗「寺内」のもっとも発展した姿とみてよかろう。そしてそれが顕如期に出現したのは、まさにこの時期が中世本願寺教団の到達点ともいえる時期だったからである。しかし「石山戦争」期に入ると、「寺内」のなかには寺院ではなく惣中が運営の主体となり、織田政権側から経済特権を安堵されるところも出てきた(註12)。富田林や招提がそうである。「寺内」の居住民側にとっては経済特権の有無が重大な関心事であり、それが安堵されるようであれば「寺内」として政権とむやみに対立する理由はなくなるということであろう。本願寺あっての「寺内」だったはずなのに、運営の主体が居住民側に移動することで、「寺内」の運動の方向性に変化がみられることになったのである。これは「寺内」全体の歴史のなかで大きな転換点ということになろう。なぜそうしたことが起こりえたのか、各「寺内」で検討を深める必要があるが、逆に「寺内」が近世に存続していく背景のひとつとして、こうした「寺内」構造の変化を考える必要があるとみられる。

四、一向宗「寺内」の存在形態

現在、個別「寺内」の研究においては発掘調査の成果が注目されつつある(山科、鷺森など)。ここではそうした成果に文書・絵図の分析を加え、研究の進展が著しい三河本證寺の「寺内」構造を考えてみたい。

本證寺は三河一向一揆の拠点寺院としてつとに有名である。永禄七年(一五六四)、三河一向一揆は終結したが、その後改宗を迫る松平(徳川)家康の指示に従わなかった坊主衆は家康領からの退去を余儀なくされた(『松平記』)。しかし、政情の変化もあって本願寺と家康は接近を図るようになり、天正十三年(一五八五)十月二十八日、家康は本證寺の還住を許すこととなった。

以下、その還住と「寺内」再興にかかわる史料から、本證寺「寺内」の構造をさぐってみたい。

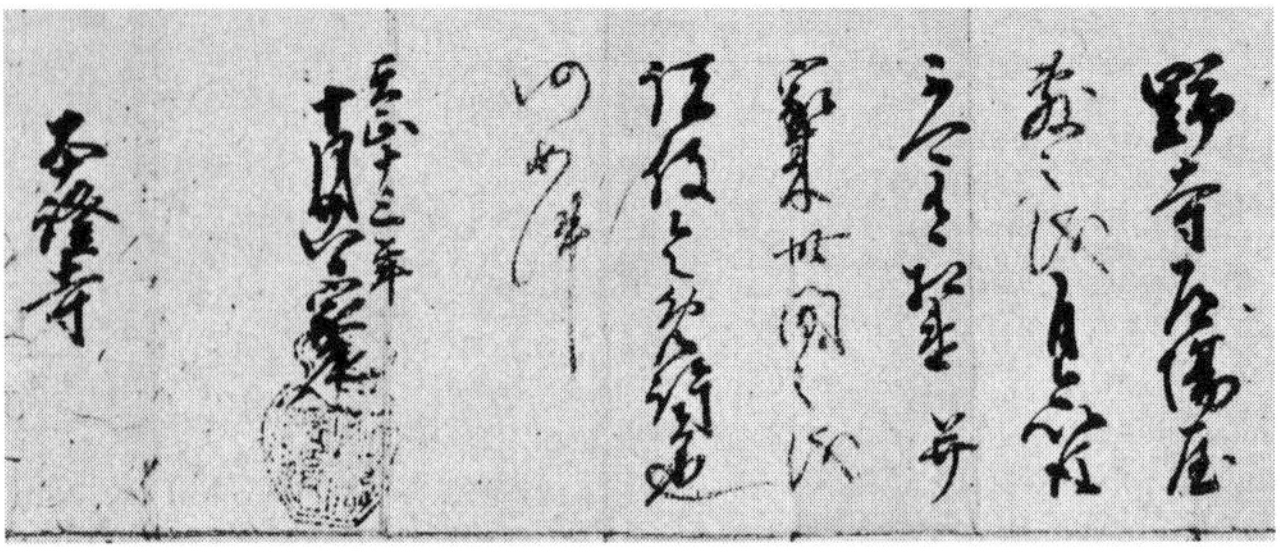

徳川家康黒印状（愛知県安城市本證寺蔵）

［史料六］「本證寺文書」徳川家康黒印状（『新編安城市史』五　資料編　古代・中世、六四五号）

野寺道場屋敷之儀、自今以後不可有相違、幷家来卅間之儀、諸役令免許者也、仍如件、

天正十三年

十月廿八日　　家康（黒印）

本證寺

［史料七］「本證寺文書」石川家成書状（『新編安城市史』五　資料編　古代・中世、六四八号）

以上

急度申入候、仍其地御□内山林以下之儀、最前拙者御使申候而、堀廻之儀者付申候、□林之事者つき不申候、其御心得可被成候、然共拙者御判を取候而進候と存知候間、御判□第ニ可被成候、此度上様御尋候間、其分ニ申上候、（中略）恐惶謹言、

正月廿三日　　石川日向守

家成（花押）

野寺殿

御同宿中

［史料八］「本證寺文書」石川家成書状（『新編安城市史』五 資料編 古代・中世、六四九号）

尚以一種被懸意候、過分至候、以上

寺内之儀ニ付而、御書忝候、諸事 家康無沙汰申間敷候由存分候間、是又可御心安候、次山林之儀も彼口上ニ申含候、爰元相応之御用候ハヽ、可被仰付候、恐惶謹言、

二月十六日　家成（花押）

石川日向守

「本證□殿　家成

尊報」

［史料九］「本證寺文書」本多正信書状（『新編安城市史』五 資料編 古代・中世、六五〇号）

（尚々書省略）

尊札拝見令申候、野寺之寺中林等之儀、如前々可被置進之由、石日彼御使僧ニ具ニ被渡申候間、（中略）恐惶謹言、

二月十六日　正信（花押）

本多弥八郎

「本證寺殿　家成

尊報」

史料七以下は、天正十三年の史料六をうけてのものと推測されるので、天正十四年の文書と推定しておきたい。そのうえでこの四点の文書を通覧すると、家康はまず史料六によって本證寺の中核部分である「道場屋敷」「家来卅間」を安堵した。しかし、それに満足できない本證寺との間で山林の安堵をめぐる応酬があっ

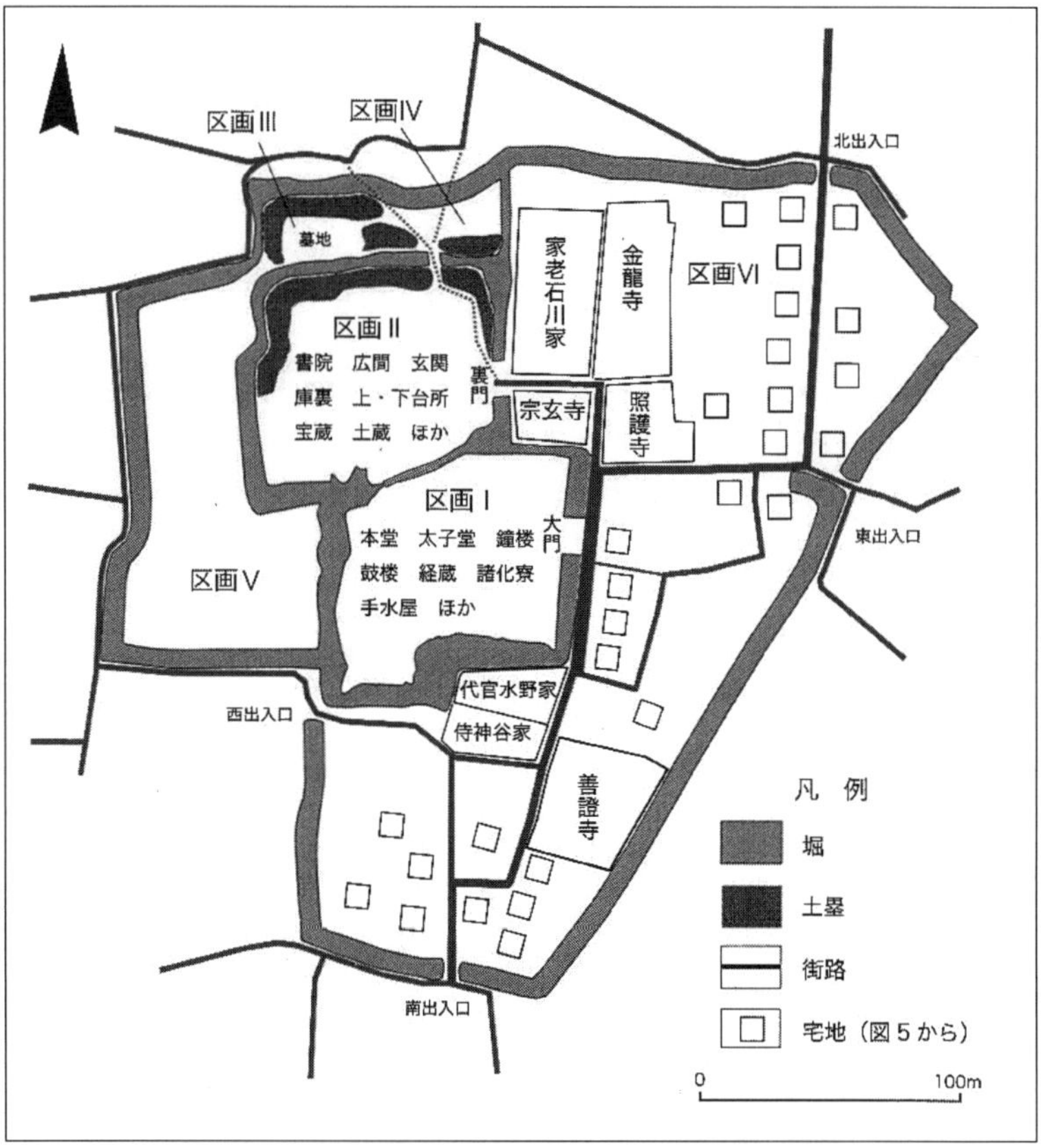

図２　三河本證寺寺内復原模式図

（北村和宏2012「本證寺「寺内」の復原」『よみがえる本證寺伽藍』安城市歴史博物館より）

たようで、それを経ていったん堀廻りの林に限っては「寺内」と認められた（史料七、ただし椎林は除外）。しかし寺側の粘り強い交渉の結果、「林」も「寺中」（＝「寺内」）と認められることとなったが（史料八）、それは「如前々（まえまえのごと）」く、すなわち中世同様の扱いというものであった（史料九）。

以上から判明する中世本證寺の「寺内」は、狭義の「寺内」と家来屋敷、それに山林が付属する空間構成をもっていたことがうかがえる。ところがその「寺内」を家康は当初、寺院機構のみに限定しようとした。しかし、本證寺は粘り強く交渉し、ついに中世の「寺内」を回復したのであった。

この経過を念頭に、江戸時代の「本證寺伽藍絵図」(註13)等の絵図類、および、発掘調査成果、史料六～九を用いて、中世「寺内」の空間構造を考えてみたい。なお、「寺内」空間の全体像については北村和宏氏によってすでに復元模式図が示されており、発掘調査成果や地籍図の検討から「寺内」が中世段階において二重の堀に囲まれた空間を形成していたと推定されている（図2）。ここではその成果をもとに検討してゆきたい。

では、「寺内」の構成要素をみていこう。「寺内」の中核となるのは史料六で安堵された「道場屋敷」である。これは宗教活動の行われる場（本尊安置の場）と道場主の居宅を指しており、ひとつの建物なのか別々の建物なのかは判然としないが、位置は内側の堀に囲まれた区画Ⅰ・Ⅱに想定するのが妥当だろう（このふたつの区画の間にある幅の狭い水路については区画溝と考えられるが、詳細は不明）。この区画Ⅰ・Ⅱは山科本願寺の第Ⅰ郭（「御本寺」）と同質の空間とみることができると思われる。なお、史料七によって寺内の山林と認められた「堀廻」とはこの区画Ⅰ・Ⅱをめぐる堀と考えられる。

史料六の「家来卅間」とは寺侍たち三十軒の存在を意味している。彼らの存在は本證寺が中本山格の寺院であったことを示している。彼らの居住地は区画Ⅰ・Ⅱの近接地に求めるのが妥当だが、その場合区画Ⅲ・Ⅳは極端に狭く、また区画Ⅴは沼と推定されるくぼ地が確認されていることを考えると[註14]、区画Ⅰ・Ⅱに隣接し、かつⅠ・Ⅱに次いで広い空間が確保できる区画Ⅵが有力候補地になろう。ここが近世では家老宅等の所在地となっているのはそうした経過があったためかもしれない。

史料九の「寺中林」は上述のとおり、中世において「寺内」の構成要素のひとつであった。その場所は慶長六年（一六〇一）「伊奈忠次絵図証文」[註13]において「山林」と記されている西方の区画Ⅴが有力な候補地となろう。

最後に〝寺内町〟である。町場という点では、区画Ⅵの南側に隣接した地区が注目される。ここは大門から北および南出口へと続く主要道に接した交通環境に優れた立地である点がまず重要である。さらに区画Ⅵと向かい合った位置で鞴（ふいご）の羽口が出土し、中世に鍛冶生産が行われていたことが推測されている[註15]。この区画は近世の「本證寺伽藍絵図」で「百姓家」と記され、寺侍が住む区画Ⅵとは明らかに別性格の区画であった。では中世はどうであったか。生産現場という点では、山科本願寺の場合、第Ⅰ郭内で鍛冶場が確認された例があり、[註9]中世の「寺内」では分業と空間は必ずしも一致しないが、この区画が本證寺大門の門前という一般に町場の存在が想定しやすい立地にある点は興味深い。また一次史料ではないが、永禄の一向一揆の経緯を記した『永禄一揆由来』(『新編安城市史』五 資料編 古代・中世 五七〇号)には鳥居という本願寺宗徒が本證寺内に居住し、「蔵を建、金銀米銭の走りを仕」っていたと記されている。こうした商人の居住地はやはり〝寺内町〟がふさわしいであろう。ただし、すでに指摘があるように、地籍図の分析からは本證寺「寺内」において一般に町場のメルクマールといわれる長方形街区・短冊形地割は確認できない。[註16]しかし、狭い範囲ではあるものの大門正面には間口幅が大きく違わない地割が存在しているし、[註17]なによりこの区画で手工業生産の痕跡が確認された事実は大きい。中世の町場は地割を含む景観は多様であり、景観でもって町場機能の有無を判断することはできない。むしろ、こうした痕跡によって機能としての町場的な要素の存在が推測可能となることが重要である。

以上のような「寺内」空間であるが、その全体は上述のように二重の堀で囲まれ、特に区画Ⅱ北側の堀は中世にさかのぼるものであることが確認されている。区画Ⅱ・Ⅲに残る土塁の築造年代は不明だが、堀があればそれにともなって中世から存在していた可能性は高いだろう。ただし、中世段階でこの土塁がどの範囲まで整備されていたかはよくわからない。慶長六年(一六〇一)「伊奈忠次絵図証文」には「寺内」を廻る区画装置として「築地」が挙げられているので、「寺内」再興後は少なくとも土塁でなく、築地が廻っていた模様である。中世では土塁が構築されていたが、近世ではその修築が認められず築地のみが許された可能性がある。中世と近世の「寺内」の相違点を考えるひとつの大きな材料である。

以上、本證寺「寺内」の空間構造をまとめると、宗教空間、寺院運営空間、町場空間に加えて「山林」があり、それを堀（土塁？）がめぐっていたとみられる。構成要素だけみていると他の〝寺内町〟との違いがあまり感じられないが、ここでは町場に整然とした街区がみられず、「山林」も畿内の「寺内」ではあまりみられないものである。さらに空間配置は求心性はあるものの同心円にはなっていないことがわかるし、中世と近世との「寺内」の違いを考えさせる素材も見受けられる。本證寺「寺内」は、「寺内」が一律の空間・景観を備えていたわけではなく多様な空間構造をもっていたことを物語るとともに、中世から近世への移行期の「寺内」を具体的に考えるうえで格好の存在といえよう。

おわりに

一向宗「寺内」は山科本願寺期にその姿をあらわすとともに各地に広がり、顕如の大坂本願寺期には本願寺を頂点とし階層性を帯びた寺内町群が形成されるにいたった。ここに一向宗「寺内」のピークがあった。この時期は各地で本願寺「寺内」に学びながらも〝個性豊かな〟構造をもった「寺内」が出現したとみられるのである。

その「寺内」のなかには「石山戦争」を経て本願寺・寺院主導型から居住民主導型へと転換するところが出てきた。最初に紹介した平野は中世の状況はよくわからないが、近世は明らかに居住民主導型の「寺内」が目指されたものである。

豊臣秀吉は畿内の「寺内」を一方的に弾圧することはなかった。むしろ中心寺院の領主的性格を制限したうえで、地域の経済拠点都市として活用しようとしたのであった。それに続く徳川政権期にも都市建設にあたって限定的な特権を付与されて「寺内」が建設されることがあった。(註18) 各地に残る「寺内」地名はこのようにして歴史を生き延びた証人として刻まれているものである。

〈註〉

(1)大澤研一「寺内町の展開と山科本願寺」(『戦国の寺・城・まち—山科本願寺と寺内町—』法藏館、一九九八)。
(2)伊藤 毅「中世都市と寺院」(『日本都市史入門』Ⅰ空間、東京大学出版会、一九八九)。
(3)金龍 静「宗教一揆論」(『岩波講座 日本通史』一〇中世四、岩波書店、一九九四)。
(4)鍛代敏雄『中世後期の寺社と経済』(思文閣出版、一九九九)。
(5)遠藤 一『戦国期真宗の歴史像』(永田文昌堂、一九九一)ほか。
(6)大桑 斉「蓮如上人と仏法領」(『掘る・読む・あるく 本願寺と山科二千年』法藏館、二〇〇三)。
(7)神田千里「中世の「道場」における死と出家」(『史学雑誌』第九十七編第九号、史学会、一九八八)。
(8)大阪市立博物館『中世大阪の都市機能と構造に関する調査研究—越前吉崎「寺内」の調査研究—』(一九九九)。
(9)柏田有香「発掘調査成果から見た山科本願寺の造営と堂舎配置」(第二十八会平安京・京都研究集会「山科本願寺・寺内町再考」レジュメ、二〇一四)。
(10)藤木久志「統一政権の成立」(『岩波講座 日本歴史』九近世一、岩波書店、一九七五)。仁木 宏「寺内町と城下町」(『日本の時代史 第十二巻 戦国の地域国家』吉川弘文館、二〇〇三)。
(11)大阪市立博物館編『大阪の町と本願寺』(毎日新聞社大阪本社、一九九六)。
(12)仁木 宏『空間・公・共同体』(青木書店、一九九七)。
(13)『よみがえる本證寺伽藍』(安城市歴史博物館、二〇一二)。
(14)安城市埋蔵文化財センター『平成二十六年度市内遺跡発掘調査報告展』(二〇一五)。

(15) 安城市教育委員会『安城市埋蔵文化財発掘調査報告書第三十三集 本證寺境内地Ⅱ』(二〇一四)。
(16) 北村和宏「本證寺「寺内」の復原」(『よみがえる本證寺』安城市歴史博物館、二〇一二)。
(17) 註(16)北村論文所収図6「本證寺周辺地籍図」。
(18) 大澤研一「中近世移行期における在地寺内町の動向」(地方史研究協議会編『巨大都市大阪と摂河泉』雄山閣出版、二〇〇〇)。

〈参考文献・資料〉


大澤研一「村から在郷町へ」(小野正敏・五味文彦・萩原三雄編『中世はどう変わったか』高志書院、二〇一〇)。

仁木 宏「宗教一揆」(『岩波講座 日本歴史』九中世四、岩波書店、二〇一五)。

本願寺史料研究所『増補改訂本願寺史』第一巻(浄土真宗本願寺派、二〇一〇)。

福島克彦「城郭研究からみた山科寺内町」(『戦国の寺・城・まち—山科本願寺と寺内町』法藏館、一九九八)。

第六章　雑賀衆と「石山合戦」

武内善信

はじめに

雑賀衆は、「石山合戦」において多数の鉄砲を駆使し、また水軍としても奮闘して織田信長と抗戦し、大坂本願寺を直接支えた集団としてあまりにも有名だ。この活躍に幻惑され、雑賀衆は土橋（つちはし）氏のような非門徒もいるが、基本的には門徒集団であり、雑賀一揆は一向一揆であるというのが通説となっている。たとえば、『国史大辞典』は「雑賀衆」の項目で、「室町時代後期、紀州鷺森御坊を中心に結束した本願寺門徒」と定義し、「その門徒組織は雑賀五組といわれ、それぞれ社家郷（宮郷）・中郷（中川郷）・南郷（三上）・雑賀庄・十ケ郷を基盤として形成されていた」と解説している。

だが、雑賀衆には門徒が含まれているが、門徒集団ではない。雑賀（和歌山県和歌山市）は、北陸のように真宗が地域を圧倒しておらず、門徒は三分の一ないし四分の一の勢力にすぎなかった。また、雑賀五組は雑賀衆の構成単位であっても、門徒組織ではない。雑賀門徒衆はこの組を基盤とはしていないのである。

両者の混同が、雑賀衆や雑賀一揆についての誤った理解や議論の混乱を招いているように思う。ここで一つ注意すべきは、本願寺関係史料に登場する「雑賀衆」は、雑賀門徒衆の意味で使われているという点である。

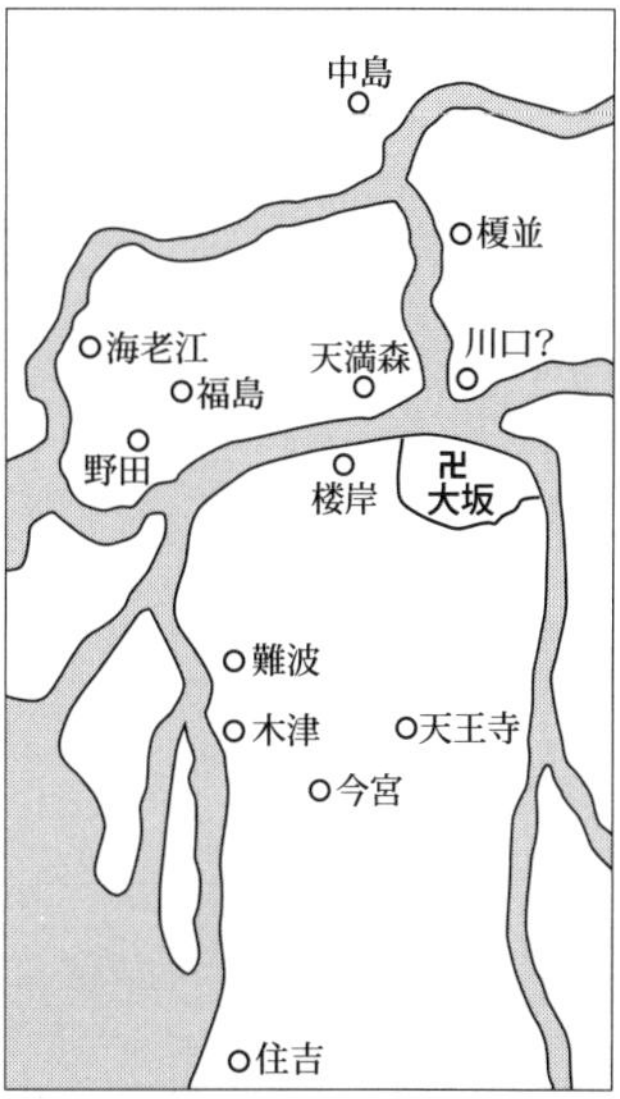

信長の大坂本願寺攻め関係地図

これは「紀州衆」や「近江衆」が紀州や近江の全ての人々を指すのではなく、紀州門徒、近江門徒を意味しているのと同じことで、ひとり「雑賀衆」だけが非門徒も含んだ雑賀の全構成員を示すとは理解できない。

雑賀衆は宗派に関係なく、組—惣郷・惣荘—惣村単位で一揆を結んだ地縁集団である。これに対し、雑賀（鷺森）御坊に結集する門徒集団である雑賀門徒衆は、地縁ではなく道場を単位とし本末（本山—中本山—末寺）を軸に行動している。「石山合戦」においても、同じ村でも本末が異なる道場が複数あるところでは、村単位ではなく、それぞれの本末ごとに出陣していた。つまり、両者の組織原理は全く違っているのである。(註1)　この点を踏まえて、雑賀衆と「石山合戦」との関係について見ていきたい。

次に、「石山本願寺」という名称は江戸時代になってからのものであり、「大坂本願寺」が正しい。それゆえ、「石山合戦」に関しても「大坂本願寺合戦」と言い換えるべきかもしれないが、合戦名については広く普及しているこの言葉を括弧付きで使用する。

一、「石山合戦」の発端と開戦要因

元亀元年（一五七〇）九月十二日、本願寺は三好三人衆（三好長逸〔みよしながやす〕・三好宗渭〔みよしそうい〕・石成友通〔いわなりともみち〕）に加勢し、織田信長との戦い、いわゆる「石山合戦」が始まった。本願寺はなぜ争いに加わったのであろうか。この問題を検討する前に、永禄十一年（一五六八）の織田信長の上洛から、元亀元年に「石山合戦」が勃発するまでの畿内の状況を簡単に見ておこう。

　永禄十一年九月、織田信長は足利義昭を擁して上洛する。このため、それまで畿内をある程度制圧していた三好三人衆は、京都を離れ近郊で様子を窺う体制をとった。だが、信長に駆逐され、阿波に帰国する。十月、足利義昭は将軍宣下を受けた。その直後、信長は大坂本願寺に五〇〇〇貫、堺に二万貫の矢銭を課したという。本願寺が危惧をいだいたことは間違いない。翌年一月、三好三人衆は京都本圀寺（ほんこくじ）の将軍仮御所を襲撃したが、信長に撃退された。

　元亀元年、信長は浅井氏の離反により近江の状況が悪化し、六月末に姉川の戦いとなる。この機会をとらえ七月二十一日に、三好三人衆が一万三〇〇〇ほどの軍勢で渡海して、大坂本願寺北方の摂津中島・天満森に陣を張り、野田・福島に砦を築いた。

　将軍義昭はこの事態を受け、畿内の守護たちに三好討伐の命令を下す。八月二十三日に岐阜から京都に入った信長は、二十五日には出陣し、大坂本願寺南方の天王寺に布陣した。紀州の畠山秋高（はたけやまあきたか）など近隣の守護たちも馳せ参じている。三好方は野田・福島の砦に籠城した。信長は九月八日に本陣を天満森に、さらに十二日には敵城近い海老江城に移し、鉄砲を撃ちかけ、攻勢に出た。ところがその夜、鐘が打ち鳴らされたのを合図に本願寺が信長勢を襲撃し、形勢が逆転する。息を吹き返した三好側は水攻めを敢行（かんこう）し、また近江に浅井等が出陣したこともあって、義昭・信長方は京都に退却した。これが信長上洛から「石山合戦」開戦に至る畿内の状況である。

　それでは、本願寺はなぜ織田信長に戦いを挑んだのであろうか。開戦原因が信長方の寺地明け渡し要求であるとのそれまでの説を、神田千里氏は「俗説」として退けた。しかし、元亀元年の「九月二日付濃州郡上惣門徒中宛顕如消息」（『大系真宗史料　石山合戦』法藏館、二〇一〇年、五頁、以下『大系』と略）等に「去々年以来、懸難題申付」とあり、さらに「可破却由、慥告来候」と記述している。神田氏は同様の文書が複数あることから、これを原本ではないにしても忠実な写しであると認定している。だが、これは「蜂起を促すための檄」であり、本願寺に破却を通告しているなら、「軍事の天才織田信長」が不意打ちをうけるような至近距離に出陣するとは考えられないから、「事実と考えるのは躊躇される」と主張した。まさに、信長方は本願寺の攻撃に「仰天」したというのである。（註2）

それでは、神田氏は開戦要因をどのように考えているのだろうか。神田氏は「本願寺は幕府に関係していた武将たちの間に潜在していた対立を契機に蜂起した」とする。即ち、足利「義栄を擁立した三好三人衆を支持するグループと義昭を擁立した織田信長を支持するグループとの対立は、義昭・信長の入京後も続き」、本願寺は前者に味方して蜂起したと主張した。（註3）

では本願寺が三好三人衆側に味方した理由はどうか。神田氏は、「将軍が義栄から義昭へと変化することによって、幕府は反キリシタンから親キリシタンへと立場を変えていったことになる。しかも、反キリシタンであった前政権は、一方で親本願寺派の立場をとっていたとすれば、このような変化が本願寺に新政権警戒の態度をとらせたとしてもおかしくない」というのである。そもそも、「教団存続のために、場合によっては幕府中央の政争に介入するという方針は、戦国時代の本願寺が割合頻繁にとってきた方法であった」とし、これを論拠とした。（註4）

この論拠に対し仁木宏氏は、天文四年（一五三五）天文一揆が終結して以降、「石山合戦」が勃発するまでの三十五年間、本願寺は「公式な形ではただの一度も一向一揆をおこさなかった」、戦国末期畿内の社会秩序の中で、本願寺は武家同士の対立に巻き込まれず、たくみに生き抜き、「一人勝ちのような形で勢力を伸ばしていった」と主張した。(註5)

これは仁木氏の見解に軍配を上げたい。本願寺は天文畿内一向一揆の際には山科本願寺が灰燼（かいじん）に帰すなど、煮え湯を飲まされた。これに懲（こ）りた本願寺が、「割合頻繁」に「幕府中央の政争に介入」したと認定できるだろうか。この時から「石山合戦」まで三十五年の間、基本的に「幕府中央の政争に介入」していない。それに、神田氏自身認めているように、当時キリシタンは取るに足りない勢力であった。義昭側が親キリシタンであることの理由だけで、本願寺が信長に戦いを挑んだとは考えられないのである。止むに止まれぬ理由があったと推察した方がよかろう。

それでは、その理由とは何なのだろうか。仁木氏は「元亀元年、中島攻撃に向かう信長方の周辺では次のような噂が流れていたという。信長が本願寺に大坂の地を立ち退くように求めている。中島の三人衆が没落すれば次の標的は大坂の本願寺だ、と（『細川両家記』）。これが、一揆蜂起の直接的な原因であろう」とする。(註6)

信長が本願寺の寺地明け渡しを要求したことを証明する明確な史料はない。しかし、本願寺に大坂の地を立ち退くように求めているというのが単なる噂でしかなかったとしても、仁木氏の指摘から考えて、信長が大坂の「寺内」破却を意図していると、少なくとも本願寺側は思っていたのではなかろうか。顕如が「可破却由、慥告来候」という消息を送ったのは、「蜂起を促すための檄」の意味も多少あったろうが、それ以上に本心から危機意識を持った訴えだったと推論してよかろう。

さらに仁木氏は、より本質的な要因があったと述べている。即ち、「より根本には、大坂を中心とする寺内町ネットワーク、あるいはそれをもふくみ込む戦国期畿内社会のシステム（『権門体制』）そのものを打倒する必要を信長が意識していたこと、また本願寺も信長の狙いがそこにあると感じとっていたことが両者の対

立を決定的にしたというべきであろう」と主張した。[註7]

しかし、これは「寺内町ネットワーク、あるいはそれもふくみ込む戦国期畿内社会のシステム」だけの問題なのだろうか。金龍静氏は鍛代敏雄氏の研究に注目し、「少数の『町の寺内』（従来の典型的寺内町）と、多数の農村集落型・城塞的な土豪居館型・惣村の環濠集落型の『村の寺内』とが存在し、主流はむしろ、『村の寺内』だ」と指摘している。[註8]

「石山合戦」において本願寺方で闘った寺内町もあったが、信長方または中立の寺内町も多かった。鍛代氏は、本願寺の呼びかけに対し「寺内町を拠点とした一揆蜂起は、畿内教団の基盤である摂津・河内においてさえ、大坂・枚方・富田の三寺内町に過ぎず、天文末期以後成立した新興寺内町は一揆の拠点たりえなかったとみざるをえない」と評価している。信長も本願寺方として一揆蜂起しなかった寺内町に対しては、原則的に武力破壊は行っていない。寺内町の多くは近世になると、領主権力から認められ城下町や在郷町に転化していくのであり、信長政権と本質的に対立するものであったのか検討する必要があろう。鍛代氏は「領主権力から都市化を保障され建設された寺内町と、諸役を忌避するために農村内に生じた『寺内』とは別の指向性があった」と述べている。[註9]

金龍氏は「村の寺内」について、「寺内の不入特権の可否に端を発した、徳川家康勢と三河一向衆の戦いがあり、「続いて信長も美濃一帯で、村の寺内の根こそぎ的な破却・一掃を断行した」とする。さらに、「永禄十一年、織田信長は足利義昭を奉じて上洛、南近江の一向衆は六角勢とともに、この信長軍に抵抗」したが、これは「東海域で繰り広げられた『寺内』破却・解体が、新占領地の南近江でもはじまったためと推測」されるのである。そしてついに「元亀元年（一五七〇）九月、顕如は檄を飛ばし、諸国の門末全てが信長打倒に立ち上がるよう命じた。その檄文に、信長が『去々年以来』難題を要求して来ている、との文言が記されている。

おそらく、寺内破却・解体の波がついに大坂本願寺にまで押し寄せてきたのだろう」と述べている。(註10)

もっとも、本願寺が開戦に踏み切った直接の原因は「寺内破却・解体の波がついに大坂本願寺にまで押し寄せてきた」ためであるが、三好三人衆に加担した素因は既にあったと金龍氏は指摘している。永禄七年(一五六四)以降、領国ともいうべき加賀をはじめとした北陸の一向衆が越前の朝倉や越後の上杉から攻撃を受けたため、これを防ぐ目的で本願寺は翌八年に甲斐の武田と同盟した。この結果、上杉・武田・後北条の東国大名間の覇権争いの渦の中に巻き込まれる。また、九年に本願寺は六角と和睦した。主な目的は南近江における一向宗禁制解除と門徒の赦免・還住にあったが、念頭には越前への牽制(けんせい)という狙いもあった。この結果、本願寺は親三好三人衆・反足利義昭の側に立つことになる。これが「数年後の織田信長勢との全面対決(石山戦争)への大きな素因」となったとする。(註11)

ただし、本質的には、「一向一揆運動と寺内化運動とを両軸とする宗教運動によって勢力を増大させてきた一向衆と、もっぱら自己の力量によって支配力を増大させてきた信長権力、この両勢力がともに確固たる存在であったために、激突は必至であった」とする。さらに、「石山合戦」を「政治史でなく宗教史の流れから捉え返すと、この戦いは、仏法・王法のもたれあいを拒否し、仏法の自立性＝政教分離を主張した蓮如教団と、仏法を王法の下へ屈伏させようとした新興武家権力(織田信長)という、同じ発想から出発し、一世紀におよぶ曲折を経て別方向へ進んだ二大勢力の最終的な激突と見ることができる」、そうであるなら、「拠って立つ思想と目指す方向性の全く異なった両勢力による、まさに『戦争』そのものであったと見ることができよう」と金龍氏は主張している。(註12)

この「戦争」という概念が適用できるのかの可否は議論のあるところで、その点は保留するにしても、「石山合戦」の開戦要因については基本的に金龍氏の主張が妥当だと考える。

二、「石山合戦」の開戦と雑賀衆

「石山合戦」が始まった際、雑賀門徒も含めて雑賀衆が、本願寺側ではなく信長側で出陣していたことは、弓倉弘年氏がすでに指摘している。(註13)というのは、この時点では守護畠山氏が健在で、雑賀一揆＝「惣国一揆」の規制もあったため、雑賀門徒衆が独自の判断で本願寺側につくことができなかったのだ。紀伊守護畠山秋高は信長の養女を娶(めと)っており、信長側であった。ただし、紀州の畠山勢は、単に信長のためというよりは、足利義昭の下知をうけて参戦した点は注意する必要がある。いずれにしろ、これまで雑賀衆や根来寺(ねごろでら)（真言宗、和歌山県岩出市）は一貫して畠山氏の催促に従っていた。鈴木孫一は三好三人衆方に入っていたが、これは畠山秋高が動員をかける前に、すでに傭兵として個別に加勢していたためであると推定されている。

ところで、神田氏は信長方が本願寺の攻撃に「仰天」した根拠として、雑賀衆が信長の軍勢に加わっていた点を挙げている。即ち、「信長方は『仰天』したと『細川両家記』は伝えているが、事実、おそらく寝耳に水だったと思われる。というのは、信長の軍勢には紀州雑賀勢という、本願寺の軍事力の中核的な存在が加わっていたからである。信長としても、まさか本願寺が攻撃をしかけてくるとは思っていなかったにちがいない」というのである。(註14)

しかし、雑賀の門徒衆をはじめとした雑賀一向一揆勢が大坂本願寺に加勢し、「本願寺の軍事力の中核的な存在」となるのは、後述するように天正期に入ってからである。「石山合戦」が勃発するまで、門徒を含め雑賀衆は一貫して紀伊守護畠山氏の催促に従っていた。それゆえ、雑賀衆はこの時はまだ「本願寺の軍事力の中核的な存在」ではなかったし、信長側である畠山勢に雑賀衆が加わっているのは自然なことであった。このことで「信長としても、まさか本願寺が攻撃をしかけてくるとは思っていなかった」との認定は成立しない。

神田氏の意見に対し仁木宏氏は、信長側が「仰天」したというのは真実ではないと主張する。まず、「信長軍の天満森進駐は、『相城用意』をともなったことからみても、事実上、本願寺への敵対を意味した」と述べている。『言継卿記』元亀元年（一五七〇）九月八日条に信長が天満へ陣替した際、「大坂之辺相城用意」（『大系』七頁）とある。これは『信長記』に「大坂十町計西ニろうの岸と申地御取出被相構」、「大坂之川向に川口と申在所」（『大系』三八九頁）にも相城（あいしろ）を構えたとある。仁木氏は『邦訳日葡辞書』を引用し、「相城」とは「ある城を包囲している敵が、その城を攻めるために築いた櫓やとりで（砦）」のことであり、信長が構えた両方の相城とも、大坂本願寺に対峙する位置にあった。これは、「事実上、本願寺への敵対を意味した」とする。(註15)

それに仁木氏は、九月六日の「尋憲記」には「世上之説、大坂より諸国へ悉一きをこり候へと申ふれ候由」とあって、世間には本願寺が諸国に一揆を指令しているとの説が既に流れていたことを述べている。また、烏丸光康（からすまるみつやす）による信長と本願寺との和平調停の動きが開戦以前からあったから、「本願寺が信長方に対して開戦することを、朝廷や公家たちは十分予想していたといえよう」。それゆえ、「信長方、仰天」というのは、真実ではないと主張した。(註16)

他方、仁木氏はこの論文で「石山合戦」の開戦期において雑賀衆が大坂方で参陣している記事が「二条宴乗記」に書かれており、「やはり雑賀衆がこの時、本願寺方として戦っていることが確認される」と述べている。(註17)

それは以下の元亀元年九月十九日条（『大系』一一頁）である。

十九日　天晴、大坂衆、春日井表へ働、信長、馬被出、十万斗にて春日井人数可打取とて、海老江ヨリ東へ被打出、大坂衆、川引取、北カシラニ成而居所へ、川を馬千斗ニて越被申候、野村越中打死、丸井

同打死、大坂ニサヰカ衆、加賀田江(カ)打死。双方十人斗つゝ打死

二条宴乗はこの時、大坂本願寺に滞在しており、極めて信憑性が高い史料である。ただし『信長記』では、「野村越中討死」(『大系』三九〇頁)は九月十九日ではなく十四日のことになっており、日が違う。いずれにしろ、この「サヰカ衆」とはどのような人々なのであろうか。

これに関連して、「陰徳太平記」(『和歌山市史』第四巻、和歌山市、一九七七年、戦国時代二八三号。以下、『和歌山市史』第四巻は『市史』と略、また同書掲載史料は時代名と番号のみを略記)に「紀州ノ雑賀ノ鋑(鈴)木孫市カ一族」に言及して以下の記述がある。

鋑木・下間ノ者共モ、一騎当千ノ名ヲ得タル兵ナレハ、身命ヲ泥土ヨリモ軽ンジテ戦、野村越中守ヲ討取テ、大ニ勇ノ色ヲ増

「陰徳太平記」という江戸時代の軍記物は、史料として問題があろう。ただし、「野村越中守ヲ討取」ったことは「二条宴乗記」や『信長記』にも登場する。日はどうあれ二条宴乗はこれに雑賀衆が関与していると考えていたようだ。それが、「陰徳太平記」が述べているように、三好三人衆側で出陣していた鈴木孫一の一党だったとしても不思議でない。

しかも、「二条宴乗記」には信長側が「川を馬千斗ニて越」て来るのを討ち取ったように書いているので、おそらく火縄銃で応戦したと推察してよい。鈴木孫一は鉄砲衆を率いていたから、彼らの手柄だったと二条宴乗は認識したのではなかろうか。当時の状況から、この「サヰカ衆」は鈴木孫一勢の可能性が高いように思う。

そうであるなら、雑賀衆の大半が信長側で出陣していたことと矛盾しないのである。

三好三人衆側に与していた雑賀衆は、鈴木孫一一党だけではない。「佐武伊賀働書」[註18]によると、「石山合戦」が始まる以前の八月十七日、織田側の三好義継と畠山秋高が兵を置いていた河内古橋城を三好三人衆勢が攻めた際、三人衆側で佐武伊賀が出陣している。これも畠山秋高が動員をかける前であり、傭兵として加勢していたと考えてよい。佐武はこの後、河内榎並城の攻撃に加わり、十月二十二日には河内阿保の城攻めで負傷している。

ただし、佐武は同書で専ら河内での争いについて語っているが、大坂本願寺での戦闘については回想していない。三好三人衆側であったことは間違いないにしても、先の野村越中守を討ち取った戦いに参加していた可能性は少ないと思う。もし出陣していたなら、自慢話として語っていたであろう。「大海と申所は淡路安宅殿知行にて候故我等に預被申候」と述べているので、三好三人衆側でも淡路の安宅氏に雇われたのかもしれない。

「石山合戦」開戦以降も、雑賀門徒を含めた雑賀衆は信長側で出陣していたようだ。元亀三年四月に至っても、雑賀門徒は信長側である畠山秋高の旗下にいたという史料がある。「畠山記」によると、信長に反旗を翻した三好義継・松永久秀が畠山方の河内交野城を攻めた際、これを救援した畠山秋高勢の中に根来寺衆とともに「雑賀の鈴木孫市、土橋平次、岡崎三郎大夫、的場源七郎」等の名が見える(戦国二九一)。ただし、「畠山記」は史料として問題があり、この記述は直ちには採用できない。

だが、拙稿で紹介したように、雑賀門徒衆が信長側で働いたとまでは断定しえないにしても、元亀四(天正元)年までは積極的に本願寺に味方した様子は窺えない。それればかりでなく、本願寺にとっては痛手となる行為に加担しているのである。それは、元亀四年五月頃、阿波上桜城の篠原長房を主君三好長治が攻め滅ぼした「上桜合戦」だ。雑賀衆は傭兵として阿波へ渡海し、三好側で参戦している。これに雑賀門徒も雑賀衆の一員として出兵しているのは間違いない。篠原長房の妻は本願寺の一門一家衆である教行寺の娘で、落城後、妻子だけでなくその一党まで雑賀門徒が引き取っているからだ。(註19)

三好長治は阿波一国に日蓮宗を強制して宗論を起こした人間だ。他方、元亀元年に三好三人衆と本願寺を救援するために阿波・讃岐の兵を率いてきたのが、篠原長房である。しかも元亀四年は、本願寺が密かに足利義昭と提携し、反信長の中心となって各方面に働きかけていた時期であり、四国で頼みとすべき彼を失ったことは大きな痛手であった。つまり、雑賀門徒は本願寺の意向に頓着せず、自分たちの「仕事」を優先させ自由に行動しているのである。元亀段階では、雑賀門徒衆はまだ組織だって本願寺に味方している状態とはいえない。

ところで、元亀三年四月十四日及び十八日付の「北十ケ寺衆」宛下間正秀書状（戦国二九二一〜三）では、大坂本願寺に「紀州衆」が上山していると述べている。だが、この時期の雑賀門徒衆の状況から考えて、この「紀州衆」とは雑賀門徒衆以外の紀州の門徒集団のことではなかろうか。つまり、紀中の国人領主である湯河氏と関係の深い吉原御坊や福蔵寺に結集する有田郡や日高郡などの門徒衆である可能性が強い。どうも、鉄砲を駆使した雑賀門徒の活躍が目立ってしまって、他の紀州門徒も「石山合戦」に参戦していたことが無視されがちであるように思う。ただし、この「紀州衆」の中に個々の雑賀門徒が含まれているかもしれない。要は、雑賀門徒衆全体が組織として参戦しているかどうかが問題なのである。

それではなぜ、天正期になり雑賀門徒衆は本願寺側に立つことができるようになったのであろうか。その点を述べる前に、雑賀衆は鉄砲衆として有名であるが、なぜ彼らが早くから火縄銃を導入することができたのか、考察しよう。

三、雑賀衆と鉄砲

雑賀衆が「石山合戦」において鉄砲衆として活躍したことは周知のことであろう。『信長記』(戦国二七八)は、「根来・雑賀・湯川・紀伊州奥郡衆二万計罷立(中略)鉄炮三千挺有之由候(中略)御敵身方之鉄炮、誠日夜天地も響計候」と開戦時の様子を語っている。この「鉄炮三千挺」はもちろん実数ではなく、「多数の」という形容詞の意味でしかない。信長方の紀州勢二万の内、鉄砲衆は根来寺や雑賀衆が中心であろうし、他方、大坂方には鈴木孫一の一党がおり、「敵身方之鉄炮、誠日夜天地も響」ばかりの鉄砲合戦が繰りひろげられたようだ。

雑賀門徒衆だけでも鉄砲を数多く所持していたことは、「石山合戦」期の顕如や下間頼廉等による度々の催促状からも窺える(戦国三〇四・三六四・三七三・三七六・三八九・三九三)。熊野衆や紀州惣門徒(雑賀を含む)に宛てたものもあるが、雑賀御坊や雑賀門徒に送った書状が少なくない。それでは、なぜ雑賀衆は多数の火縄銃を保有していたのであろうか。

鉄砲伝来について通説では、天文十二年(一五四三)種子島に漂着したポルトガル人によってもたらされたことになっている。その根拠となっているのが「鉄砲記」である。この「鉄砲記」(戦国一七二)には、鉄砲伝来を知った根来寺の杉之坊が「津田監物丞」を種子島に派遣し、一挺入手したと書かれていた。他方、堺の有力な鉄砲鍛冶であった芝辻家の「鉄砲由緒記」(戦国一七三)には、種子島に漂着した紀州那賀郡小倉の「津田監物等長」が鉄砲一挺を与えられ、翌十三年に帰国して根来の門前町である坂本に住む堺の鍛冶職人「芝辻清右衛門」に製作させたと記述している。

根来衆の頭目の一つである杉之坊は、代々「津田監物」を名乗る那賀郡小倉の土豪津田氏が建立した行人方の有力子院である。同じく頭目である泉職坊は、雑賀衆の有力土豪である土橋氏持ちの子院であり、根来に鉄砲が伝来したなら、直ちに雑賀衆にも情報がもたらされたと考えても大過なかろう。それに、小倉は雑賀五組の中郷に隣接し、津田氏が中郷に所在する和佐の和佐氏や岩橋の湯橋氏等と関係していたことは想像に難くない。なお、根来寺の威徳院は湯橋氏持ちの子院であった。さらに、「佐武伊賀働書」を見ると、雑賀での内紛には根来衆が、根来での内輪もめには雑賀衆がそれぞれ出張し、鉄砲も使用している。つまり、根来を通じて雑賀に鉄砲が伝来した可能性があるということが、第一にいえるのである。

ただし、「鉄砲記」も「鉄砲由緒記」も慶長期の史料で、前者は種子島時堯を顕彰するため、後者は芝辻家の由緒を喧伝するために書かれたものであり、どこまで史実と認定できるのかは疑問視されている。このため鉄砲伝来についても、種子島への漂着が最初とはいえず、倭寇による中国との密貿易や東南アジアからの交易によって、「分散波状的」に伝来したとする説が今では有力である。

「鉄砲記」や「鉄砲由緒記」の記述がどこまで信頼できるか疑問であったとしても、根来衆が多数の鉄砲を所持していたこと、また、堺と関係を保持していたことは間違いなかろう。永禄十二年（一五六九）に信長が堺を制圧下に置こうとした際、堺側は老人・女性・子供などの「足弱」や荷物を「根来・粉河・槇尾などへ隠し運の由」と「細川両家記」（戦国二五四）は伝えており、堺と根来等が緊密な関係にあったことが窺える。

第二に、鉄砲に関しては、実は早くから本願寺に伝来していた。「私心記」[註20]天文二十年十二月六日条に、下間頼言が鉄砲で射止めた雁の汁を実従に差し出したことが記されている。それよりも重要なのは、「天文日記」[註21]天文二十二年十二月七日条によると、本願寺が第十三代将軍足利義藤（義輝）に焔硝（黒色火薬）十斤を献上している点だ。鉄砲だけを持っていても、もちろん何の役にも立たない。当然、弾や火薬が必要であり、多分堺を通じてであろうが、本願寺は火薬を調達できる能力を持っていたのである。雑賀門徒は天文期から本願寺の番衆として上山している。当然、鉄砲の情報を得ていたであろう。本願寺を通して雑賀に鉄砲が伝来した可能性も捨てきれない。

しかし第三に、なんと言っても注目すべきは「昔阿波物語」の次の記述である。(註22)

紀州の者は、土佐前を船をのり、さつまあきない計仕る故、紀のみなとの商売人は、みな鉄砲壱挺宛は持ち申し候に付て、みなと計に三千挺御座候て、節々阿波へやとひくだし申し候。

雑賀の中心地である紀伊湊(みなと)をはじめとした紀州の商人たちは、遅くとも南北朝期から土佐沖を通って薩摩で交易を行っていたようだ。康永三年(一三四四)の足利幕府奉行人連署奉書によると、雑賀五組の南郷に属する冷水浦の住人が薩摩において船の積荷を奪い取られる事件が起こっており、間違いなかろう。(註23)「応永記」には「堺ノ浦・清水ノ浦、中国ノ船ノ通路モ其便リ可有」(室町三九)とあり、清水(冷水)は堺と並び称される湊だったようだ。また、「天文日記」天文七年一月十七日条(戦国一六二)によると、中国貿易に携わる堺の豪商たちが紀伊湊・藤白その他一、二カ所の港を避難場所として使用したいと証如に申し出ており、紀州には有用な湊が多かったのである。なお、紀州側より渋々了承した返答が二月五日条に載っている。それによると外国と貿易するような「大船」は紀州にはなく、国内での交易に従事する「小船」しかなかったようだ。

当時薩摩は外国との貿易が盛んであった。鉄砲が種子島への漂着だけでなく、倭寇による中国との密貿易や東南アジアからの交易によって、「分散波状的」に伝来したなら、雑賀衆は「さつまあきない」によって直接鉄砲を入手できるのである。それに、こうした貿易に携わった後期倭寇は、どちらかというと中国人が多かったが、日本人も参加しており、紀州の人間もいた。彼らが鉄砲を早くから手にする機会はあっただろう。

雑賀衆は根来寺や本願寺を通さなくても、直接鉄砲を入手する機会が多かったといえよう。それに、海上交易において鉄砲が効果的な武器であったことは、想像に難くない。なぜなら、海賊を防ぐには、乗り移られる前に遠距離から防御できる鉄砲が非常に役立ったと思われるからである。風の影響もあり、揺れる船上から矢を放っても命中率は低いだろう。その点、乗組員が各自鉄砲を撃てば、有効に阻止できたに違いない。それゆえ、「紀のみなとの商売人は、みな鉄砲壱挺宛は持ち申し候」と言われているのである。また、鉄砲だけを持っていても役に立たない。その点、「さつまあきない」に従事する「紀のみなとの商売人」は、鉛や焔硝も容易に入手できたであろう。

当時、薩摩における交易の中心地は坊津（ぼうのつ）である。「鉄砲記」にある根来寺の杉之坊が早々と鉄砲の情報を得たというのが事実であるなら、それは坊津から知らせがあったのではなかろうか。なぜなら、根来寺と関係の深い一条院という真言宗の寺が坊津にあったからだ。いずれにしろ、種子島だけでなく薩摩と紀州との結びつきが、早くから雑賀や根来に鉄砲を伝来させたと考えて大過なかろう。

火縄銃の特徴からも、薩摩と紀州との関連が窺える。和歌山市立博物館の同僚であった太田宏一学芸員によると、紀州と薩摩の火縄銃には、他にはない共通した特徴があるという。それは、薩摩製の機関部は内カラクリであるが、紀州製と同様にカニ目がなく、火挟（ひばさみ）が内部の棒状カムで作動する点が酷似し、他に類例がないとのことだ。ただし、消耗品である火縄銃は戦国期のものはほとんど残存しておらず、これはあくまで江戸期の火縄銃についての話と限定を付けなければならない。(註24)

火縄銃は消耗品というだけでなく、耐用年数も限られていた。つまり、常に修理を必要とするのである。そのためには、修理に携わる鉄砲鍛冶が近くに居なければならない。雑賀には「雑賀鉢（さいかばち）」という独特の兜があり、それを製作した春田系の甲冑師が雑賀庄宇治にいた。甲冑を造れる鍛冶ならば、鉄砲も製作できよう。

また、堺の鉄砲鍛冶が根来だけでなく、雑賀（和歌山）にも住んでいたようだ。慶長期の資料であるが、大坂城攻撃に使用した慶長大火縄銃（堺市博物館蔵）は、銃身は国友で造られているが、羽子板の銘によると和歌山に住む堺の鎌倉屋藤兵衛が金具を製作したことが分かる。また、「知新集」によると、堺の有力な鉄砲鍛冶である榎並屋（えなみや）系の職人が、当時和歌山城主であった浅野氏について、元和五年（一六一九）に和歌山から広島へ移住しているのである。[註25]

火縄銃の特徴からも、堺筒の一部と紀州筒との関係が見て取れるという。これも江戸期の火縄銃であるが、太田氏によると、堺製の火縄銃の中に紀州製の火縄銃と酷似するものがあるとのことだ。典型的な紀州筒は、無柑子（むこうじ）の八角銃身に片富士形の元目当（もとめあて）で、用心金（ようじんがね）や火挟の断面が角張っており、カニ目のない外カラクリを持つなどの特徴があり、これが堺筒の一部と共通し、外見上の区別は難しい程であるという。[註26]

雑賀衆は、「さつまあきない」で早くから鉄砲が伝来していただけでなく、弾や火薬も入手できた。また、この地には火縄銃を製造・修理する鉄砲鍛冶が住んでいたと考えてよい。だからこそ、雑賀衆は多数の鉄砲を所持し、時には傭兵として雇われ、合戦の際に活躍できたのである。

四、雑賀一向一揆の成立と「石山合戦」での活躍

「石山合戦」開戦以後の元亀期の状況を簡単に述べると、信長との戦いは近江各地や特に伊勢長島で苛烈を極めた。しかし、大坂本願寺を主戦場とした戦闘はほとんど起こらず、足利義昭のすすめで元亀三年（一五七二）九月ごろ両者は和睦する。ところが翌年二月、今度は義昭が信長との関係を絶ち、挙兵したので

ある。

天正期に入ると、雑賀門徒衆は本願寺側に立つことができるようになった。それはなぜか。第一の要因は、この将軍足利義昭と信長が反目して対立した点に求められよう。特に、信長に追放された義昭が、天正元年（一五七三）十一月に移ってきたのが紀州海部郡由良の興国寺であり、ここから反信長戦線の結成をはかった点は注意する必要がある。第二の要因は、信長と関係の深かった紀伊守護の畠山秋高が、家来の遊佐信教（ゆさのぶのり）に殺されたことだ。殺害の時期については天正元年とも二年ともいわれているが、いずれにしろ、これで信長方の守護を推戴する必要はなくなった。

この第一の要因にこそ、土橋氏など非門徒の土豪衆が本願寺に加勢した真の動機があると考える。即ち、彼らにとっては信長を選ぶか義昭につくかの選択であって、将軍に従ったまでのことなのだ。現在の目で見れば、室町幕府はすでに滅んでいたという評価であっても、当時の彼らにとって将軍の権威はなお大きく、しかも地元に動座していたのである。土橋や鈴木等の土豪たちには足利義昭側から働きかけている（戦国三六八〜九）。なお、土橋氏が「石山合戦」の講和になかなか応じなかったのは当然であろう。彼らにとっては、本願寺ではなく義昭こそが重要だったからだ。

第三の要因として、本願寺は天正二年頃、いざという際の退去地を鷺森とすることに決めていた節がある。大坂の後背地であるこの地は、移転先として最適だっただろう。雑賀の御坊が永禄六年（一五六三）に和歌浦御坊山（現秋葉山）から鷺森へ遷った際、六間四方の本堂を移築していたようだ。ところが、天正二年頃八間半に七間の本堂と六間半に四間半の御主殿（ごしゅでん）を新たに造営し、以前の本堂を対面所に改修した。これは「石山合戦」の最中であり、本来なら鷺森御坊の増築整備などせずに、その費用を戦費にまわさなければならない時期である。それにもかかわらず、本堂と門主が居住するための御主殿を新築し、門主が多くの門徒と引見するための対面所に、以前の本堂を改装したということは、本願寺はいざという際には鷺森へ退去することを、この時点で決めていたと推察できよう。そうであるなら、本願寺は雑賀門徒衆に対し、本願寺側に立つよう強く働きかけたに違いない。

平成二十四〜二十七年度の鷺ノ森遺跡（城北小学校）発掘調査の結果、かつての御坊境内（第二次世界大戦後、境内が縮小）があった少し南側から大規模な堀跡が検出された。徳川家康の浜松城では十メートル程の堀が、山科本願寺の発掘では最大で十二メートルの堀が検出されているが、鷺森は深さ二メートル余りで上端幅十六〜十七メートルもある。鷺森へ御坊が移転した時に堀が掘られていたとしても、御坊の堀としては強大だ。これは本願寺が退去してきた際の防御の堀と考えてよい。この天正二年の鷺森御坊の増築整備にともない、堀を拡張し、掘った土砂で土塁を積み上げた可能性が高いように思う。特に、端幅十六〜十七メートル堀跡から、裏門に通じる幅三メートル程の橋の橋脚が、根積みの石塊とともに発掘された。当然、表門のところにも橋が架かっていただろうし、これだけの橋が建設されたのは、この時の可能性がもっとも高いのではなかろうか。

以上、天正期になって、ようやく雑賀一向一揆が成立したと考える。即ち、雑賀一揆は、宗派に関係なく、雑賀五組の惣荘・惣郷・惣村を基盤にその代表が一揆を結んだ、一種の郡中一揆ないしは惣国一揆であった。これに対し、雑賀一向一揆は、雑賀庄・十ケ郷を中心とした個々の有力土豪と雑賀門徒衆とによる、天正期に成立した反信長連合であると定義できよう。なお、有力土豪には鈴木孫一のような門徒もおれば、土橋氏のような非門徒もおり、彼らは雑賀門徒衆とは別に独自に行動していたと思われる。

守護の統制がなくなり、雑賀一揆の規制を脱し、雑賀門徒衆が本願寺を助けるため組織的に動き始めた。天正二年四月、信長との和議が決裂し、本願寺は再度挙兵する。ただし、戦闘はあったものの、決定的な戦いには至っていない。「年代記抄節」に、その際「サイカ衆、大坂へ加ル」（『大系』一二六頁）とある。この「サイカ衆」とは雑賀門徒衆のことと思われるが、これが事実かどうかは確認できない。

天正三年五月二十八日、雑賀において主要な四つの本末の代表である四人の雑賀門徒年寄衆（浄光寺末の岡了順・性応寺末の宮本平大夫・直末の松江源三大夫・真光寺末の島本左衛門大夫）が本願寺に起請文を提出しており、遅くともこの時には本願寺に味方することを約束したことは間違いない（『大系』一五七頁）。しかし、それ以前から雑賀門徒衆は出陣していたようだ。

天正三年四月、織田信長は大軍を率いて河内高屋城の三好康長を攻め、最終的に降伏させることになるが、この際大坂本願寺にも来襲した。「石山合戦」開戦期の戦いを「第一次大坂合戦」と呼ぶならば、これは「第二次大坂合戦」となろう。四月十二日に信長は本陣を河内誉田から住吉に移し、十三日には天王寺に布陣した。この四月十三日、今宮表での戦いで雑賀庄中之島の孫大郎が一番鑓の高名をたて、下間正秀から四月十五日付で感状（戦国三一三）をもらっている。

これまで、この感状は天正四年と比定されてきた。しかし、中之島の孫大郎の道場である孫一郎道場（専光寺）には、特別に親鸞御影が下付されている。当時、一般道場に親鸞絵像を下付することは、ほとんどなかった。これは、寺伝にも述べられていることだが、一番鑓の高名で特別に許可されたと考えてよい。これが下付されたのが、天正四年二月十日である。裏書は剥落が激しく、文面全体を確認できるのは後年の写しであるが、辛うじて干支の「丙」の字が読めるので、天正四年と認識してよい。

また、金龍氏が紹介した「石山法王御書類聚」において、この感状を写した頭注に、「此後四月廿一日に為御褒美、頂戴之御本尊。御裏書天正三年亥紀州名草郡中之嶋願主康恵と被遊候」とある。[註27] この「本尊」は現存していない。しかし、親鸞絵像は存在しており、この本尊が下付されても不思議でなかろう。それゆえ、この感状は天正三年で間違いないと考える。他方、天正四年とすると、信長が明智光秀・荒木村重等に大坂出陣を命じたのが四月十四日であり、その前日に一番鑓の高名をたてるような本格的な戦闘が発生した可能性は極めて低いだろう。

天正三年本願寺側は紀州門徒衆への要請を強めている。八月二十二日、顕如は紀州坊主衆・門徒衆に大坂籠城を求めた（戦国三〇二）。前掲拙稿で紹介したように、これを受け、八月末付で浄光寺方の雑賀門徒の面々が動員された陣立の記録が残っている。また、写しであるが、常楽寺証賢（じょうらくじしょうけん）等が十月に紀州熊野衆中に鉄砲衆の上山を求めた文書が存在する（戦国三〇三）。ただし十月、本願寺は信長に和議を申し入れ、成立した。しかし、この講和は直ちに破綻する。

ところで、播磨良紀氏は「正月十九日付本願寺顕如書状案」（戦国二九九）に「最前雑賀誓紙之旨」とあることから、「天正二年末か同三年正月に雑賀から本願寺に対し誓紙が出される」と述べている。[註28]確かに、『市史』はこの文書を天正三年と比定した。他方、『大系』では天正六年としている。しかし、「三好彦二郎生害」とあり、三好長治が自刃したのは天正四年十二月という説が有力である。また、「漸芸州並東北出生之筈」とあり、後述するように、毛利が本願寺に加勢するのは早くても天正四年であるから、天正五年の文書と考えるのが妥当であろう。

天正四年四月十四日、信長は明智光秀・荒木村重等に大坂出陣を命じ、七つの相城を構築し、包囲網を敷いた。いわゆる「第三次大坂合戦」の始まりである。これ以降、雑賀門徒衆の活躍が特に顕著になる。

五月三日、信長勢は木津の本願寺方砦を攻めたてた。これに対し、本願寺から一万余りが出撃し、雑賀鉄砲衆をはじめとした数千挺の鉄砲で撃退する。さらに、信長側の天王寺砦に攻めかかった。戦況悪化の報告を受けた信長は、京都から直ちに自ら出馬し、押し返したのである（天王寺の戦い）。本願寺側も多くの戦死

「石山合戦」関係地図

者を出したが、信長側も原田直政らが討死し、信長自身も足に鉄砲傷を負った。偽の首を用意して、鈴木孫一と下間頼廉を倒したという流言を、信長が広めたのはこの時である。いかに雑賀鉄砲衆に閉口していたかが窺えよう。

この戦いの後、信長側は本願寺を兵糧攻めにするために包囲を強めた。このため、本願寺側は以後籠城戦を余儀なくされる。この包囲網を突破するために派遣されたのが毛利の水軍である。天正四年二月、足利義昭が紀州由良から備後の鞆へ動座し、それまで織田と良好な関係にあった毛利氏を、反信長側につかせたのである。

これに雑賀の水軍が協力した。天正四年六月二十八日付で顕如が雑賀門徒衆中に、また同日に下間頼廉が雑賀御坊惣中に、渡海するよう要請している（戦国三三三〜四）。七月十三〜十四日の第一次木津川口の海戦で、周知のように、毛利・雑賀連合軍が「ほうろく火矢」で織田方水軍に大勝利を収め、大量の兵糧・弾薬を本願寺に搬入した。その後も、しばしば雑賀と毛利の舟が本願寺に物資を運び入れている。

五、信長の雑賀攻めと「石山合戦」の終結

本願寺を支える上で雑賀一向一揆勢が大きな役割を果たしていた。このため、「第三次大坂合戦」の最中、信長は雑賀攻めを企図し、雑賀五組のうち宮郷・中郷・南郷の三組への調略を強めたようだ。天正四年（一五七六）と確定してよい五月二十一日付下間頼廉書状（戦国三二〇）に、「敵の内輪」の情報から雑賀への「調略」について言及しており、間違いなかろう。実際、五月十六日に三組惣中宛（戦国三一七）に、また五月十九日に宮郷の「大田源三大夫」と「神崎中務丞（こうざきなかつかさのじょう）」にも、「就雑賀成敗、可抽忠節之由、神妙候」と書いた信長朱印状（戦国三一八〜九）を発行している。さらに、宮郷の「大田」には天正四年五月付で信長は禁制（戦国三二二）を与えた。

よく雑賀衆のうち宮郷・中郷・南郷の三組が、これにより裏切ったかのようにいわれるが、三組がそれ以前に組織的に反信長戦線に加わった形跡は見当たらない。前述したように、元亀段階では雑賀一揆は信長側であった。三組は天正期の初めは積極的には態度を表明せず、天正四年頃再び信長側に与したと考えた方がよかろう。もちろん、三組内の門徒たちは本願寺側についていた。前述した浄光寺末の雑賀門徒の陣立表に、

三組の道場も記載されている。

しかし、播磨良紀氏は、天正四年の時点では、「対信長戦争には、紀州や雑賀の門徒衆だけでなく、根来寺衆や雑賀惣国十ケ郷の代表でもある孫一も参加していることから、雑賀惣国としての参戦がなされていたといえる」と述べている。しかし、孫一が参加しているからといって、直ちに惣国として参戦がなされているとは、当然評価できない。また、根来衆が参加している根拠として、卯月十五日付紀州門徒惣中宛顕如書状（戦国三一二）をもとに、淡路岩屋の陣中における中国衆と紀州衆との喧嘩口論に「根来寺の泉識坊・岩室坊・杉之坊が関わって」いると解釈されているが、はたして妥当なのだろうか。[註29]

この書状を『市史』は天正四年のものと比定している。だが、天正四年四月段階で、はたして中国衆即ち毛利勢は岩屋に出陣していたのだろうか。毛利輝元が信長との絶縁を毛利清元に報じたのは五月七日という。また、毛利出陣のうわさにより、信長が淡路の安宅信康に警戒を命じたのが五月二十三日とある。同年と確定してよい六月二十八日付顕如書状案（戦国三一三）でも、彼らが既に岩屋に出兵している様子は窺えない。つまり、四月十五日に岩屋には中国衆はまだ出陣しておらず、紀州衆との喧嘩口論は発生しないし、根来衆も関与できないのだ。この喧嘩口論は天正六年のことと考えているが、いずれにしろ根来衆は参陣しておらず、この文書の内容は根来衆内での調停が不調に終わったことを述べているのにすぎないと解釈する。つまり、土橋氏と関係の深い泉識坊から岩室坊や杉之坊に対し足利義昭に加勢するよう働きかけたが、失敗したのではなかろうか。

以上、雑賀一揆が惣国として反信長側についたという評価は成立しないと判断してよかろう。つまり、雑賀一揆は信長側で出陣したことはあっても、組織全体として本願寺のために参戦した事実は、一切確認できないのである。構成員の中に門徒が含まれていたとしても、このような雑賀一揆を一向一揆の範疇に含めることは決してできないと考える。

それでは、天正期における根来寺と信長の関係はどうだったのであろうか。天正元年に信長と対立した足利義昭が、吉川元春に対して発給した御内書に[註30]「根来寺已下不可存疎略由候」とある。これが事実であれば当初義昭側についたのかもしれない。もしそうであったとしても、それは一時的なことであった。天正二年十月二十日、信長方は「根来寺御在陣衆中」に河内高屋攻めへの加勢を求めている（『大系』一四八〜九頁）。また、『信長記』を見ると天正三年四月と翌年四月の本願寺攻めに、信長方で根来衆が出陣していた。参戦していないのに、敢えて根来衆のみ陣立に書き加える必要はないから、信用してよかろう。三組惣中宛信長朱印状に「根来寺事、是又無二可馳走之旨申遣候」とある。信長の雑賀攻めの直前の天正五年二月十八日に、根来寺の老衆等が高野山の金剛峰寺惣分に対し、雑賀成敗のため信長方に参陣するよう呼びかけている（戦国三三七）。根来寺の主流は大勢として天正期も基本的に信長側についていたと見るべきであろう。

しかし、『史料綜覧』[註31]の天正五年（一五七七）二月十三日に「紀伊畠山貞政、同国雑賀及ビ根来ノ衆徒ト謀リ、兵ヲ挙グ」とあり、これを引用してあたかも雑賀衆全体と根来衆とが信長に対し挙兵したかのように、しばしば語られている。なぜ、『史料綜覧』にこのようなことが記述されているのであろうか。

たつの市徳行寺蔵の二月十六日付播州坊主衆中・門徒衆中宛顕如消息に、「根来寺与雑賀其外紀州諸侍、悉令一統泉州へ打出」とあるが、こうした史料が根拠になっているのではなかろうか。『増補改訂本願寺史』はこれを天正六年としているが[註32]、五年と推定する。この消息に「信長至泉州」とあり、五年だと妥当だが、六年二月に信長は泉州に来ていないからだ。

この消息に「根来寺惣分当寺へ一味之事候」とあるが、これは前述の金剛峰寺惣分宛根来寺老衆書状と矛盾しており、どちらが真相なのだろうか。義昭・本願寺側も信長の調略に対抗して、前述したように土橋

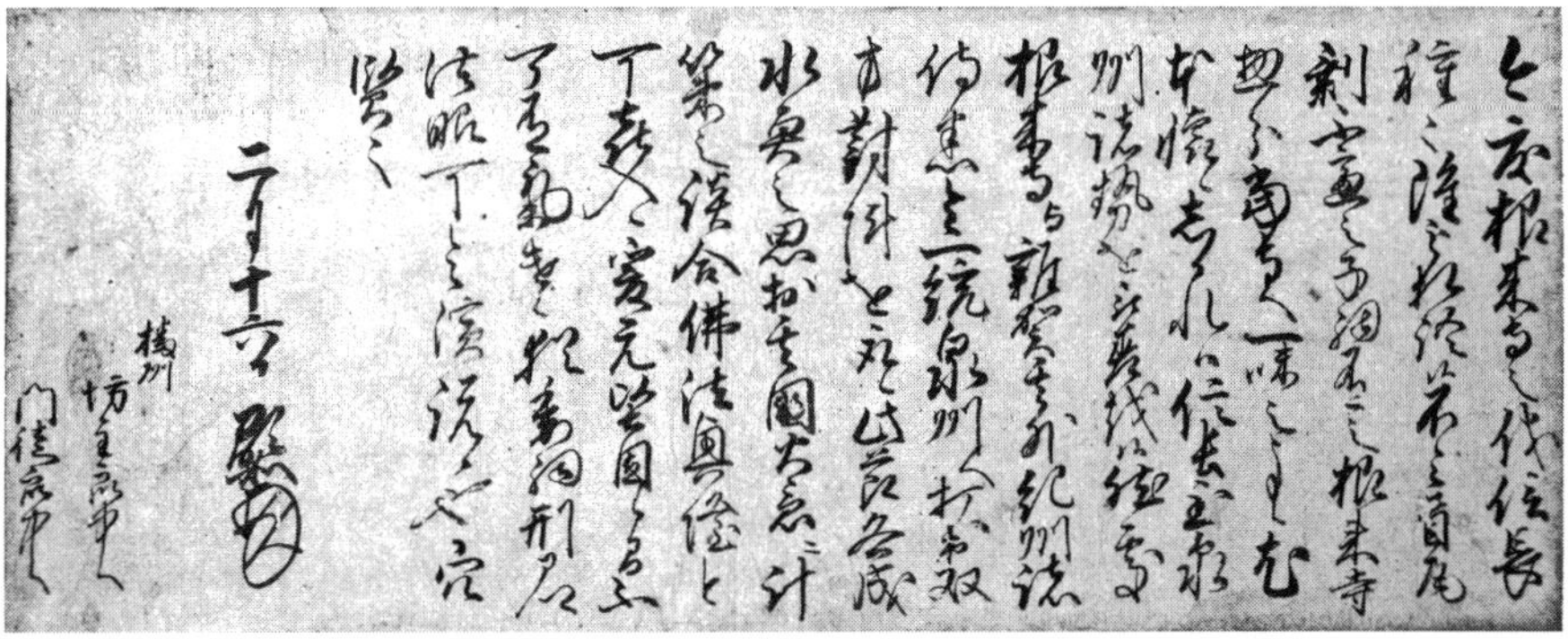

顕如上人消息（二月十六日付・兵庫県たつの市徳行寺蔵）

氏と関係の深い泉職坊を通して、根来寺に何度も働きかけていたのは間違いない。このため、根来寺が本願寺側につくような希望的観測も流れていたようだ。しかし、これは雑説にすぎず、現実ではなかった。天正五年と推定してよい二月十八日付紀州坊主衆中・門徒衆中宛顕如消息案（戦国三三八）に「根来寺之儀如何候哉、爰元色々雑説候間、与方（カカ）之儀無心許候」とある。事実、雑賀攻めの際、泉職坊は信長と戦ったが、杉之坊をはじめとした根来衆の主流は宮郷・中郷・南郷の雑賀三組の大半とともに信長側についていた。

天正五年二月十三日、信長は雑賀攻めのため京都を出陣した。軍勢は三万とも、時には十万ともいわれているが、多くの武将を動員しているから大軍であったことは間違いない。十七日和泉貝塚寺内を攻撃した信長勢は、山手勢、浜手勢、信長本隊の三隊に分かれ、雑賀に襲来した。山手勢は雄山峠（おのやま）を越え、杉之坊と三組衆に導かれ小雑賀（こざいか）に陣取り、雑賀一向一揆勢の本陣ともいうべき御坊山と和歌川を挟んで戦闘が行われる。孝子峠（きょうし）から侵入した浜手勢は雑賀側の中野城を攻略し、鈴木孫一構えを攻撃した。信長本隊は直接戦闘に加わらず、紀泉国境付近に在陣し、各部隊に指示を出しながら、和泉の掌握に専念したようだ。

雑賀攻めは最終的な決着を見ないまま、雑賀一向一揆側が恭順する旨を申し入れ、三月十五日付で信長は赦免している（戦国三五四）。しかし、雑賀においては、信長の攻撃で痛手を被ったのは、一旦降伏した一向一揆側であろうか。否、その後の状況を見ると、打撃を受けたのはむしろ三組の側であったといえよう。

南郷においては、雑賀攻めの直後、大野十番頭（おおのじゅうばんとう）の門徒と非門徒との間で深刻な対立が生じた。天正五年八月、戦闘に及び、鈴木孫一が他の組の一向一揆勢をひきいて支援し、門徒側が勝利した（井松原合戦（いのまつばらかっせん））。[註33] 天正五年八月一日付と推定できる、信長の近臣万見重元（まんみしげもと）が淡輪氏へ送った書状（戦国三六七）に、「三搦面へ自雑賀取懸候由」とある。

中郷は根来の勢力が優勢であったため信長方についたのであろう。だが、門徒も多かったから、それが一向一揆側についたため、相対的に弱体化したことは間違いない。天正四年五月に顕如は三ケ郷門徒に働きかけている（戦国三二二）。宮郷においても、前掲の「石山法王御書類聚」によると、宮郷惣道場であった太田の道場（玄通寺）に、天正五年一月二十四日付で一向一揆側についた門徒たちに顕如が与えた「大田退衆中」宛の感状（戦国三二九）が所在していた。[註34]

さらに、雑賀庄と何かにつけ対立していた宮郷は、三月七日付紀州御門徒衆惣中宛下間頼廉書状（戦国三五〇）によると、「湊衆以取扱宮郷衆悔先非、於向後者雑賀令一味同心」とあり、信長方から転じて一向一揆側についたことが分かる。仲介した「湊衆」は門徒も含まれているにしても門徒集団ではないから、この「宮郷衆」は門徒衆ではなかろう。『市史』も『大系』も天正五年と比定しているが、三月七日は雑賀攻めの最中であり、信長勢の大軍が所在する中で宮郷衆が変心するとは思えないし、できないだろう。これは天正六年のことと考えるが、一向一揆側の攻勢で宮郷側が恭順したようだ。

以上、信長の雑賀攻めによって、逆に雑賀一向一揆側が優勢となったのである。しかし、和泉においては、信長は退却時に定番として佐野に織田信張だけでなく杉之坊を配置した。義昭・本願寺側はその後も根来に働きかけている（戦国二六六）が、杉之坊を中心とした根来寺の主流は、引き続き信長側であったと考えるべきである。杉之坊が定番となったということは、根来寺は織田権力の下で和泉等の権益を黙認されていたということであろう。そうであるなら、敢えて反信長側につく必要はない。

通説では四月二十二日に、根来寺や松浦氏等による和泉一国の一揆寺内破却を監督するよう、信長は柴田勝家に命じている（『大系』二三七頁）。ただし、天正五年だと勝家は越前に赴いており、天正三年ではないかとの説が有力である。いずれにしろ、信長の雑賀攻めの後、貝塚だけでなく和泉全体の寺内破却が進んだことは間違いない。紀州からの陸路による本願寺支援がより困難になったであろう。しかし、海路は毛利・雑賀側が握っていたのである。本願寺は引き続き雑賀鉄砲衆の支援を求めている。

淡路岩屋は毛利と本願寺にとって海上連絡の要地であった。また、天正六年二月、三木城主別所長治が信長に背き、反信長側が東播磨で優勢となり、対岸の岩屋はますます重要性を増す。本願寺だけでなく、毛利勢からも雑賀御坊惣中に岩屋へ渡海するよう要請している（戦国三一〇・三五一）。さらに、四月中旬には毛利氏の大軍が西播磨の上月城を包囲する。顕如は雑賀鉄砲衆に上月城への出陣を求めた（戦国三八〇）。ところが渡海の要請にはなかなか応じず、岩屋では中国衆との喧嘩口論が発生し、播磨からは勝手に帰国したようだ（戦国三八二）。

そもそも、雑賀門徒衆にとって播磨への出兵は、間接的に本願寺への支援になっているかもしれないが、直接的に本山を防衛するものではない。まして信長側であったこともある武将への協力であり、豹変激しい戦国期においては、またいつ何時裏切られるとも限らない。本願寺から要請があったとしても、これは自衛のための戦いではなく、武将間の闘争への参戦であり、簡単に応じられるものではなかろう。これに加え、合戦が長引き、味方である毛利との間で反目も生じている。度重なる要求や意義が感じられない要請に嫌気がさしているような状況が、一部かもしれないが雑賀門徒衆に見られるようになった。しかし、これはやむを得ないことといえよう。

信長は天正六年四月四日、織田信忠を大将として大坂本願寺に大軍を差し向けた。だが、本願寺は籠城したままで、ほとんど戦闘になっていない。他方、信長は海路を遮断するため、志摩の九鬼嘉隆（くきよしたか）に大型鉄艦の建造を命じていた。天正六年六月二十六日、大船七隻が堺を目指し出航する。淡輪沖で雑賀の水軍が襲いかかったが、蹴散らされた。天正六年九月二十六日付で顕如と下間頼廉とが、湊惣中や雑賀惣中をはじめとした諸浦警固衆宛に大坂へ参陣するよう要請する（戦国三七四～五）。十一月六日、毛利・雑賀連合水軍が木津川口で決戦を挑んだ。だが、周知のように大敗北を喫したのである（第二次木津川口の海戦）。

本願寺には物資がまだ大量にあったようだが、この敗戦により籠城が困難になることは日に見えており、講和は時間の問題となった。しかし、ちょうどこの頃、有岡城主荒木村重が信長から離反し、毛利・本願寺側についたのである。雑賀一向一揆勢も荒木支援に赴き、鈴木孫一や中村左衛門九郎等が、もっぱら支城の花隈城に詰めている（戦国四〇六・四一〇）。だが天正七年十一月、有岡城が陥落し、天正八年一月三木城も開城した。ついに、正親町天皇の勅命により、天正八年閏（うるう）三月、顕如は信長からの講和条件を受け入れる。

しかし、講和反対派は教如を擁して徹底抗戦をとなえた。雑賀年寄衆も、宮本平大夫や松江源三大夫の講和派と島本左衛門大夫や岡太郎次郎の抗戦派に分かれていたようだ。ただし、雑賀門徒衆内部における講和をめぐる対立は、ほどなく解消されたと考えられる。「天正八年四月八日付雑賀衆起請文」（戦国四三四）こそ、雑賀門徒衆の誓紙そのものと思われるが、ここに「向後弥可為御門跡様次第候」とあり、島本左衛門大夫と岡太郎次郎とが他の有力者とともに名を連ねているからだ。

天正八年四月九日に顕如は大坂を退去し、鷺森御坊に入って天正十一年までここが本願寺となる。ついに教如も再度和睦して、八月二日には雑賀へ立ち退いたが、その際大坂本願寺は焼失した。十年間に及んだ「石山合戦」はこれで終結したのである。

〈註〉

（1）拙稿「雑賀一揆と雑賀一向一揆」『真宗教団の構造と地域社会』（清文堂出版、二〇〇五）。
（2）神田千里『一向一揆と戦国社会』（吉川弘文館、一九九八）二六八頁及び二九六頁。
（3）同二七〇頁。
（4）神田千里『信長と石山合戦』（吉川弘文館、一九九五）四九～五一頁。
（5）仁木　宏『空間・公・共同体』（青木書店、一九九七）一四三頁。
（6）同一四九頁。
（7）同一四九頁。
（8）金龍　静『一向一揆論』（吉川弘文館、二〇〇四）三二七頁。
（9）鍛代敏雄『中世後期の寺社と経済』（思文閣出版、一九九九）二一〇～二一二頁。
（10）金龍前掲書三二七～三二九頁。
（11）同三二八～三二九頁。
（12）同三三二～三三三頁。
（13）弓倉弘年「元亀元年の雑賀衆」（『和歌山県立博物館研究紀要』二号、一九九七）。
（14）前掲神田『信長と石山合戦』二〇～二二頁。
（15）仁木　宏「『二条宴乗記』に見える大坂石山寺内町とその周辺―『石山合戦』開戦時を中心に―」（『人文研究（大阪市立大学文学部紀要）』第四九巻第六分冊、一九九七）七七頁。

（16）同七四頁及び七九頁。
（17）同九四頁。
（18）『南紀徳川史』第六冊（同刊行会、一九三二）二二四～二三四頁。
（19）前掲拙稿「雑賀一揆と雑賀一向一揆」三一八頁。
（20）『真宗史料集成第三巻一向一揆』（同朋舎、一九七九）所収。
（21）同。
（22）『第二期戦国史料叢書5四国史料集』（人物往来社、一九六六）三二五～三二六頁。
（23）小山靖憲「中世賀太荘の漁業」（『紀州経済史文化史研究所紀要』一二号、一九九二）一七頁。
（24）太田宏一「雑賀衆と鉄砲」（『和歌山地方史研究』四二号、二〇〇二）一五頁。
（25）『新修広島市史第六巻資料編その一』（広島市、一九五九）一九三頁。
（26）前掲太田論文一四頁。
（27）金龍 静「石山法王御書類聚の紹介」（『戦国期の真宗と一向一揆』吉川弘文館、二〇一〇）二七〇頁。
（28）播磨良紀「雑賀惣国と織豊政権の戦い―雑賀惣国の結集を中心に―」（『和歌山地方史研究』四六号、二〇〇三）七頁。
（29）同七頁。
（30）『大日本古文書　吉川家文書』（東京帝国大学史料編纂掛、一九二五）八二号。
（31）『史料綜覧』巻十一　安土時代之二・桃山時代之一（東京大学出版会、一九六五）。
（32）『増補改訂本願寺史』第一巻（本願寺出版社、二〇一〇）六〇二頁。
（33）「井松原合戦」『海南市史』第二巻（海南市、一九九〇）九三八頁。
（34）前掲金龍論文「石山法王御書類聚の紹介」二五七頁。

第七章　勅命講和

小谷利明

はじめに

元亀元年（一五七〇）九月十二日、大坂本願寺は、織田信長に対して挙兵した。いわゆる「石山合戦」のはじまりである。最終的な講和は、天正八年（一五八〇）閏三月十一日に信長が本願寺を赦免し、本願寺顕如が四月九日に大坂を退去し、それに反対する新門主教如による「大坂拘様」と呼ばれる籠城戦と同年八月二日の教如の大坂退去で終結した。ここでは、「石山合戦」の講和を見ていくことが目的である。

「石山合戦」は、十一年間にわたる長期の戦いであり、その間、伊勢長島の一向一揆や越前一向一揆に対する信長による殲滅戦もあれば、数回にわたる休戦、講和交渉も行われるなど、さまざまな変遷を経ている。最終的な講和では大坂に籠城した人々へ危害が加えられず、無事に講和がなったのも殲滅戦と比較すると謎が残る。数度にわたる講和交渉を含め、最終的な講和まで見ていくと、必然的に「石山合戦」まで見ていく必要が生じる。ここでは簡単にそれに触れながら、講和について見ていきたい。

なお、「石山合戦」という用語は、近世に作られたもので、当時は「石山」という言葉はなく、大坂が正しかった。(註1)「石山合戦」は「大坂本願寺合戦」と呼ぶべきだが、この用語には「大坂本願寺攻防戦というイメージに収斂し、全国的に展開した信長との戦いの名称として相応しくないという問題がおこる」とされる。(註2) 大坂攻防戦と各地の一向一揆、大名たちとの同盟関係など、どのように整理すべきかも含め、再検討すべき問題もある。改めて、「大坂本願寺合戦」という歴史用語にどのようなイメージを与えるか考えていく段階だと考える。だが、「大坂本願寺合戦」全体を検討するのは本稿の役割ではないため、この問題は将来の課題としておく。

一、大坂本願寺合戦前の畿内の政治構造

1、「天下布武」の意味

大坂本願寺合戦は、実に多くの主役がいた。織田信長や信長が奉じた将軍足利義昭、信長の家臣団、信長に結集した外様の国人、義昭に結集した畿内守護や奉公衆など近臣団、また、本願寺側では顕如や雑賀衆など一揆衆、本願寺と同盟した諸大名、両者を仲介した天皇や公家などさまざまである。彼らは、十一年間の間にさまざまな行動をし、全国的規模で戦争が行われた。ここですべての動きを紹介することは不可能なので、信長と本願寺についてだけ見ていくことにしたい。

信長が美濃を平定した永禄十年（一五六七）十一月に有名な「天下布武」の印章を用い始める。従来、これを信長の天下統一の意志を示したものとして重要視してきた。しかし、近年これを見直す研究が続いている。その代表が神田千里氏の研究である。神田氏は、美濃を漸く(ようや)統一しただけの信長が諸大名に対して全国制覇を意味する印章を使用したとすれば、あまりにも無謀であるとし、「天下」は畿内を指し、天下布武は幕府再興を意味すると重要な指摘を行った。(註3) また、これを受けて、「天下布武」は、「当時の共通した理解の上に成り

立っている」言葉と理解すべきであるとする説もある。(註4)

ところで、この幕府再興＝天下再興という言葉をいち早く使用したのは、畿内にいた畠山政頼である。永禄八年五月十九日に将軍足利義輝は、三好三人衆（三好日向守長逸、三好下野入道宗渭、石成主税助友通）・松永久秀らによって暗殺された。同年六月二十八日、政頼は、将軍は「天下の諸侍の主」であり、「天下御再興は御名誉たるべく候」と述べた。この言葉は、越後の上杉輝虎（謙信）に宛てた手紙に出てくる。(註5)

この天下の用法をみると、必ずしも天下は、畿内を指すとは考えられない。信長上洛後で見れば、永禄十三年（元亀元年）正月に出された信長上洛にあたっての諸大名への在京命令が畿内、伊勢、三河、飛騨、丹波、若狭、紀伊、越中、能登、甲斐、美濃、因幡、備前などに出された。これは禁中修理と将軍御用、そのほか天下静謐が名目となった。天下が畿内に限定されれば、動員は畿内だけになるが、動員はそれよりもはるかに広かった。これら広域の地域から大名が動員されるということは、天下の概念はもっと広範で、かつ広い範囲に対して実効性を持っていたといえるのではないだろうか。

先の説は再考の余地があるといわねばならないが、信長が掲げた「天下布武」という言葉は、この時代の世論を受けて出されたもので、幕府再興が目的であったとする部分は支持したいと思う。戦国期は、分権化が進む社会であったが、足利義晴や義輝による諸国大名への働きかけや将軍暗殺にともなう「天下再興」の動きが世論となり、集権化にベクトルが動く契機となったと考えたい。(註6) 信長は、この世論を受けて義昭と上洛したのである。

2、義昭に与同した畿内の勢力

義輝暗殺後、義栄を擁立した三好三人衆に対抗して、義昭を将軍の地位に就けるべく尽力した畠山政頼は、信長上洛以前に秋高と改名しているが、これは足利義昭が永禄九年二月十七日から永禄十一年四月十五日まで名乗る足利義秋の「秋」の字を賜ったと考えられる。「秋」の字を賜った大名は、秋高だけであり、相当早い段階で両者は結びついていたものと見られる。(註7)

このように畿内でも三好三人衆と戦う勢力がおり、長期にわたって戦争をしていた。信長個人が幕府を再興したのではなく、畿内で反三好三人衆として戦った畿内の勢力、すなわち松永久秀や畠山秋高なども「天下再興」の戦いに参加した勢力といえよう。上洛前の三好三人衆と松永久秀らの戦いは、なかなか決着の付かない泥沼の戦争となっていた。この時、信長が義昭を伴い上洛し、その均衡を破った。続いて、松永久秀が多聞城及び信貴山城を本拠に大和を、畠山秋高が高屋城を本拠に河内・紀伊を、三好義継が飯盛山城を本拠に河内・和泉の一部を支配することが認められた。この他、摂津の池田勝正など三好三人衆方の武将であった者も安堵された。

従来、義昭上洛後、元々畿内に基盤を有していた守護家が領国を安堵されたことを彼らの家柄で説明していたが、(註8)畿内の戦争の義昭与同勢力への安堵であると積極的に評価すべきだろう。

一般に、信長が上洛すると、畿内一円を支配したと考えがちだが、上洛後、信長は北伊勢や浅井・朝倉攻めに近江の武士、山城の革島氏、摂津池田氏などは動員したが、松永・三好・畠山等の守護系の武将は動員しなかった。彼らは、義昭の合戦には加わるが、信長の合戦には加わらなかった。彼らは、畿内を守護するための軍勢と位置づけられたのであろう。

3、上洛後の信長の地位

信長は、尊大な男と見られがちだが別の側面もある。上洛後の信長文書を家臣たちは、「信長判形」「信長朱印」などと呼び、あるいは「信長に申し聞かせ」などというように、自らの主人を「信長」と呼び捨てにした。小説やテレビのイメージと大きく違うのである。

池上裕子氏は天正三年（一五七五）十一月四日に信長が権大納言、右大将に任官すると、「上様」と呼ぶことが増えたと指摘する。[註9] 尾下成敏氏や藤田達生氏も、この時から信長は将軍と同じ様式の文書である御内書（将軍が使用する書状）を使用するという。[註10][註11]

つまり、信長が足利義昭と同じ地位にまでなったころから「上様」と呼ばれ、将軍と同様の文書を発給しはじめたのである。それ以前に信長は、なぜ家臣たちに「信長」と呼ばせていたのであろうか。上洛以前の信長は、自らの領国で発給した文書では、「御屋形」「御判」と呼ばせていたが、畿内では「信長」と呼ばせていたのである。

これは信長以前に畿内を支配した三好長慶とも共通する問題である。三好長慶の直状を家臣たちは、「長慶折紙」と呼び、三好研究の大家である今谷明氏はこれを「長慶裁許状」と呼んだ。[註12] 三好長慶は、終生「長慶」と呼び捨てにされ、ついに「御屋形様」と呼ばれることはなかった。彼らが「御屋形様」と呼び、発給された文書を「御判」と尊称する対象は、細川氏綱であった。三好氏は細川京兆家を必要とする権力だったのである。

これに変化が出たのは、長慶没後、三好三人衆・松永久秀が足利義輝を殺してからである。三好長慶は、足利義輝から「相伴衆」という幕府家格の最高位に位置づけられ、上洛後の信長も義昭から「御父」と呼ばれたといわれるが、畿内全体の文書体系のなかでは、自らの文書を守護家並みに位置づけることさえできなかった。

このような文書が畿内で登場するのは、十六世紀初頭の山城守護代香西元長からであるから相当根深いものがある。[註13][註14] 信長は、将軍を殺してから「御屋形」を名乗る三好権力を引き継がず、戦国期の畿内の権力と同じ位置に自らを置いたのである。

信長は、前期大坂本願寺合戦では将軍足利義昭の下位にいて義昭主導の合戦と自領拡張戦を戦うが、後記するように畿内の合戦は義昭が主体であった。後期大坂本願寺合戦に入ると、信長は将軍と同じ地位に上るが、それに補任したのは、正親町天皇だった。信長は前記したように極めて厳格に自らの身分を規定していた。勅命講和を単に天皇を利用したと見ることはできないだろう。

4、本願寺の門跡成

本願寺は、永禄二年（一五五九）十二月に門跡寺院となった。門跡寺院は、皇族や摂家の子息などが入寺する寺院で、寺院としては最高の格である。

親鸞が日野有範の子であったように、本願寺は公家社会の一員であり、日野家は九条家の家司であったため、摂関家九条家との関係が深かった。享禄元年（一五二八）九月、証如は九条尚経の猶子となる。当初、後奈良天皇はこれを認めなかったが、粘り強い交渉によって認められたという。水野智之氏は「本願寺は公家社会での地位を摂関家の立場に高めることができた」と評価し、その背景に「地方寺院の直参化をめぐって本願寺と地方の一家衆寺院が対立する問題」があったとして、(註15)本願寺の家格上昇に一家衆寺院との確執を指摘する。また、証如に続き、顕如も天文二十三年八月に九条稙通の猶子となった。

この時期、本願寺は足利義晴・義輝に忠節を致しながら、他方では阿波平島にいる足利義維（よしつな）との接触を拒まなかった。(註16)本願寺と義維との関係は、五摂家のひとつ九条家の、九条稙通を介して結ばれた。五摂家は、九条流の九条、一条、二条家と近衛流の近衛、鷹司の五家に分かれ、ふたつの派閥で対立していた。

九条稙通は、天文三年（一五三四）に近衛稙家（たねいえ）と関白就任をめぐって争っており、将軍足利義晴と関係の深い稙家が勝利して稙通が逐電した。このため、稙通は阿波平島の足利義維と接近したのである。義輝暗殺時は、近衛前久が関白であったが、三好三人衆の所行を容認し、引き続き関白であった。このため、義昭上洛後に近衛前久が出奔している。(註15)(註17)

永禄二年に本願寺は門跡となったが、これを支援したのが烏丸光康と万里小路秀房であった。烏丸光康は本願寺常住公家と評価できるほどに本願寺に近く、顕如のブレーンとしての役割を果たした。さらに、万里小路秀房は、娘が正親町天皇の室であり、天皇の外戚として大きな力を持っていた。(註18)門跡になった本願寺は、宗教権門として教団編成を強化していくが、それとともに、「大坂並」という文言を持つ禁制が、畿内各地の寺内町に発給されている。元々、本願寺や畿内の一家衆系の寺内町は、天文の畿内一向一揆後に多くの特権を得ていたが、それを体制的に整えたのがこの時期といえるだろう。(註19)本願寺の門跡成は、寺内町特権の公認につながり、幅広い流通経済網の保障となったのである。

二、前期大坂本願寺合戦の構図

1、講和の諸段階

まず、講和の全体像を見るために、表1を用意した。これは、休戦あるいは講和交渉の事実を挙げたもので、中には中止されたものもあり、実効性を伴っていないものもあるが、どのように、大坂本願寺合戦の休戦あるいは講和交渉がされたかを示したものである。

表1　大坂本願寺合戦の休戦及び講和の交渉期表

	時期	斡旋者	内容
1	元亀元年（一五七〇）九月十六日～十七日	烏丸光康	休戦か？　九月十九日付の女房奉書が用意され、勅使柳本淳光、山科言継が決まるが、越前・近江での挙兵で中止。
2	天正元年（一五七三）十一月十八日前後	不明	本願寺が名物である白天目茶碗を信長に贈る。信長は「条目」により、講和をなす。誓詞に関する記述なし。
3	天正三年（一五七五）十月五日～十二月	松井友閑、三好康長	本願寺が「条目」と「誓詞」を用意し、本願寺に表裏がない場合、信長の朱印（赦免か）を与える。十二月に友閑、康長の起請文が本願寺に出される。
4	天正六年（一五七八）十一月四日～二十六日	勅使庭田重保、勧修寺晴豊、副使立入隆佐	信長が勅命を仰ぎ、本願寺と毛利に対する和睦を推進するが、荒木村重方の中川清秀が裏切ったため、勅使派遣が中止される。
5	天正七年（一五七九）十二月二十五日～八年閏三月十一日	勅使近衛前久、庭田重保、勧修寺晴豊、目付松井友閑、佐久間信盛	正親町天皇から女房奉書が出され、信長方から「条目」「誓詞」が出され、本願寺方から家老三名の連署の「誓詞」と顕如・教如の「誓詞添状」が出され、閏三月十一日に信長より赦免がなされる。

これを見ると、五回にわたって交渉が行われたことがわかる。しかも、勅使による交渉は、一回目と四・五回目で、二回目は不詳。三回目は信長家臣だけの交渉であった。ここでは、これらの交渉を二期に分けて考えていきたい。一つは、足利義昭が将軍として在京している時期である。もう一つは、義昭が反信長となって京都から追放された後、信長が義昭同様の官位を得て、将軍並みの文書を発給しはじめる時期である。

2、将軍主導の大坂本願寺合戦（永禄十一年～元亀元年）

大坂本願寺合戦の発端は、永禄十一年九月、足利義昭を伴って上洛した織田信長が、畿内を支配していた三好三人衆を没落させたことから、その失地を回復するために三人衆がとった一連の行動と連動したものだった。事の起こりは、永禄十二年（一五六九）正月五日に三好三人衆が将軍足利義昭を京の本圀寺に囲み攻撃したことであった。これは永禄八年（一五六五）五月十九日の足利義輝殺害に等しく、再び将軍を狙ったことになる。本圀寺では少数の近臣が持ちこたえ、その後、三好義継や池田勝正ら畿内勢が駆けつけ、三人衆は退散した。

その数日後に信長が上洛した。信長は、三人衆の挙兵に堺の町衆が協力したことから詰問し、堺町衆が謝罪したことからこれを許した。その後、信長は将軍御所の建設を始めるが、三人衆に対する出兵までは行わなかった。

一方、義昭は、吉川元春、小早川隆景に対して同年三月二十三日付御内書で、豊後の大友宗麟との和睦を勧め、阿波の三好三人衆攻めを依頼している。また、同年十一月二十日には、阿波の本願寺宗徒が三好三人衆に協力していることを疑われ、顕如が明智光秀に弁明している。

翌年の元亀元年（一五七〇）六月には、摂津池田氏が内紛を起こし、惣領の池田勝正が一族によって放逐され、追い出した池田衆は三人衆と通じた。その後、堺、吹田などで三人衆方の動きがあり、七月二十一日には、三人衆方の大軍が大坂本願寺の北に位置する摂津中島に上陸した。これは、前述した四月の信長による越前朝倉攻め以来の浅井・朝倉氏の動きとも関係していた。これに対して、松永久秀は信貴山城から河内方面で敵と戦い、また、畠山秋高も義昭より紀州、泉州、根来寺等の軍勢を催促して出陣するよう命じられている。

八月二十三日、信長が上洛してくる。同日に「奉公衆、濃州衆、少々今日摂州へ出陣」（『言継卿記』元亀元年八月廿三日条）とあって、将軍の直臣団である奉公衆と信長自身の軍勢である美濃衆が少人数ながら摂津に向かった。二十五日には、信長自身が出陣し、河内枚方寺内に一宿する。二十七日には、公家の烏丸光康、正親町実彦も五、六十人ほどの軍勢を率いて出陣した。義昭も三十日に自ら出陣し、二日には摂津中島城に御座を移した。信長方の軍勢は、「信長、畠山、三好、松永、遊佐、奉公衆以下二万余及三万云々」(『言継卿記』同年八月廿八日条)とある。また別の史料には「根躰寺(金胎寺)衆、宇治(宇智)、サイカ(雑賀)之衆迄も立由候、根コロシ(根来寺)前カケ可仕由沙汰也、江州ニ信長人数二万計残畢、越前又北郡之ウケ手風聞候」(『尋憲記』同年八月廿八日条)とある。史料からわかる通り、この時信長は、浅井攻めに自軍の大半を割いている。浅井攻めには、佐久間信盛、丹羽長秀、木下藤吉郎などが当たり、信長には柴田勝家や馬廻り衆等が従った。したがって、義昭方の主力は信長勢ではなく、畿内の軍勢であった。

つまり、この戦争は、将軍自らが動座した戦争であり、畿内勢を中心とした構成であった。信長の軍勢は比較的少数だったといえよう。将軍が諸大名を引き連れて地方で相当な軍事力で戦ったのは、明応二年(一四九三)足利義材(よしき)の河内御陣以来のことである。大坂本願寺合戦の前提となる合戦は将軍主導の合戦だったのである。

3、本願寺の挙兵(元亀元年)

九月八日、三好義継と松永久秀は、摂津海老江を落とし、信長は天満森に陣した。『信長公記』によれば、この頃、三人衆方は和睦を望んだが、信長は「攻め干す」べきと言ったという。三人衆方が総崩れになる直前、九月十二日夜、本願寺がついに挙兵した。

この本願寺挙兵の理由について、いくつかの対立する説がある。ひとつは、織田信長の領国支配政策の延長に大坂本願寺合戦があるとする説である。織田・徳川は、領国内で寺内破却、一揆掃討を行っており、大坂本願寺合戦もその流れのなかで行われたのだとする。(註20)(註21)(註22)(註23)

二つ目は、本願寺は三好三人衆に対して好意的であり、三人衆との関係に展望を持ったとする見方である。

顕如上人御影像(教如上人授与・秋田県由利本荘市善應寺蔵)

信長の側には本願寺と戦う理由がなく、『細川両家記』によると本願寺蜂起を聞いて信長は「仰天」したという。(註16)

三つ目は、大坂本願寺合戦は「護法」をスローガンにした戦争であり、本願寺は諸国の門下のために「仏法」を護る戦争を行ったとする見方である。(註24)

四つ目は、信長の勢力伸長に危機感を抱いた勢力が信長と戦う姿勢を明確にし、反信長同盟を結成したとする見方である。実際的な信長脅威論を動機としている。(註9)

一と二の説は、信長と本願寺が必然的に戦う必要があったのか、なかったのかを問題にしている。三は、本願寺側の挙兵理由を本願寺の思想史的背景から論じたもので、イデオロギー論と呼ぶべきものである。四つ目は元亀・天正期全体の戦争の動向をクールに指摘したものである。筆者の立場は、後々述べていくことにしたい。

本願寺は、九月二日付で美濃郡上惣門徒や江州中郡門徒宛に「就信長上洛、此方令迷惑候、去々年以来、懸難題申付而、随分成扱、雖聽彼方候、無其専、可破却由慥告来候」と書き送った。元亀元年九月時点で、大坂本願寺合戦について、武家方が義昭の合戦を行っているとの認識であるのに対して、本願寺側は信長の上洛により迷惑していることを強調し、幕府への反逆ではなく、信長への抵抗と認識していることがわかる。特に宛所に注目したい。美濃は信長領国であり、近江は信長と敵対している浅井長政の領国であるが、すでに近江国人衆を軍事動員できる体制になっているなど、準領国化が進行している地域である。武家方の立場（このなかにもさまざまな立場があるが）、本願寺方の立場、一揆方の立場など、それぞれが違った立場でこの戦争を見ていたと考えるのが妥当だろう。

一方、信長はそれほど大きな軍勢を伴わず、京都を発ったのち枚方寺内に一宿するなど、本願寺から攻撃されることを想定していなかった。また、八月二十八日段階で、「堺、大坂ハ山城アツカイニテ不苦由也」（『尋憲記』同日条）とあって、堺・大坂については、松永久秀によって攻撃対象から外されている。信長は、いずれ本願寺を攻めるにしても、この時点で本願寺攻めを行う構想は持っていなかったと考えるべきだろう。何度もいうようにこの合戦は、義昭の合戦であり、信長の領国支配政策の延長上にある合戦ではない。

本願寺が挙兵するその日、三人衆との合戦のために出陣した烏丸光康が本願寺に入っている。仁木宏氏は、『細川両家記』九月十六日・十七日条に「鉄炮被留候て、和睦の嗳」がなされたとあるのは、光康の尽力であるとする。(註25) 三人衆を討つために出陣した光康が、本願寺方に対しては和平を模索した。これは三人衆との戦いと本願寺との戦いを分けて考えていたためであろう。朝廷でも十九日には柳本淳光・山科言継が勅使として烏丸光康とともに大坂に下ることが決まった。勅書の文面は次の通りである(『言継卿記』同年九月廿日条)。

今度大樹天下静謐のため出陣候、信長同前の処、一揆をおこし敵対のよし其聞候、不相応の事しかるへからす候、早々干戈を相休候へき事肝要候、存分候は丶、仰出させ候へく候、猶両人に仰含候也

本願寺僧正とのへ

ここにあるように、将軍足利義昭は天下静謐のために出陣したのであり、信長も同前であるとして、義昭主導の合戦に信長が加わったことを述べている。これに敵対して本願寺が一揆を起こしたことを非難し、「休戦」を呼びかけている内容である。

しかし、この勅使は、越前朝倉勢及び近江北郡高島衆や一向一揆が蜂起し、信長方の森可成らが戦死するなどしたため派遣中止となった。義昭と信長は、このため急遽(きゅうきょ)九月二十三日に上洛し、近江に出兵した。本願寺との直接対決はこれで一旦休止したことになる。九月二十九日、顕如は、近衛前久に和睦調停について内意を伝え、近江に出兵していた信長は、大津近松顕証寺に対して寺内の保障を行っている。十一月十二日、松永久秀は、三人衆と義昭・信長の和談を行い、三人衆が大坂を退くことで決着する。二十一日、久秀の娘が人質として三人衆に遣わされ、惣和談となった。

これ以前、十月晦日(みそか)には青蓮院門跡が本願寺に和談を勧め、十一月十三日には青蓮院に対して異議なきことを述べているのは、三人衆の動向によるものだろう。

以上、この段階の畿内の合戦の主体は義昭であり、地方においては信長の戦いが続いている。朝廷は、本

願寺に対して「休戦」を呼びかける活動をしているが、講和段階まで至らなかった。松永久秀による惣和談も休戦以上の意味はなかったといえよう。

4、将軍追放と講和（元亀二年〜天正元年）

元亀二年五月十二日、信長は伊勢長島の一向一揆を攻めるために尾張津島に出陣した。この前日、畿内では、松永久秀が河内交野城主安見右近を奈良で自刃させ、翌日には交野城を攻撃した。反信長として挙兵したのである。久秀は、この時、武田信玄と連絡を取っており、その背後には足利義昭がいた。

以後、畿内では本願寺方か、信長方か、選択を余儀なくされる。結局、元亀四年（天正元年・一五七三）二月に義昭は信長と敵対し、四月七日に降伏するが、再び七月三日に山城槇島城に立て籠もった。この時、河内では親信長派だった畠山秋高が守護代遊佐信教によって殺害され、河内畠山氏が滅んでいる。義昭は結局、息子の義尋を人質に差し出し、二十一日には若江城に入城した。三好義継は、義昭の妹壻だったためだろう。この後、義昭は諸国を流浪する。また、義継は、同年十一月四日に信長勢に攻められ、家臣の若江三人衆によって自刃に追い込まれた。

このように将軍足利義昭が京都を離れ、畿内の守護家権力が解体すると、畿内は信長の領国となった。この時、本願寺は、信長と講和する。ただし、誰が主導した講和であるかはわからない。

芳墨令拝閲候、抑一種号白天目贈給候、名物之条、連々一覧之望候臬、旁以自愛不鮮候、度々御懇信快然之至候、随而条目之通、聊無疎意候、委曲大坂肥前法橋申含候、恐惶敬白

十一月十八日　　　信長（黒印）

これは信長が、本願寺に宛てて出した文書で、井上鋭夫氏により天正元年と比定された(註26)(口絵参照)。本願寺はこれ以前、信長に対して名物の白天目茶碗を贈り、信長が喜んでいることが読み取れる。また、この段階で、本願寺と信長は何度か遣り取りしており、信長から「条目」が出され、講和がなったことがわかる。講和の条件として、越前大町専修寺賢会が弟の加賀諸江坊賢了に宛てた十二月十五日の書状に「京都一段御静謐候、有難存候、御一和弥相調、京都ニ高札を立置、本願寺参詣候衆、不可有煩候由、書乗候事候、三日立候而引候由申候」とあり、京都に高札が立てられ、本願寺への参詣が京都では認められたことがわかる。本願寺への交通封鎖は元亀二年正月から開始していたが、少なくとも一部は解除されたことになる。また、同十二月二十六日には、松永久秀も信長に降伏し、多聞山城を明け渡している。

天正元年は、畿内が信長領国化に進む分岐点となった年であった。これ以前、松永久秀、三好義継、遊佐信教らは、本願寺と結んだ。彼らが本願寺と同盟したのは、なぜだろうか。仁木宏氏は、十六世紀の本願寺の基盤は都市にあり、畿内の守護は本願寺と協調するなかで権力を維持したことを高く評価している(註27)。畿内の守護が本願寺方になったのは、畿内の寺内町群が大坂寺内町並に特権を享受し、その経済的な恩恵を社会全体が受けていたためであろう。このため、大坂本願寺合戦を継続すると、守護自らの権力基盤が解体する可能性があった。本願寺との長期にわたる合戦は回避したかったのであろう。義昭が京都を去り、畿内の守護権力が滅亡することで、名目の上でも、信長が合戦の主体に躍り出たことになる。

三、後期大坂本願寺合戦と勅命講和

1、畿内掃討戦争（天正二年～三年）

天正二年三月十八日、織田信長は従五位下に叙爵され、昇殿を許された。その下旬には東大寺正倉院の蘭奢待（らんじゃたい）を切り取ることを認められるなど、朝廷との関係を深め、天皇との関係から政権を安定させる方向に進んだ。(註28)一方、四月二日には本願寺が挙兵し、高屋城を本拠とする遊佐信教及び三好康長と連携した。信長は、早速、河内に出陣する。しかし、武田勝頼が遠江高天神城を囲んだため、徳川家康から援軍を求められて、畿内の合戦は中断する。信長は、岐阜に帰り、息子織田信忠が高天神城に駆けつけるが、すでに落城していた。その後信長は、七月十二日に伊勢長島の一向一揆攻めのために出陣する。畿内でも摂津の荒木村重や高山右近による大坂本願寺攻めがあり、河内でも一揆との対決があった。信長は八月五日付長岡兵部太輔宛の朱印状で「大坂根切之覚悟専用候」と書き置いているので、以前とは全く違った態度で大坂本願寺合戦に臨もうとしていた。この言葉通り、信長は同年九月に長島一揆を殲滅する。翌天正三年四月、信長自ら河内に出陣し、高屋城を落城させ、三好康長を降伏させ、さらに大坂本願寺を攻めた。また、八月には越前一向一揆も殲滅した。信長は、ほぼ畿内とその周辺を平定したと見てよいだろう。この段階で再び本願寺との和睦が図られた。

信長は、先に挙げた「大坂根切」という厳しい態度に反して、あっさりと赦免を認める。また、その交渉を行ったのは、信長家臣の松井友閑と先に高屋城で降伏した三好康長であった。殲滅戦を行った信長は、この時、勅使を頼らず、自力で本願寺の屈服を狙ったものと見られる。

信長が本願寺に宛てた十月五日付朱印状には「以条目並誓詞被申理候処、令赦免候畢、自今以後尚不可有表裏之状如件」とあり、本願寺が講和内容を示す条目と誓詞を出し、信長が赦免する形式であったことがわかる。また、信長は同日付の松井友閑宛朱印状で「無表裏之様、自今以後儀、尚以申固、於不可有相違者、可令赦免候、朱印調進之候、先其ニ被預置候テ、条目悉究候テ可相渡候」として、本願寺の動静について慎重な態度を示し、本願寺が条目を守ることが確認できるまで、本願寺宛の朱印状を留め置くように命令している。その二カ月後に出された、信長側から本願寺に対しての誓詞は、右の文書である。

敬白　霊社起請文上巻前書

一、当寺之儀、御懇望ニ付而、御無事之上者、可然、不可有御表裏之通、於御前堅申究事、付、新儀難題不可有之事

一、御分国中当寺諸末寺、可為如先々、並以下之輩還住、同往還等不可有異儀事、

一、対当寺、両人毛頭表裏抜公事等不可在之事

右、於令違犯者、上者梵天・帝釈、惣而日本国中大小神祇、八幡大菩薩並白山・愛宕両権現・摩利支尊天・天満大自在天神・十羅刹女・鬼子母神、殊者氏神之御罰各可罷蒙、剩今生而者、受白癩・黒癩之苦、来世者可墜在無間地獄者也、仍如件

天正参年十二月　宮内卿法印

友閑（花押）

三好山城守

康長（花押）

下間上野法眼

下間刑部卿法橋
八木駿河守
平井越(ママ)法橋
井上出雲法橋

天正元年の講和条件は、京都周辺の交通封鎖の解除程度しかわからなかったが、今回は信長方の講和条件が詳しくわかる。これによれば、本願寺に対して「御無事」を保障することや、信長領国からの往還保障及び還住保障、松井友閑や三好康長が「表裏抜公事」をしないことなどが条件となっている。ところで、このころの本願寺の立場を知る上で、次の文書が参考になる。この文書は、雑賀衆の岡了順と松田源三大夫が本願寺に送った誓詞である。

今度御無事之儀、彼方やかて可為表裏とおほしめされ候由、被仰聞候、尤存候、それにつきて存分申上候、とにかく御意次第と奉存候、此旨若偽申候者、如来聖人可蒙御罰者也、仍誓詞如件

天正三
十月八日 了(花押)
源(花押)

これによれば、本願寺は、信長が表裏をなすと考え、再び相手方が合戦を仕掛けることを予想している。信長・本願寺ともにこれが永遠に続く講和とは考えていなかった。

2、本願寺と毛利、上杉の連携(天正四年~七年)

紀伊由良興国寺にいた足利義昭が再起のため、天正四年二月、備後鞆に移った。ここから義昭が中心となり、毛利と本願寺は本格的に同盟する。本願寺は三月には紀伊門徒や越中門徒に対して兵糧馳走を求め、また、木津(天王寺の西)と御津寺(大坂城と天王寺の中間の西)の間に城を築いた。この本願寺の挙兵は、勅命講和まで続く本格的な籠城戦となった。

前記したように信長は、この時期から将軍に匹敵する地位に就いた。藤田達生氏は、義昭の「鞆幕府」と信長の「安土幕府」の二重政権が争った時代と評価する。(註11)少なくとも信長が統一政権へ向かう基盤が整った時期と評価したい。

この年は、毛利氏や越後の上杉謙信が本願寺と同盟し、東西で信長を包囲した。また、信長への離反が続き、天正五年八月には再び松永久秀が離反し、十月に滅亡する。天正六年二月には、播磨三木城の別所長治が離反。十月には荒木村重も離反するなど、信長にとって大きな危機が訪れた。この時、信長は朝廷を頼り、本願寺と毛利氏に庭田重保、勧修寺晴豊を勅使として下向させようとした。しかし、荒木方の中川清秀が信長に帰参したため、勅使下向を止めた。

一方、信長に有利な状況も生まれてきた。天正六年三月には上杉謙信が病死。十一月には、九鬼水軍が木津川口で毛利水軍を破った。東西の強敵からの危機が去ったのである。

天正七年になると、明智光秀の丹波、丹後平定が完了し、中国方面では備前岡山城の宇喜多直家が羽柴秀吉に味方した。摂津有岡城の荒木村重は城を脱出。天正八年正月十七日には播磨三木城の別所長治が自刃した。近国での状況が信長にとって大きく好転したのである。

3、勅命講和

天正七年十二月二十五日付で正親町天皇は、本願寺に対して和談についての勅使を下す内容の女房奉書を発給した。翌八年正月十八日には、勧修寺晴豊が本願寺との和睦の件で安土に下向している。『信長公記』によれば、三月一日近衛前久、勧修寺晴豊、庭田重保が勅使となり、信長目付として松井友閑、佐久間信盛が添えられ交渉が開始された。三月十七日には、信長は覚書、起請文を書いている（一七二ページ 図1参照）。

これによれば、信長は本願寺を惣赦免とし、すべての人々を処罰しないことを明言した。その他、交通遮断の解除、加賀二郡の返還、人質の差し出しなどが信長方から提案された。そしてはじめに、天王寺北城に近衛前久の人数を入れることを述べるなど停戦方法が書かれている。本願寺への条件は、顕如らが大坂を退去すること、その時に太子塚、花熊、尼崎を信長方に渡すこととなった。また、その期限は七月の盆前であった。これに対して本願寺は、三家老誓詞と顕如・教如添書を書いた。

起請文覚書
　敬白
一、今度為叡慮被仰出、御赦免之上者、以条数申合、首尾万事聊表裏・抜公事不可致事
一、給置御人数大坂置申、中国幷雑賀、其外何方江も遣間敷候、但退城之刻、無気遣所迄同道申、則可返申事
一、雑賀之者共、御門跡次第ニ可致覚悟之由、誓詞可申付事　付大坂・雑賀之人質、中国其外何江も不可遣事
一、退城約月、七月可為盆前事

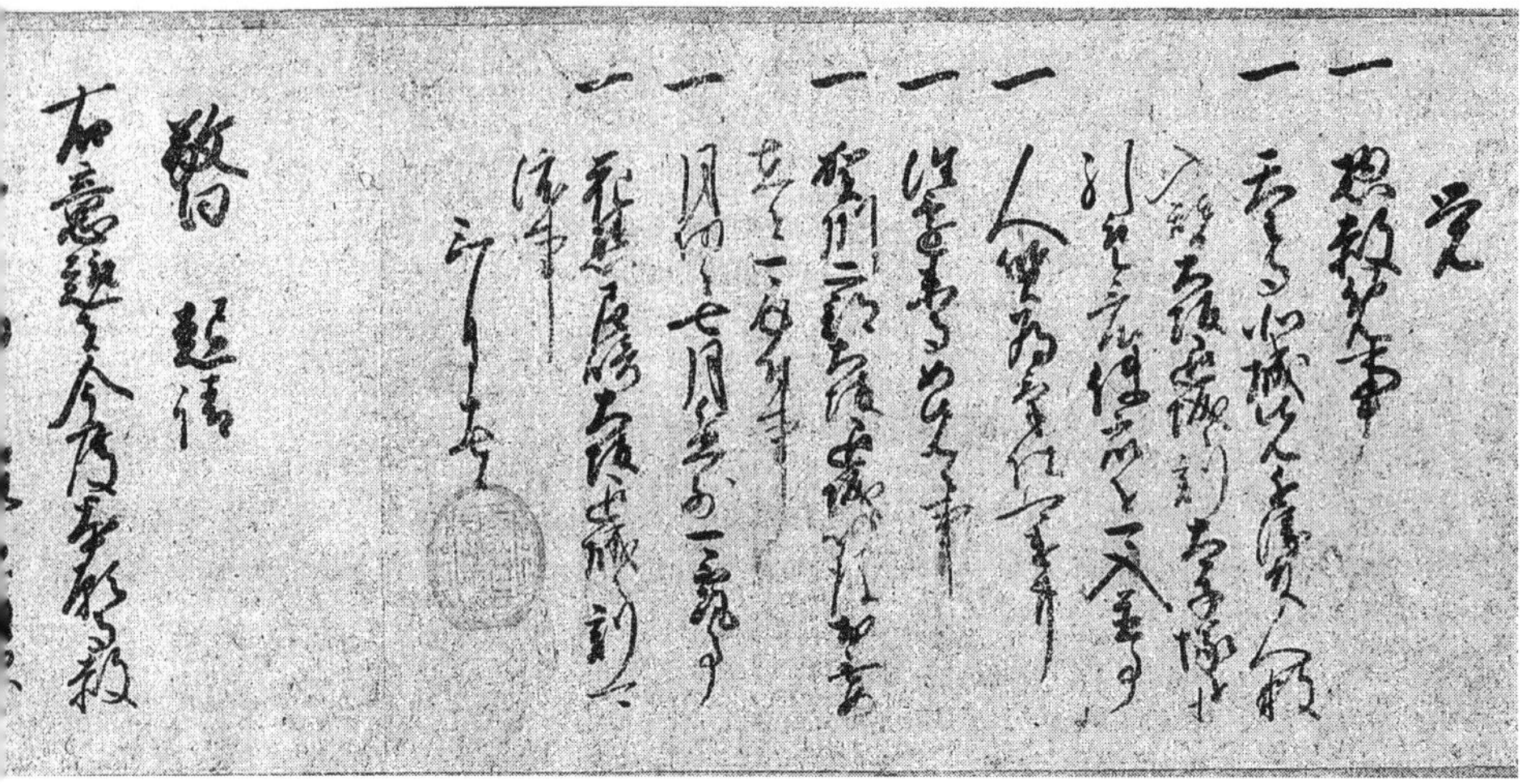

図1　織田信長起請文（本願寺蔵）

覚

一、惣赦免事

一、天王寺北城、先近衛殿人数
入替、大坂退城之刻、太子塚をも
引取、今度使衆を可入置事

一、人質、為気仕可遣事

一、往還末寺、如先々事

一、賀州二郡、大坂退城以後、於無如
在者、可返付事

一、月切者、七月盆前可究事

一、花熊・尼崎、大坂退城之刻可
渡事

三月十七日　（朱印）（織田信長）

敬白　起請

右意趣者、今度本願寺赦
免事、為　叡慮被仰

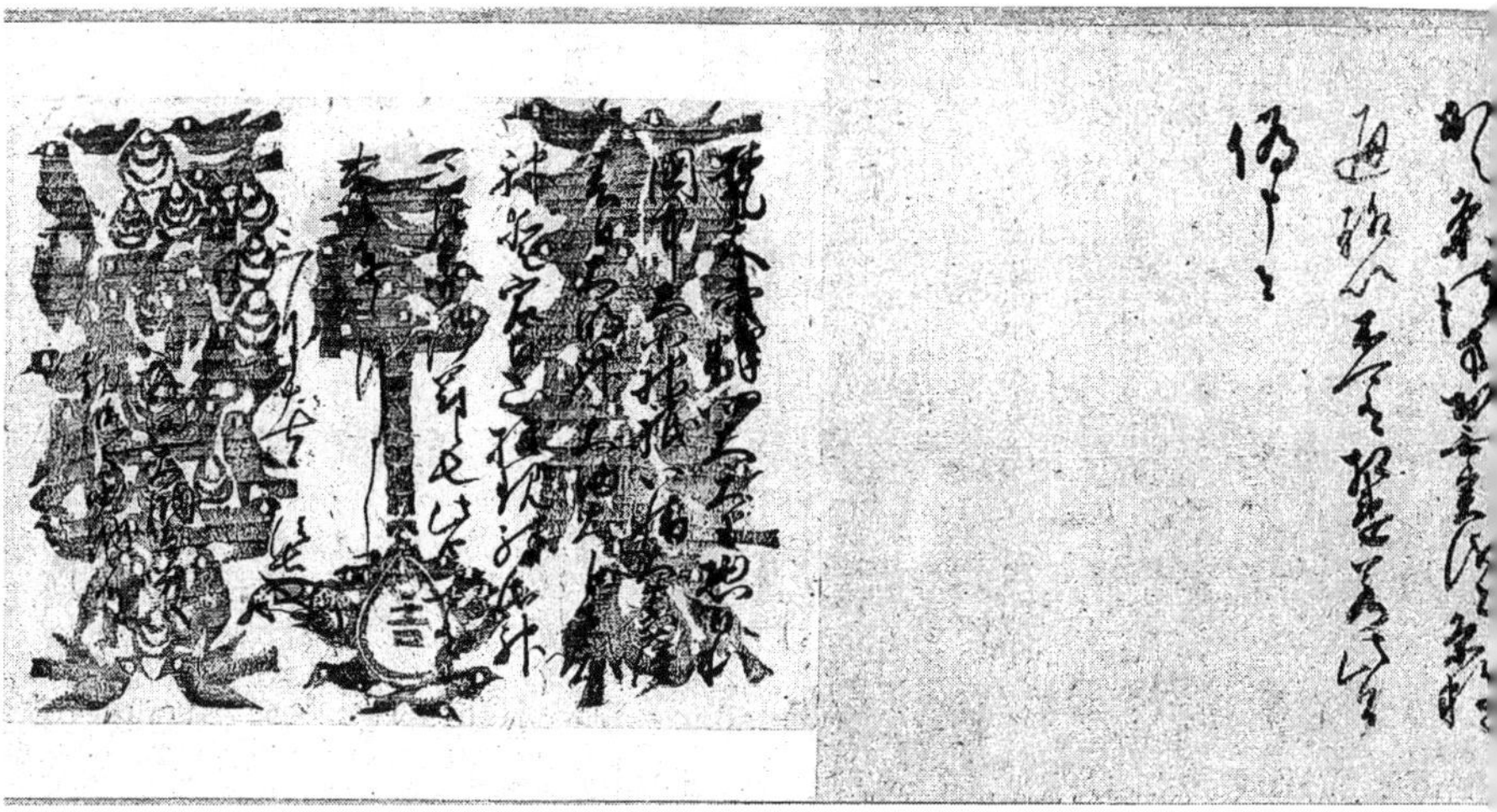

出之条、彼方於無異儀者、条数之
通、聊以不可有相違、若此旨
偽申者、

梵天・帝釈・四天王、惣日本
国中大小神祇、八幡大菩薩・
春日大明神・天満大自在天
神・愛宕・白山権現・殊氏神
可被蒙御罰候也、此由可有
奏進候、謹言
　三月十七日　　信長（花押）「血痕あり」
　　庭田大納言殿
　　勧修寺中納言殿

一、大坂退城之刻、花熊・尼崎、其外何之出城茂可明渡事
右意趣者、今度従禁裏様被仰出付而、当寺御赦免之上者、右五箇条之通、不可有相違之誓詞、門跡被申付候間、条数之而聊表裡裏抜公事別心不可仕候、若此旨於偽者、梵天・帝釈・四天王・総而六十余州大小神祇、別而西方善逝阿弥陀如来、殊当寺開山之蒙御罰、於今生白癩黒癩卜罷成、来世可堕在無間地獄者也、仍誓詞如件
（ママ）

天正八年閏三月五日　下間少進法橋仲之（花押）
下間接察法橋頼竜（花押）
下間刑部法眼頼兼（花押）

庭田殿
勧修寺殿

今度為叡慮被仰出、当寺被成御赦免候付而、以五箇条申定、年寄三人申付誓紙致進上候上者、毛頭不可有相違候、然者不可存下表裏抜公事別心候、尤直以誓紙可申上候得共、寺法之儀御座候而如此候、若右之趣於致違変者、両三人誓紙之罰同前可蒙候、此旨可有奏達候
（ママ）

後三月五日　教如光寿判
顕如光佐判

庭田大納言殿
勧修寺中納言殿

この誓詞では、加賀二郡の件が除外されるなど、信長覚書に比べて条件が後退している。これは、この誓

詞は信長の文案に基づいて作成されたものであるから、(註29) 交渉過程のなかで信長が抜いてきたのであろう。これに対し本願寺は、三家老が誓詞を書き、顕如・教如が添書をするという形式とした。これは「寺法之儀」のためとする。これは何を指すのだろうか。

ここで本願寺の誓詞の例を見ておこう。例えば、天正六年十月十七日付顕如誓詞は、荒木村重に対して書かれた。そこには「西方善逝（阿弥陀仏のこと）照覧あるべきものなり」と書かれており、阿弥陀如来への起請であったことがわかる。また、門徒の立場から見ると、先に挙げた天正三年十月八日付雑賀衆誓詞は「如来聖人」に対して、天正八年三月二十日付の雑賀衆が勅使に対して乱妨を働かない旨の誓詞を本願寺に書いたものでは「御一宗本尊」に対して誓っている。

表1で示した五回にわたる講和の内容を見ると、一回目は条目、誓詞は用意されず、二回目では信長が条目を提示したが、誓詞は書かれず、三回目では本願寺が条目、誓詞を用意し、信長が赦免を与え、松井友閑、三好康長が誓詞を書く形式で、四回目は勅命だけで具体化しなかった。問題は五回目である。三回目は本願寺が条目、誓詞を用意したため、神文（神仏に誓う文）は本願寺が作成したと推定される。だが五回目は、信長の強要によって「梵天・帝釈・四天王・総而六十余州大小神祇、別而西方善逝阿弥陀如来」などの神仏への起請がなされた。

阿弥陀如来以外の信仰を排す真宗にとって、さまざまな神仏に起請することを強要する信長の形式は、受け入れられるものではなかった。結局、三家老は信長の文案に基づく誓詞を書かざるを得ず、顕如と教如は「両三人誓紙之罰同前」とだけ表現して、文言上はこれを回避することにしたのであろう。顕如は後日家老たちに次の文書を発給している（大阪城天守閣文書）。

湯にも水にも令馳走候者、可為仏法興隆候也
度々申付誓詞之事、迷惑之由申候、さりなから一大事此時候間、成報謝之思、可致馳走候、たとひ各身上ニ不慮とも子々孫々まて不可有別儀候、穴賢々々
後三月廿日　顕如（花押）
芳春軒　下間刑部卿法眼
同按察法橋
同少進法橋

これは講和が成立した九日後に出されたものだが、家老たちが度々の誓詞は迷惑とし、顕如がこれを宥め、各自の身上に不慮が生じても子々孫々まで面倒を見ることを誓った文書である。家老たちも相当困惑し、恐怖していることがわかる。信長による誓詞提出は、本願寺に対してイデオロギー闘争をしかけたものといえるだろう。これに対して本願寺（三家老）が誓詞を書いたことで、信長側はイデオロギー闘争において本願寺を屈服させたと判断したに違いない。

閏三月十一日、信長は本願寺を赦免し、四月九日に顕如は、雑賀からの迎え船に乗り、大坂を退去し、鷺森御坊に入った。しかし、教如は大坂本願寺に残り、抵抗を続けた。信長は花熊城などを落城させ、籠城が不可能となった。信長は七月十七日付起請文を書き、教如は八月二日に大坂を退去した。

おわりに

信長は、なぜ本願寺を赦免したのであろうか。金龍静氏は「人民戦争的な泥沼に陥る危険性を回避せんがため、とりあえず赦免の道を選択し、宗主による組織内自己規制でもって、一揆を絶えさせようとしたのではなかろうか」とする。信長としては、武力的にも、イデオロギー的にも本願寺に勝利したことがこの赦免に繋がり、本願寺の滅亡による社会不安を回避したのであろう。(註30)

また、本願寺は、勅命講和により和睦が成立したことで、信長よりも高次の権威によって「一流断絶」の危機を回避した。本願寺にとって一揆勢力への和平説得に勅命講和は役立ったと考えられる。

〈註〉

(1)吉井克信「戦国・中近世移行期における大坂本願寺の呼称―『石山』表現をめぐって」(『ヒストリア』一五三号、一九九六)。
(2)大桑 斉「解説」(『大系真宗史料』文書記録編一二 石山合戦、法藏館、二〇一〇)。
(3)神田千里『織田信長』(筑摩書房、二〇一四)。
(4)松下 浩『織田信長 その虚像と実像』(サンライズ出版、二〇一四)。
(5)小谷利明「畿内戦国期守護と室町幕府」(『日本史研究』五一〇号、二〇〇五)。
(6)三好長慶の畿内支配を織田政権のプレ政権と位置づける研究があるが、三好長慶や三好三人衆は全国政権に向かうベクトルはなかった。足利義輝の暗殺によって生じた天下再興が、集権化のベクトルと理解する。
(7)弓倉弘年『畿内近国守護の研究』(清文堂出版、二〇〇六)。
(8)脇田 修『織豊政権の分析I 織田政権の基礎構造』(東京大学出版会、一九七五)。
(9)池上裕子『織田信長』(吉川弘文館、二〇一二)。
(10)尾下成敏「御内書・内書・書状論」(『古文書研究』四九号、一九九九)。
(11)藤田達生『天下統一 信長と秀吉が成し遂げた「革命」』(中央公論新社、二〇一四)。

(12)今谷 明『室町幕府解体過程の研究』(岩波書店、一九八五)。
(13)これらの武家文書と違うが、足利義材期の公家である葉室大納言光忠が発給した文書は、「葉室一行」などと表現された。光忠は、義材側近として文書を発給したが、それは幕府の文書体系の中では非公式なものであった。このように畿内では戦国期に入ると、非公式な文書を「誰々折紙」「誰々一行」などと表現した。
(14)小谷利明「守護代直状形式の文書について」(二〇一〇〜二〇一二年度化学研究費補助金[基盤研究(C)]研究成果報告書『中世後期守護権力構造の史料学的研究』研究代表者 古野貢、二〇一三)。
(15)水野智之「室町・戦国期の本願寺と公家勢力」(新行紀一編『戦国期の真宗と一向一揆』吉川弘文館、二〇一〇)。
(16)神田千里『一向一揆と戦国社会』(吉川弘文館、一九九八)。
(17)水野智之「足利義晴〜義昭期における摂関家・本願寺と将軍・大名」(『織豊期研究』一二号、二〇一〇)。
(18)安藤 弥「本願寺「門跡成」ノート」(『佛教史研究』四三号、龍谷大学佛教史研究会、二〇〇七)。
(19)小谷利明『畿内戦国期守護と地域社会』(清文堂出版、二〇〇四)。
(20)朝尾直弘「『将軍権力』の創出」(『将軍権力の創出』岩波書店、一九九四)。
(21)佐々木潤之助「統一政権論の歴史的前提」(『幕藩制国家論』上巻、東京大学出版会、一九八四)。
(22)藤木久志「統一政権の成立」(『戦国大名の権力構造』吉川弘文館、一九八七)。
(23)峰岸純夫「一向一揆」(『中世社会の一揆と宗教』東京大学出版会、二〇〇八)。
(24)金龍 静『一向一揆論』(吉川弘文館、二〇〇四)。
(25)仁木 宏「『二条宴乗記』に見える大坂石山寺内町とその周辺」(『人文研究』四九巻 第六冊分、大阪市立大学、一九九七)。
(26)井上鋭夫『一向一揆の研究』(吉川弘文館、一九六八)。
(27)仁木 宏「宗教一揆」(『岩波講座 日本歴史』第九巻 中世四、岩波書店、二〇一五)。
(28)金子 拓『織田信長〈天下人〉の実像』(講談社、二〇一四)。
(29)竹本千鶴「織田信長と起請文—本願寺との和睦をめぐって—」(『国史学』二一四号、二〇一四)。

（30）前年、浄土宗と法華宗の宗論である安土宗論が行われ、法華宗が敗れて、他宗への法論を行わないことを誓わされた。真宗もこの敗北により、近世的な八宗体制である秀吉の東山大仏千僧会へと向かうのである。

なお、断らない限り、史料の引用は、『大系真宗史料』文書記録編一二 石山合戦（法藏館、二〇一〇）によった。

〈参考文献〉

大阪城天守閣『石山合戦と下間仲之―本願寺坊間下間少進家資料展―』図録（一九九五）。
堀 新「信長と勅命講和」（『戦争と平和の中近世史』青木書店、二〇〇一）。

第八章　教如教団の形成と性格

草野顕之

はじめに

顕如には、妻如春尼との間に五人の子女があったが、その長男が教如である。母の如春尼は細川晴元の娘として輿入れしているが、実は公家の三条公頼の三女である。本願寺と細川氏は、天文初年に敵対することがあったので、公頼の長女が細川晴元の室であったことから、その養女となって嫁したのである。本願寺と細川氏の和平を願ってのことであった。また、公頼の次女は武田信玄の室となっているから、教如と信玄は義兄弟でもあった。後に、本願寺が織田信長と戦った時に、信玄が本願寺を支援したのには、こうした人間関係も影響していた。

さて教如には、二人の妹と二人の弟があったが、二人の女子は早世している。二人の弟のうち、上の弟は顕尊といい、本願寺の一門であった興正寺に入寺している。下の弟が准如で、のち教如が隠退した後の本願寺を継職することとなる。

このように、教如は五人兄弟姉妹の長男として生まれたから、当然のごとく顕如の後継者として育てられている。しかし、教如が十三歳で得度をした元亀元年（一五七〇）、本願寺は織田信長との戦いを始めた。

教如上人寿像（新潟県阿賀野市無為信寺蔵）

石山合戦である。教如は、十三歳から二十三歳という多感な時期を、戦火の中に過ごしたのであった。

信長との戦いが、勅命講和によって終息する天正八年（一五八〇）、教如は退城を決意した父顕如と袂を分かって籠城を継続した。これを大坂抱様と呼ぶ。この時に、教如を支持した家臣・坊主・門末等が、後に結集して教如教団を形成し、東本願寺の別立へ向かうと考えられる。(註1) 本章では、この教如教団を形成した家臣・坊主・門末の動向を探ることを通して、この教如教団の性格を検討

准如上人御影像（良如上人授与・京都市金宝寺蔵）

したい。

そこでまず、退城派と籠城派が誰々であったのか、その当たりをつけるために、江戸期の成立ではあるが『紫雲殿由縁記』（資料1）を参照する。本書は、退城・籠城をめぐる教団の動きを詳細に描いているが、退城派を「御真影方」、籠城派を「御堂方」と表現し、それぞれ帳面に記帳したと記している。その人数は、御真影方が家臣八人、一家衆九人、坊主衆一九人、雑賀衆三九人、門徒一七五人であり、御堂方が家臣二三人、坊主衆三八人、門徒衆約二〇〇人であったとする。また、記帳しなかった人も沢山あったが、その様子を見ると多く御堂方のようであるとも述べている。

そして、退城派（御真影方）と籠城派（御堂方）の主たる人名については、退城派として常楽寺証賢・浄照坊了賢・金宝寺明玄・浄願寺・慈光寺了性・下間頼廉・下間仲之・雑賀孫市・七里源兵衛・川那部作兵衛などの名が、籠城派として慈教寺証智・教行寺証誓・顕証寺証淳・毫摂寺善海・端坊・光徳寺・仏照寺・福田寺・真宗寺・下間頼龍・粟津源六などの名が記されているのである。

そこで以下、この人名を手がかりにして、まず家臣の動向を検討し、次に坊主衆を一門一家衆と一般の坊主衆に分けて検討する。最後に、地域教団の動きを検討して、教如教団の実態に迫ってみたいと考えている。

一、家臣団の動向

本願寺には下間氏をはじめとする侍衆がおり、教団や宗主一族の庶務・雑務を処理していた。戦国期には、門徒からの懇志を受領して請取状を発給するなどの経済面を担当し、一方では武装して一揆を率いて戦闘を行うなどの軍事面での役割をも果たすなど、本願寺教団の運営に欠かすことのできない大きな存在となっていた。なにより、宗主に近侍して奏者や取次の役目を負っていたから、本願寺宗主の様々な判断に関わるなど、教団の内政にも大きな影響力をもっていたのである。(註2) まず、この下間氏に代表される家臣団の動向を見てみたい。

石山合戦が終わる天正八年（一五八〇）段階で、最も有力な家臣は下間頼廉・下間頼龍・下間仲之の三人で

あった。この三人が、信長との和議を約する朝廷宛の誓紙に署判していることから明らかである。(資料2)

その筆頭(一老)にあった下間頼廉は、顕如が石山を退城した時にともに紀伊国鷺森に下っているから、ひとまずは退城を支持していた人物であると見られよう。それでは籠城を続けた教如に反していたかといえばそうともいえない。

天正十年(一五八二)に教如が新門として顕如のもとへ戻ってきてからは、宗主顕如に対するのと同様に、新門教如の消息に副状を書いたり、教如の意を奉じる「詳定」印を押捺した印判奉書(御印書)を発給するなど、新門教如の奏者としての役割を果たしている。(註2)(註3)

また、文禄元年(一五九二)に顕如が没して、教如が宗主を一旦継職するが、その十一ヵ月後の文禄二年(一五九三)閏九月、豊臣秀吉が教如を大坂城に呼び出して、顕如が准如に与えた譲状があることを根拠に、十年後に宗主を准如に譲るように命じるという事件が起こる。この時、同行していた頼廉は、教如は惣領であるから秀吉の意向は迷惑であると主張したという。(資料3) 結果、秀吉を怒らせてしまい、教如は直ちに隠退させられることとなったが、こうした行動は反教如の姿勢とはいえまい。

というのは、この時の頼廉は、宗主の譲状というものは、教団の門下やおとなに披露して初めて譲状といえるのであるという本願寺独自の論理を持ち出して、秀吉の不当を主張しているからである。(資料4) すなわち、頼廉はあくまでリベラルな姿勢で本願寺の筆頭家臣として行動・発言していたといわなければならない。文禄元年(一五九二)に教如が宗主を継職した時も、同二年(一五九三)に教如が隠退させられ准如が宗主を継職した時も、頼廉は一貫して筆頭家臣として遇されていることからもそう考えてよい。

ついで、家臣の二老にあった下間頼龍の場合はどうであろうか。

頼龍は、天正八年(一五八〇)四月に宗主顕如が石山を退城し、教如が一人籠城を続けてからは、一貫して教如と行動をともにした。教如が全国の門末に、籠城への支持を訴えた消息に副状を記すなど、教如の奏者としての役割を果たしていた。(註2)(註4)同年八月に教如は石山を退城することとなるが、それから二年間、教如が各地を流浪していた時期もともにあった。最も教如寄りの家臣であったといえよう。

しかし、天正十年（一五八二）に顕如・教如父子が和解して、教如が顕如とともに紀伊国鷺森に居住するようになると、顕如から勘気をうけて表向きの職は剥奪（はくだつ）されたようで、(資料5)鷺森時代・貝塚時代は全く教団の表面に出てこない。

頼龍が再び表舞台に登場するのは、文禄元年（一五九二）の教如の宗主継職からである。継職に際して教如は大幅な人事改革を断行する。すなわち、坊主衆の取締りにあたる定衆であった誓願寺と定専坊を閉門とし、顕如から勘気を蒙っていた福田寺と端坊をそれに替えた。また家臣の二老であった下間仲之を閉門とし、この頼龍を二老の地位に据えたのであった。(資料5)

しかし、十一ヵ月後に豊臣秀吉の命で教如が隠退に追い込まれると、頼龍もその地位を追われることとなり、隠退した教如に従っている。その後も教如は、宗主としての自覚を持って自分を支持する門末に応対していたといわれるが、その事務的側面での責任を負っていたのが頼龍である。そして、慶長七年（一六〇二）に教如が東本願寺を分立すると、その筆頭家臣として活躍するのである。この下間頼龍こそが、初期の教如教団において事務・庶務面を担った人物であった。(註3)

最後の三老下間仲之であるが、仲之は頼龍とは逆に、親顕如・反教如の立場を鮮明にした家臣である。『紫雲殿由縁記』(資料1)によれば、天正七年（一五七九）十一月に勅命講和を促す女房奉書が本願寺に届けられたが、その諾否をめぐって本願寺内で論争があったという。そのなかで、いち早くこれを受諾すべしと発言したのが、この仲之であったとされる。さらに、勅使に、信長から誓紙を出してもらい、こちらも誓紙を差し出し、双方が別心の無いことを確認すれば、と誓詞の交換を提案したのもこの仲之であったという。

こうした、和睦・退城の推進派であれば、当然に籠城を決意する教如や頼龍と相容れることはなかった。顕如に従って大坂を退き、鷺森に赴いてからも、一老頼廉・二老仲之という体制で顕如の奏者を勤めており、教如籠城の続く天正八年（一五八〇）六月に、顕如が越前国の惣門徒中に送った消息に副状を記している。その顕如消息は、籠城派が種々の虚言を言っていることを信用してはならないと、籠城への支援を牽制する内容であるが、仲之の副状は、籠城する人々を「冥加ニつきたる者」と激しく糺弾（きゅうだん）し、彼らを支援すれば「御開山の御門徒たるへからさる」と、顕如も口には出さない破門処分をちらつかせるなど、籠城派とその支援者へ大変厳しい態度をとっている。（資料2）

こうした仲之と教如の姿勢の違いは、天正十年（一五八二）の顕如・教如和睦後においてより鮮明である。和睦後教如は、新門として門末へ消息を出すことがあったが、それへの副状は全て頼廉が記しており、仲之のものは見られない。さらに、文禄元年（一五九二）に教如が一旦宗主に就任すると、仲之を閉門として奏者の地位から追い、その跡に教如派の頼龍を据えてもいる。

大桑斉氏は、教如籠城の原因を顕如との意思疎通の欠如にあったとし、それを（意図的に）生みだしたのは、顕如の奏者を勤めていた仲之であって、仲之は顕如退城の殿軍として教如の籠城を謀ったのではないかと推測する。（註5）そう考えてもおかしくないほど、両者の姿勢は違って見える。

二、坊主衆の動向

戦国期の本願寺の坊主衆は、いくつかの階層に分かれている。本願寺家の親戚にあたる坊主衆は、その親疎によって一門衆・一家衆などと呼ばれ、本願寺の運営にも深く関わっていた。一般の坊主衆は、本願寺に直接勤仕する直参と、直参に属する坊主分とに分かれていた。この一門一家衆や直参衆は、多く地方にあって地域教団を統率していたが、本願寺にあって本願寺の運営や儀式に関わる者もあった。本願寺に常駐した直参衆の筆頭を定衆と呼んだ。(註3)これら一門一家衆や直参衆以外にも、本願寺御堂に勤仕し御堂の清掃・荘厳から勤行等までを担当する御堂衆と呼ばれる坊主もいた。こうした坊主衆も、退城・籠城をめぐって分裂していく。

1、一門一家衆

教如に従い籠城を続けた人物について、一門一家衆から検討してみると、『紫雲殿由縁記』(資料1)には慈教寺証智・教行寺証誓・顕証寺証淳・毫摂寺善海の四名が挙げられている。

その中心的人物は慈教寺証智と教行寺証誓だったようで、この二人は天正八年(一五八〇)卯月四日に連署して、飛騨照蓮寺・同御門徒衆中と能登鳳至郡惣中に、教如が籠城を決意したことを告げたり、教如の籠城が始まった同年五月廿四日にも、同じく連署で毛利家の林善左衛門尉に助勢を依頼したりしている。また同年五月八日には、教如随従の家臣・下間頼龍と三名連署して、雑賀衆の甚大夫に宛てて軍勢催促の印判奉書を発給してもいる。(資料2)

さらに、慈教寺証智は単独でも教如消息に副状を出しており、籠城中の天正八年(一五八〇)閏三月廿七日に丹波の野々村庄惣御門徒衆中に教如籠城継続の意思を伝えているし、(資料6)また同年五月十四日には近江の三浦坊主衆・惣門徒中に教如御書に対する礼銀の請取印判奉書を発給している。(資料7)さらに、同年または翌九年の九月二日には、能登阿岸本誓寺に勧進物の請取状を教如の意を奉じる「詳定」印の印判奉書で発給している(資料8)ことなどから、籠城派の一門一家衆を代表する人物であったと評価されよう。

なお、証智の弟である三河本證寺空誓は退城派に共感していたようで、年未詳ながら十月五日付で、下間頼廉宛に、次のような誓詞を提出して証智と絶縁することを約束している。(資料9)

畏而申上候

抑慈敬寺身上之儀、日来別而被下御目、御懇之儀共候処、忘其御恩賞覚悟相違仕、言語道断之次第御座候、就其曲事与被思食之段、尤之御事与奉存候、我等式迄も兄弟之契約相離、其交或通路等、一切停止可仕候、右之趣万一於偽申者、如来聖人之御罰可罷蒙者也、仍如件

十月五日　　空誓（花押）

進上　下間刑部卿法眼御房

証智はまた、退城した後の教如に随従して各地を流浪したようで、真宗大谷派広島別院では、教如が毛利氏を頼って安芸に赴いた時、証智とその子教智が同行したとも伝えている。(資料10)

一門一家衆のなかでは、証智とともに教行寺証誓の活動も見逃せない。先に紹介した、教如の意を伝える奉書を慈教寺証智や下間頼龍と連署にて発給しているし、単独でも天正八年（一五八〇）卯月七日付で、籠城を続ける教如への加担を津国惣御門徒衆中に依頼する副状を出すなど、(資料11)慈教寺証智とともに籠城中の教如におそらくは近侍していた人物であろう。

ところで『鷺森旧事記』(資料12)は「教如方、毫摂寺善海を始め、前後不覚の無分別者共、六七人張本として、大坂

に残り、諸方へ廻文し給う」と記し、教如方（籠城派）の代表として亳摂寺善海（善秀カ）を挙げている。そして、それを裏付けるように下間仲之が越前国亳摂寺付御門徒中に宛てて、善海の大坂籠城を「表裏別心之段、言語道断曲事」と激しく非難し、御門徒中を直参に取り立てる旨を記した印判奉書を出している。（資料13）こうした事実からすれば、確かに亳摂寺善海が籠城派の重鎮であるかのようにも受け取れるが、慈教寺証智や教行寺証誓のように教如の意を門末に伝えるような文書を発給しているわけではない。むしろ、退城派として期待されていたにもかかわらず、籠城派に与したことから、かく厳しい処分がなされたのではなかろうか。

ともあれ慈教寺証智・教行寺証誓・亳摂寺善海の三名は、籠城派の一門一家衆を代表する人々であり、教団内に大きな影響力を持っていたのであろう。籠城が始まってからあまり日が経過しない四月廿一日に、顕如はこの三名を勘気（破門）に処することを本善寺証珍に伝えている。（資料2）

『紫雲殿由縁記』に名前が挙がった最後の一門一家衆である顕証寺証淳については、関係する史料が今のところ見られず、『紫雲殿由縁記』以外の史料でも動向を窺うことはできない。『紫雲殿由縁記』の記述が全て正しいのか否かを含め、再検討を要する人物である。

なお、『紫雲殿由縁記』に名前の挙がらない一門一家衆で、籠城派と関係が深かった人物として、大和本善寺証珍を挙げることができる。証珍は天正十年（一五八二）三月十日付で下間頼廉に宛てて、今回の判断の誤りを謝罪し、今後は顕如の意向に従うことを誓約した下記のような誓詞を記している。（資料9）

今度御父子様御間之儀ニ付而、日来拙者存誤浅間敷候、向後者湯ニも水ニも御所様御意次第ニ可致馳走覚悟候、毛頭不可存疎略候、此等之趣可預御取成候、（罰文省略）

天正十年　　　本善寺

三月十日　　　　　証珍(花押)
下間刑部卿法眼御坊
進覧候

「御父子様御間之儀」とあるから、顕如・教如による退城・籠城をめぐる意見の対立に関してのことである。続けて「拙者存誤浅間敷候」というのは、証珍が教如方の籠城派を支持していたことをいうのであろう。先述のように、籠城が始まってから間もない時期に、顕如は慈教寺証智・教行寺証誓・毫摂寺善海の三名を勘気(破門)に処したことをこの証珍に知らせているから、顕如は証珍が退城派に与しているものと考えていたに相違ない。ところがその後、証珍は籠城派に通じていたことが判明したのであろう。そこで改めてこの誓詞が記されたのである。

2、一般坊主衆

次に一門一家衆以外の一般坊主衆の検討に移ろう。『紫雲殿由縁記』(資料1)は、端坊・光徳寺・仏照寺・福田寺・真宗寺の五ヶ寺を挙げている。

このうち、他の史料によって比較的動向が明らかなのが端坊である。というのは、直接端坊に対してではないが、その門下と思われる人々に対して顕如側から強い働きかけがあったことが、二通の誓詞として残っている。(資料9)

（A）

奉対御門跡様、端坊別心之段、前後曽以不存候、只今御懇ニ被仰聞趣具承分候、言語道断次第存候、向後端坊致不会、弥御門跡様如御錠、いか様ニも可致馳走候、（罰文省略）

天正九年三月四日　　専想寺　唯明（花押）

刑部卿法眼御坊（房）人々御中

（B）

拙者身上之儀、御侘言申上候処、以御慈悲可被成御免候由、難有忝奉存候、今迄之儀者、万端誤申候、向後者、湯にも水にも、御門跡様可為御諚次第候、次端坊与入魂仕間敷之由、是又得貴意存候、（罰文省略）

七月十日　　明栄（花押）

下間美作法橋御房

Aは教如等が退城した翌年、天正九年（一五八一）三月四日付の誓詞であり、端坊下の大分専想寺唯明が、「端坊の別心（籠城）を知らなかったが、とんでもない行為であり、今後は端坊とは接触せず、顕如の指示通りにお仕えします」と誓ったものである。また、Bについては、同じく天正九年のものと考えられる誓詞で、差出の明栄についても判然としないものの、専想寺のように端坊門下かと考えられる。この明栄もまた七月十日付で端坊と今後は懇意にしないことを誓っている。

こうした事例からすれば、端坊の場合、籠城派に加担したことで、門下の切り崩しという退城派からの厳しい処分がなされたことになる。こうした処分の具体的内容については、すでに小泉義博氏がいくつかの事

例を紹介している。(註4)

それによると、近江八坂の善敬寺の場合、天正八年（一五八〇）七月廿一日付で、顕如の意に背いて「表裏別心」を構えて大坂に残ったので、勘気（破門）に処すとともに、その門徒衆は直参に召し上げることが、善敬寺門徒衆惣中に伝えられた。次に、近江薩摩の善照寺の場合は、その上寺が籠城派であったことから、善照寺を「上儀馳走」の名目で直参に召し置くということが、同年四月二日付の印判奉書で伝達されている。

さらに、越前安養寺村の土佐は、籠城派の毫摂寺門徒大進の弟であったが、毫摂寺・大進が籠城派であったにもかかわらず、雑賀の顕如に志を進上したことから、直参とすることが天正八年（一五八〇）九月廿四日の下間仲之奉書で伝えられた。最後に、近江海津願慶寺の場合も、その上寺が籠城派であったようで、天正八年（一五八〇）かと思われる十一月廿八日付の懇志請取印判奉書の宛先に「海津直参慶乗御房」と記され、この時慶乗に直参処遇が付与されたという。

以上、小泉氏が紹介したように、籠城派に対する処分は門下の直参化という方法で下されていたことがわかる。門下の直参化は、上寺の宗教的・経済的な立場を喪失せしめるものであり、場合によっては真宗寺院としての生命を失うことを意味した。

こうした、退城派の厳しい姿勢は、退城した教如が二年間の流浪を経た後、天正十年（一五八二）六月に顕如と和解して、紀伊国鷺森で顕如と同居するようになり、新門としての地位を回復してからも続いている。

すなわち、次のような誓詞が残されている。(資料9)

乍恐致言上候、仍先年大坂御退出之刻、御供不申事誤奉存候、向後者新門主様如何様之儀被仰出候共、御所様へ可得御意候、兎角自今以後、湯ニも水ニも御所様御意次第ニ可致覚悟候、自然於此衆中御意違

背之族雖在之、承付次第ニ可申上候、（罰文省略）
天正十四年八月日　　　　誓珍（花押）
刑部卿法印御房
少進法印御房

この誓詞は、十六通残されていると記されており、誓珍以外の執筆者は、光徳寺子乗敬・光徳寺乗性（以上、河内畑）・タニクチ行頓・浄専（摂津溝杭仏照寺）・顕珍（堺真宗寺）・慈明寺浄乗（摂津茨木）・浄通寺（近江多賀）・光蓮寺従明（河内若江）・ヤク恵通・了安・三は了祐（三番定専坊）・小若江性寿・妙琳寺明空（近江高島）・おさか頓乗・光照寺（摂津富田）の十四ヶ寺十五名である。

辻善之助氏は、教如による大坂籠城を父顕如との密計になるとする立場（父子密計説）から、これら教如とともに籠城したことを反省し、以後は顕如に従うことを約束した誓詞は「如何はしきもの」であり、「世間体を繕う為」のものと断定する。[註6] しかし、父子密計説が成り立たないことは、以後の研究で明らかとされているから、[註5][註7] 顕如・教如の和解後も、こうした誓詞が籠城派の寺院に対して厳しく課せられたことは容易に推察できよう。

さらに、『紫雲殿由縁記』に籠城派として名前の挙がっていた端坊・光徳寺・仏照寺・福田寺・真宗寺のうち、光徳寺・仏照寺・真宗寺の三ヶ寺までが、この天正十四年八月日付の誓詞を提出しているということは、この誓詞が「世間体を繕う為」のものではなく、あくまで退城派によって強制された、実質的なものであったことを物語っていよう。

三、地域教団の動向

戦国期の本願寺教団の地域的な組織は、本願寺の親戚寺院である一門一家衆寺院や、直接本願寺に勤仕する寺格である直参寺院などを中核として、周辺の末寺・門徒が中核寺院に勤仕することを通して結集するという体制を取っていた。(註3)この教如教団の形成過程においても、地域的なまとまりによって教如を支援していった地域教団があったことが、すでに指摘されている。

柏原祐泉氏は、近江北三郡（坂田・東浅井・伊香）の十四日講について論じている。近江北三郡の本願寺門徒は、江北（湖北）十ヶ寺と呼ばれる有力直参寺院を中心に形成されていた。教如が宗主を隠退して三年後の文禄四年（一五九五）頃に、長浜旧城内に三郡の総坊が経営されて十四日講が結ばれたが、それは十ヶ寺を中心とした北三郡の主要末寺十八ヶ寺で形成されたという。そして、その十四日講形成は教如の勧めを契機として行われたというのである。事実、この三郡の総坊は東本願寺の長浜御坊として発展していく。(註7)

また長浜より北、東浅井郡虎姫には東本願寺の五村御坊が建てられているが、これも教如を支持する門徒によって実現した。五村御坊には教如の墳墓があり、現在もなお「教如上人顕彰会」が活動しているように、教如崇敬地域の代表格である。

次に青木馨氏は、石山退城後、流浪中の教如が三河地域に積極的に御影を下付している事実に注目している。すなわち、天正八年（一五八〇）八月三日の石山退城から、天正十年（一五八二）六月二十七日の父子和解までの間、教如は義絶状態にありながらも、宗主権である門末への御影の下付を行ったが、異例というほど三河に集中しているという。氏が紹介する流浪中の教如下付御影は天正九年（一五八一）一月十八日から天正十年（一五八二）二月三日にかけて実に十四点にのぼっているが、それが、父顕如の父である証如の御影であることに特徴があるという。証如は石山本願寺にゆかりある宗主であったから、その御影の下付は籠城に対する褒賞という意味合いを持ち、教如への支持を促すものであったという。

また、石山合戦中やその後の教如による籠城に対しても、三河門徒の援助が目立っており、合戦中は顕如による軍資の礼状が見られるものの、合戦終結前後から教如の籠城への協力依頼や協力謝礼に関する書状が急増するという。

これらのことから、三河坊主衆の大半は退城・籠城をめぐる教団分裂に、籠城派＝教如方として対応していったというのである。(註8)

石山退城後の教如が各地を流浪した足跡を追った小泉義博氏は、天正八年(一五八〇)十月晦日までは父顕如のいる紀伊鷺森にあって、父との和解に努めていたがならず、結果流浪の旅に出たという(なお、教如の流浪を小泉氏は「秘回」と表現される)。

氏によれば、十一月二十日頃紀伊を発った教如は、甲斐の武田氏を頼って東へ向かい、美濃船橋願誓寺から美濃郡上郡気良庄小倉村に転じ、ここに暫時逗留した。そしてここから北上した教如は、飛騨高山に達するも先へ進めず、反転して越前石徹白を経て、穴馬谷の半原村に至り、ここで越年し、翌年の春越前大野郡富島村の南専寺に移ったという。天正九年(一五八一)二月のことであった。

この南専寺で約一ヵ年過ごした教如は、天正十年(一五八二)の春に越中五箇山へ移動する。越中一向一揆を蜂起させて、武田勝頼と対峙する織田信長軍の後方攪乱を狙ったものという。次いで同年三月下旬、教如は飛騨白川に一時移転していた城端善徳寺に移ったものの、そこで勝頼の敗北を耳にして越中一揆の蜂起を断念し、次に安芸の毛利のもとへ向かったとされる。(註4)

教如発給文書と教如滞留伝承をもつ寺伝とを、巧みに組み合わせて流浪期の教如の動向を跡づけた仕事であるが、本章で学ぶべきは、顕如から義絶状態にある教如を受け入れる条件が、この時期教如が流浪した地域にはあったという点である。奥美濃から飛驒、越前大野、越中五箇山から飛驒白川、まさに中部山村地域である。

以上、先学の成果によって、教如が受け入れられた地域教団の様相を紹介したが、これ以外にも、籠城後も教如を積極的に支持した地域教団はあった。紙幅の関係で紹介することができないが、そうした地域教団の多くは、東西分立後の教如教団を支持することになった。

以上ここまで、教如教団を形成することになったであろう人々や集団を、石山合戦の籠城からその後の展開を踏まえて、家臣・坊主衆・地域教団の三章に分けて分析してきた。それらを通して、教如教団の性格をいかに把握することができるか、最後に触れておこう。

おわりに――教如教団の性格

本章を閉じるにあたって、検討を加えてきた教如教団を構成したであろう人々が、一体いかなる性格をもっていたのか、何故彼らは教如を支持していったのか、解答を出すのははなはだ困難であるが、見通しを述べておこう。

教如教団の骨格が、石山籠城派によって形成されていたとすれば、そもそも教如籠城の論理が奈辺（なへん）にあったのかを考えなければなるまい。すでに別稿で述べたように、教如は籠城の正当性を以下のように語っている。（註1）

教如が籠城を決意したことを初めて門徒に伝えたのが、天正八年（一五八〇）閏三月七日付「教如消息」であることは、大桑斉氏によって明らかにされているが、[註5]それをさらに具体的に述べたのが、発給日不詳であるものの、籠城を決意した頃のものと思われる消息である。そこには「蓮如上人以来数代にわたる親鸞真影の御座所を法敵に渡して、馬の蹄（ひづめ）に汚されるのは余りに嘆かわしい」と見えている。石山の地が蓮如によって開かれた寺内であることを強調するとともに、信長を法敵と厳しく非難していることに注意される。その後の籠城への協力を要請する消息にも、蓮如の開基を強調するものや、信長を法敵と激しく非難するものなどが、特に門徒中に宛てた消息に見られ続けることに留意されよう。

教如が石山の地を守るのに、ことさら蓮如を持ち出すのは、蓮如が「御文」で説いた「仏法領」が実現した場所が石山本願寺であると認識されていたからであろう。[註9]石山本願寺は、仏法が興隆した場所なのであるから、それを破壊しようという信長はまさしく仏敵に他ならないという論理である。教如はたびたび籠城への協力を門徒に呼びかけた消息において、「このたひ尽粉骨を馳走候ハヽ、聖人への報謝仏法再興たるへく候」や、「此度尽粉骨を馳走候はゝ、仏法再興、聖人江可為報謝候」など、籠城への同調や協力が「仏法再興」であると語りかけている。[資料2]蓮如による仏法興隆が石山において実現したことを教団構成員に想起させ、この地を守ることこそが最も重要であると訴えかけたのである。[註1]

この論理で説明しやすいのは、坊主衆のうちの一門一家衆である。退城・籠城をめぐっては、常楽寺証賢が退城派、慈教寺証智と教行寺証誓が籠城派と分裂するが、常楽寺が本願寺第三代覚如の長男存覚の系譜を引く寺院であったのに対し、慈教寺や教行寺は正しく蓮如によって開かれ、蓮如の子弟の末裔が住職となっている寺院であった。彼らにとって、石山本願寺を守ることは、自身の寺の開基たる蓮如の業績を顕彰することであった。

また、一般の坊主衆にもこうした意識は強かった。石山合戦に参戦していた近江日野明性寺の賢了は、留守を預かる子息益田伊織に、次のような書状を書いていた。(資料14)

（猶々書省略）
今度新六差遣候ニ付、一筆申進候、信長大敵ニ而当城難防、我等最期も近々と覚悟候、其方成人も見届度候へ共、為法命ヲ捨候事本望之至、必々御悔有間鋪候、母之歎も御助可被成候、穴賢
三月七日　　賢了（花押）
明性寺　益田伊織殿

明性寺賢了のような意識が坊主衆のなかに広範に存在したとするならば、教如のいう籠城＝石山の地を守ることが「仏法再興」につながるのであるという論理は、一般坊主衆にも強く受け入れられたのではなかろうか。

では、地域教団においてはどうであったのか。まず留意しなければならないのは、教如を支持する地域教団に、一向一揆発生地域が多いことである。湖北では、元亀元年（一五七〇）石山合戦に連動するように信長に対峙した浅井長政勢に、江北十ヶ寺をはじめとする本願寺門徒が参戦していた。三河においては、永禄六年（一五六三）に始まる徳川家康との争いに敗れた一向一揆は、還住もかなわず各地を浪々としていた。そこに下付されたのが、教如による証如の御影だったのである。また、今回は検討できなかったが、加賀や能登、越前など、一向一揆発生地域は、概して教如教団への参加率が高い。

このことも、「仏法領」意識と関連していよう。黒田俊雄氏は一向一揆の政治的理念となったのが、蓮如の

いう「仏法領」であったと述べている。（註9）一向一揆こそが「仏法領」を門徒が実現したものであり、蓮如がそれを実現したのが石山本願寺と寺内町であるとすれば、教如のこうした主張に、一向一揆を戦った地域教団が連帯するのは自然であった。

最後に残されるのが家臣団の動向である。下間頼龍が断然教如を支持し、仲之が反教如をあらわにし、頼廉は冷静に本願寺奏者として行動したのはなぜか。現在、その答えは持ち合わせていない。しかし、唯一検討材料として目星がついているのが、下間氏の系譜上は、実は頼龍が嫡系であり仲之と頼廉は傍系にあたっていることである。頼龍の父も祖父も曽祖父も、本願寺家臣の筆頭として奏者役を勤めていたのに対し、仲之や頼廉の一族は概ね一門一家衆付きの家臣であった。こうした出自の差違が退城・籠城をめぐる対立にいかに関わっていたのか、今後検討を深めなければならない。

以上、十分な解答を出し切れなかったが、可能な限り教如教団の形成と性格とを検討してみた。残された課題は後考を俟（ま）ち、ひとまず擱筆する。

〈註〉

（1）草野顕之「教如による大坂籠城の理由」（『教如と東西本願寺』法藏館、二〇一三）。
（2）金龍 静「戦国時代の本願寺内衆下間氏」（『名古屋大学文学部研究論集』史学二四、一九七七）。
（3）草野顕之『戦国期本願寺教団史の研究』（法藏館、二〇〇三）。
（4）小泉義博『本願寺教如の研究』上（法藏館、二〇〇四）。
（5）大桑 斉『教如 東本願寺への道』（法藏館、二〇一三）。
（6）辻 善之助『日本仏教史』第七巻（岩波書店、一九五二）。
（7）柏原祐泉『日本近世近代仏教史の研究』（平楽寺書店、一九六九）。

(8)青木 馨「三河本願寺教団の復興と教如の動向」(『中世仏教と真宗』吉川弘文館、一九八五)。
(9)黒田俊雄『日本中世の国家と宗教』(岩波書店、一九七五)。

〈参考資料〉


『紫雲殿由縁記』(『真宗全書』第七〇巻、蔵経書院、一九一三)。

大桑 斉編『大系真宗史料 文書記録編一二石山合戦』(法藏館、二〇一〇)。

「宇野新蔵覚書」(『続真宗大系』第一六巻、国書刊行会、一九三九)。

『駒井日記』(文献出版、一九九二)。

「金鍮記」(『真宗全書』第五六巻、蔵経書院、一九一六)。

「丹波光瑞寺文書」(大谷大学蔵写真版)。

「海津願慶寺文書」(『龍谷大学佛教文化研究所記要』第一八集、一九七九)。

北西 弘編『能登阿岸本誓寺文書』(清文堂出版、一九七一)。

『本願寺文書 石山退城一件』(大谷大学図書館蔵)。

木場明志監修『別院探訪』(真宗大谷派宗務所、二〇一二)。

『増補津村別院史』(思文閣出版、一九八三)。

『鷺森旧事記』(『大日本仏教全書』第一三二巻、仏書刊行会、一九一二)。

金龍 静「石山法王御書類聚の紹介」(新行紀一編『戦国期の真宗と一向一揆』吉川弘文館、二〇一〇)。

「日野明性寺文書」(日野町史蔵写真版)。

第九章　大坂退出についての教如の動向

岡村喜史

はじめに

天正八年（一五八〇）三月、織田信長と本願寺の間で和平が進められることとなった。大坂退出を主張した顕如に対して、教如は、「大坂拘様（かかえざま）」として引き続き大坂での籠城・抗戦を主張した。

この本願寺内部を二分する親子の対立については、早くから研究が進められた。辻善之助氏は、和平成立から教如の大坂退出や親子の和解に至るまでについて、信長の和平違約を牽制するためにあえて父子が相反する方針をとったとして「父子密計説」を提唱した。(註1) ところが、この説はその後諸氏によって批判的に論証されることとなった。そのようななかで、大桑斉氏は、顕如と教如の意思疎通がうまくいっておらず、その背景には本願寺家老による策謀が働いていたと指摘した。(註2) また、草野顕之氏は、近年、籠城を決意した教如を支持したのは本願寺の家老ら内部の者だけではなく、各地の坊主・門徒もいたとし、彼らがその後の教如を支え続けて東西分派にまで至ったと指摘している。(註3)

このように大坂退出にあたって教如がとった「大坂拘様」については、これまで種々研究がなされてきている。そこで、ここでは、顕如の大坂退出前後に出された顕如と教如の書状の内容について、厳密な分析を通してそれぞれの立場と主張を検討し、その背景を考えておきたい。なお、引用した各書状については、『大系真宗史料』文書記録編四の「宗主消息」に拠った。

一、織田信長の大坂退城要求

元亀元年（一五七〇）に端を発した織田信長による大坂本願寺攻め（いわゆる「石山合戦」）において、反信長の立場を表明して本願寺と盟約していた武田信玄・朝倉義景・浅井長政・上杉謙信といった諸大名が没したことにより、本願寺は信長との交戦を継続することが困難となっていった。

そのようななか、天正八年（一五八〇）三月一日、勅使として近衛前久・庭田重保・勧修寺晴豊の三人が大坂の本願寺に赴き、信長との和平を勧めた。そこで顕如は、正親町天皇の斡旋（あっせん）を受け入れて信長と講和を結ぶことを決定した。このため信長は、同月十七日に、講和の条件として七ヵ条に及ぶ「覚書」を提出した（本願寺所蔵　画像は一七二頁）。

覚

一惣赦免事

一天王寺北城、先近衛殿人数入替、大坂退城之刻、太子塚をも引取、今度使衆を可入置事

一人質為気仕可遣事

一往還末寺如先々事

一賀州二郡、大坂退城以後於無如在者、可返付事
一月切者、七月盆前可究事
一花熊・尼崎、大坂退城之刻可渡事
　　三月十七日（朱印）

この覚書によると、信長は本願寺に対して大坂を退城することを最大の条件としている。そして、大坂を退城することによって、本願寺が信長の提示する次の段階へ進むこととされていたのである。この信長の覚書と誓詞を受けて、同年閏三月五日に顕如は、庭田・勧修寺に対して誓詞を提出した。その写が次のものである（本願寺所蔵）。

今度為　叡慮被仰出、当寺被成御赦免付而、七ヶ条之通不可有御別儀由、恐悦之至候、自此方五ヶ条申定、年寄三人ニ誓詞申付、致進上之上者、毛頭不可有相違、然者不可存表裏抜公事別心候、為其三人ニ申付候、若右之趣於致違変者、三人誓詞之罰同前ニ可蒙候、此等之旨宜預奏達候、恐々謹言
　天正八
　　閏三月五日　　　　　　　　　　　　光佐御判
　　　庭田大納言殿
　　　勧修寺中納言殿

この顕如誓詞によると、信長の七ヵ条を受け入れて、本願寺側からは五ヵ条の条件を提示するとともに、

下間頼廉・下間頼龍・下間仲之の年寄三人の誓詞が提出された。顕如が提出した誓詞には、信長が提示した七ヵ条を受け入れることが明記されており、顕如と信長の間で大坂退城が了承されていたことがわかる。この顕如誓詞と同日付で全く同じ文面で長男の教如も誓詞を提出した（本願寺所蔵）。この内容から、天正八年閏三月五日には教如も信長との講和については承諾していたのである。

二、顕如と教如の意見対立

ところが、顕如と教如が庭田重保と勧修寺晴豊に誓紙を提出した数日前にあたる三月二十八日に、教如は、越中国（富山県）城端の善徳寺に対して、以前に大坂において籠城して信長に備える心積もりをしている旨を伝えたところ、善徳寺がこれに賛同してくれたことについて、次の書状で礼を述べている（富山県南砺市善徳寺所蔵）。

今度大坂拘様之儀思立候処、予一味之段、誠志之程難忘事候、たとひ入眼之儀相調候共、身上之儀聊不可有機遣候、特連々馳走之儀神妙候、就中師弟共ニ信心決定候て、今度之報土往生をとけらるへき事肝要候、此等之旨門徒中へも可申伝候、為其染筆候也、猶按察法橋可申候、穴賢々々

三月廿八日　　教如（花押）

善徳寺御房

この文中にある「大坂拘様」の文言は、信長の表裏は間違いないことであるため、教如が大坂本願寺の存続のために籠城を続ける意思を示し、門末に対して教如自身への支援と忠節を励むようにと求めたものである。そして、このような書状は、閏三月中旬から増えていくのであるが、閏三月五日に講和承諾の誓詞を提出する前に、教如が既に大坂拘様の意思を表明していることがわかり、この書状は教如がいつから大坂籠城を考え始めたかを示唆する重要なものである。また、文中に「たとひ入眼之儀相調候共」とある。

顕如上人御影（古田織部美術館蔵）

入眼とは、対立する本願寺（顕如）と信長が良好な関係になるということを意味するもので、教如は、和平を結ぼうという顕如の意思に反して信長に敵対を表明した自分の立場が悪くなったとしても、自身のことを気遣う必要がないと言い切っており、大坂拘様を決心する教如の固い意志が示されている。

そして、教如は、閏三月十三日に紀伊国（和歌山県）雑賀の岡了順・湊平大夫・松江源三大夫・狐島左衛門大夫・岡太郎次郎及び雑賀惣中に対して手紙（本願寺所蔵）を認め、信長との間で無事に和平が調（ととの）ったことを伝えるとともに、「結句当寺を彼方へ相わたし退出候ハヽ、表裏眼前候、さように候ときハ、数代聖人の御座ところを、かの物共の馬のひつめにけかしはてんことあまりに〱くちおしく歎入候」として、信長の態度には表裏があるため油断できず、大坂の本願寺を明け渡して退出したならば、ここ数代の間「親鸞聖人（木像）の御座所」とされてきた大坂の地が信長方の馬の蹄に汚されてしまうこととなり、口惜しく嘆かわしいことであるとしている。その上でこれまでの長年の籠城には雑賀衆も疲弊しているが、教如自身今一度本願寺を相拘え、「親

教如上人寿像（新潟県阿賀野市無為信寺 蔵）

鸞聖人の御座所」であった地で果てる覚悟であって、これは決して御門主（顕如）に対する私曲ではなく、ひとえに本願寺が退転なきように思う気持ちであることを訴えている。

　この後、引き続いての籠城を決意した教如から全国の門末に対する書状が頻繁に発給されていったようで、特に閏三月二十日以降のものが各地に残されている。それらの教如書状には、「予思立候旨候条、此度号門弟輩者抽粉骨、当寺相続候やうに馳走候は、、聖人報謝仏法可為再興候」「然者聖人之号門弟ともからハ、此たひ尽粉骨を馳走候ハ、、聖人へ報謝仏法再興たるへく候」というように、親鸞の門弟である者は親鸞への報謝のために本願寺への馳走を励むようにと主張している。

　このように教如が頻繁に門末へ大坂拘様を呼びかけ、親鸞への報謝のためとして本願寺への馳走を呼びかけたことに対して、同月二十七日には顕如は相反する書状（本願寺所蔵）を紀伊国惣門徒に送っているのである。

　重而染筆候、仍当寺和平之儀、拘様難成付而、禁裏へ御請申入候、其子細者、予か身命をはたし候へハ一流断絶之事歎入候て、能々加思案候処、内輪之乱出来候事言語道断、敵へ之聞一大事此事候、於様体者、先度委細之趣申遣候、将又法流ニおゐて自余之申事不可在之候、今度多人数のほり候へとハ何より申候哉、さやうの儀、予か外ニハ有間敷候、只今開山聖人守申可令下向候間、御迎船幷警固之人数、早々

参上之儀頼入候、万辛労なから遅々候てハ、不可有詮候、猶常楽寺・刑部卿法眼ニ申渡候也、穴賢々々

閏三月廿七日　　　　　顕如（花押）

紀州惣門徒中へ

この顕如書状によると、本願寺と信長との和平に対して、「拘様」ということは成立しないとして、和平と拘様禁止については、天皇が了解したことであり、顕如自身の身命が果てたならば本願寺一流が断絶することになるため、それこそが歎くべき結果であると伝えている。さらに、「内輪之乱出来候事言語道断」である。このことが敵（信長方）に聞こえたならば一大事であると主張している。

この顕如と教如の主張をみてみると、教如は本願寺相続のために拘様（籠城継続）を主張しているのに対し、顕如は本願寺が断絶しないために信長方と和平を結ぶことが最善であり、それを保証するのが禁裏（天皇）であるという立場にあることがわかる。結局、両者とも本願寺の存続のためを考えている点は共通しているのであるが、そのための手段が籠城と和平というように、正反対の選択であったのである。

そして、ここで顕如が言っているように、和平については正親町（おおぎまち）天皇が保証していることであり、それに反することはできないという立場がある。天皇の保証を信頼するという顕如は、まさに顕如が永禄二年（一五五九）に門跡に列したことにより、本願寺が天皇の有する権威に組み込まれ内存しているという意識のもとで、天皇の意向に従い、天皇の保証を信頼するという立場にあったものと考えられる。これに対して教如は、「新門跡」と呼ばれていても、天皇の権威を頼り信頼するのではなく、戦国時代の臨戦状態という現実的な状況に即した立場に立っていたものと考えられる。ここに顕如と教如の両者に依拠する意識の違いがあったことがわかる。

三、顕如と教如が依拠するもの

天正八年四月九日、親鸞木像（御真影）を奉じて大坂の本願寺を船で退出した顕如は、翌日紀伊国鷺森に到着した。この時顕如が奉じて大坂を退出した親鸞木像は、京都東山の大谷に営まれた親鸞廟所に安置されていた木像で、以降この木像の安置されているところが本願寺とされるようになった。この親鸞木像こそが親鸞の象徴と考えられていた。

ちなみにこの時の大坂退出は堂々としたものであったようで、天文十六年（一五四七）に買得して大坂本願寺に釣られていた太秦広隆寺の鐘は、現在でも本願寺に所蔵されていることから、大坂退出に際しては、鐘を運び出すことができるほど万全の準備が調えられていたようである。

顕如の大坂退出に際して教如は同行せず、そのまま大坂に留まり、さらに籠城戦を続ける決意をした。大坂退出の直後、顕如は自身の大坂退出と教如が大坂に残ったことについて門末に書状を送ってこのことを報せている。その内容は次のようなものである（石川県鳳珠郡　法融寺所蔵）。

態染筆候、仍信長公与和平之儀為禁裏被仰出、互之旨趣種々及其沙汰候キ、彼憤大坂退出之儀ニ相極候間、此段新門主令直談候、其後禁裏へ進上之墨付ニも被加判形候、此和平之儀者、大坂幷出城所々、其外兵庫・尼崎之拘様、兵粮・玉薬以下、此已来之儀不及了簡候、中国衆之儀、岩屋・兵庫・尼崎引退帰国候、今ハ宇喜多別心之条、海陸之行不可相叶由候、たとへハ当年中之儀者、可相抱歟、乍去敵多人数取詰、長陣以後者扱之儀も不可成候、然時ハ有岡・三木同前ニ可成行事眼前候、忽開山尊像をハしめ、悉相果候ハヽ、可為法流断絶事歎入計候、就其加思案、叡慮へ御請申候、如此相済候、以後新門主不慮

之企、併いたつら者のいひなしニ同心せられ、剰恣之訴訟中々過法候、将又予令隠居云々、世務等更無其儀候、仏法相続之儀、猶以不及其沙汰候処、諸国門下へ申ふるゝ趣、言語道断虚言共ニ候、所詮開山影像守申、去十日至紀州雑賀下向候間、此以来諸国門徒之輩、遠近ニよらす難路をしのきても、開山聖人御座所へ参詣をいたさるへき事、可為報謝候、抑一流勧化の趣ハ、なにのわつらひもなく、雑行雑修をすてゝ、弥陀如来後生たすけ給へとふかくたのミ申人ハ、皆々浄土に往生すへき事不可有疑候、此上にハ行住座臥に報謝の念仏可申候、弥法義無由断可嗜事肝要候、猶刑部卿法眼・少進法橋可申候也、穴賢々々

卯月十五日　　顕如（花押）

能州

坊主衆へ

門徒衆中へ

これによると、信長との和平は禁裏（正親町天皇）の仰せ出によるものであり、信長からの和平に対する条件は「大坂退出」であると明言している。そこで、信長の条件である大坂退出については、新門主（教如）と直接相談をして、教如と話がついたためその旨を禁裏に申し上げるとともに墨付（誓詞）に加判したということである。この時禁裏に提出された墨付が、先に提示した天正八年閏三月五日付の庭田重保・勧修寺晴豊に宛てて出された誓詞である。そしてこのように信長との和平を決断した理由については、次のように述べている。大坂が敗れて親鸞木像をはじめ本願寺が壊滅したならば、仏法が断絶してしまい嘆かわしいことであり、そのことを慮って天皇からの申し入れを受けることにして、大坂退出は完了した。ところが、教如は大

坂退出の決断に同意せず不慮の企てを起こして大坂籠城を継続している。このことは教如が「いたつら者（徒者）のいひなしニ同心」したためであり、さらには顕如が隠居したなどと言い触らしているが、そのような事実はなく、このように仏法相続のためとして諸国に言い募っていることは、言語道断である。顕如自身は、親鸞木像を守って、今月十日には紀伊国雑賀（鷺森）まで下ったのであるから、諸国の門徒は遠近によらず親鸞木像の御座所である雑賀へ参詣することが報謝となるということである。

　それでは、やや重複するが顕如の主張の根幹と考えられる点を挙げておきたい。この顕如書状によると、①信長との和平については天皇の申し出である。②和平を結ぶに至った真の理由は仏法破滅を回避するためである。③親鸞木像は顕如自身が守って紀伊国雑賀まで下ったため今は雑賀が親鸞木像の御座所である。④大坂に残った教如は、徒者(いたずらもの)から言い含められて籠城を継続するという行動に出たのであり、教如方が言い触らしていることは虚言であるというものである。

　そこで、顕如が大坂を退出する直前にあたる四月二日に、教如が加賀四郡宛に出した書状（本願寺所蔵）を提示しておきたい。

> 急度染筆候、今度当寺信長と一和之儀、為叡慮被相調、已近日当寺彼方へ可被相渡分議定候て、御門主雑賀へ御退出之分ニ候、然者予思立候趣者、数代聖人之御座所を彼輩ニ相渡、永々法敵の栖と成果候ハん事、一宗の無念歎入候て、当寺是非共ニ相拘、東西之味方中為届、諸師をも可相助所存候て、各一味同心之衆、無二当寺ニ相残り候、抑其国無正体由聞及候、是又無事之顕され候哉、表裏眼前之儀、無勿体事共候へとも、御門主御耳ニ不入為体候、此度随分当国被相静、当寺同心ニ法敵之手ニ不渡之様ニ馳走候て、各当寺拘様をも馳走候を、予一身之満足たるへく候、且者仏法再興と可有難候、猶委教行寺・

慈敬寺より可被申候、穴賢々々

四月二日　　　　　　　　教如

加州

四郡中

これによると、教如は次のように考えていたことがわかる。本願寺が信長と和平を結ぶことは天皇が調えたことであり、近日中に本願寺を信長に渡し、門主（顕如）は雑賀に退出することとなっている。しかし、大坂の地は数代の間親鸞木像の御座所とされていたところであり、この地を法敵である信長に渡してその住まいとさせることは、一宗の無念であり嘆かわしいことである。そこで、本願寺のある大坂の地は是非とも拘えて、一味同心の者は本願寺（大坂）に残ってほしい。信長の表裏は眼前のことであるのに、門主（顕如）はそのことが耳に入らない様子である。そこで、本願寺を法敵である信長に渡さないように大坂に馳走を励んでほしい。それこそが教如の満足であり、かつ仏法再興につながるのであるという。

以上の通り教如は、信長との和平については、天皇からの申し入れであることを認め、門主が大坂を退出するとしつつも、自分が親鸞木像の御座所である大坂に残って抗戦を続けるとしており、大坂退出については顕如と方針が違っていることをあえて認めているのである。

それでは、先に提示した顕如書状のなかで主張される四点について、教如書状の内容と対比して検討しておきたい。

まず、①の和平は天皇の申し出であるとする点についてだが、顕如は天皇からの申し入れであるため和平を承諾したと明言している。そしてこの書状のなかだけでも「禁裏」「叡慮」という天皇を表す文言が三度も使われており、和平の背景には天皇の意向が大きく働いていることが強調されている。これに対して教如は、和平が天皇の申し出であることを認めつつも、それに従わないことを主張している。両者は、天皇の意向を受け入れるか受け入れないかという点で大きく異なっている。

天皇が本願寺と信長の和平を仲介したことについては、本願寺が門跡寺院に列していたからと考えるべきであろう。

本願寺は、永禄二年（一五五九）十二月に勅許によって門跡に列した。この門跡成（もんぜきなり）によって本願寺は天皇の権威のなかに内含されることとなった。このため、天皇も門跡寺院の存続については考慮する必要があり、門跡である本願寺も天皇の申し入れを受け入れる必要性が生じた。顕如が書状のなかで天皇を表す文言を三度も用いているのは、門跡寺院として天皇の申し入れは無視できないということを強調した結果であろう。一方、信長との和平が叡慮によって調ったということは、教如が門末に送った書状でも明言されている。ところが、教如は、天皇の意向についてはそれほど重大に受けとめていないということがわかる。

次に、②の和平の目的は仏法破滅を回避するためとする趣旨について、この和平を締結する前の信長との交戦中、顕如は門末に送った書状のなかで、交戦の目的を「仏法破滅候へき事あるましく候」「仏法之一儀」「仏法再興」「仏法興隆」とする文言を頻繁に使用している（「顕如文案」）。つまり顕如は、信長と交戦することも、信長と和平を結ぶことも「仏法」のためとしているのである。これに対して教如は、籠城して信長への抗戦を継続するために門末が協力することが「仏法再興」であるとしている。つまり、仏法興隆・仏法再興という理念のもとで、顕如は抗戦から和平へと方針転換したのに対し、教如は一貫して抗戦を選択したことになるのである。

さらに、③の親鸞木像についてであるが、本願寺の御影堂に安置されている親鸞木像は、京都東山大谷の親鸞廟所に初めて安置されたという木像であり、これが本願寺の根本とされる。この本願寺根本の親鸞木像は今雑賀に移ったのであるから、諸国の門徒は雑賀に参詣するようにと勧めており、いわゆる本願寺の根本である親鸞木像を顕如自身が護持していることを主張している。親鸞木像について教如は、顕如が大坂を退出する前には大坂を「数代聖人之御座所」と称して、大坂の護持を募っているが、顕如退出後の大坂については、当然この文言が見られなくなり、五月二十五日付粟津惣中・波佐谷惣中宛の書状（石川県小松市波佐谷町町内会所蔵）などでは「既御門主至紀州御退出候、然者蓮如上人已来数代之本寺、此度可破滅段あさましく歎入候」として、大坂が蓮如以来の本寺であることを主張している。さらに教如は、六月七日付越後諸坊主衆・同門徒中に宛てた書状（大阪府堺市真宗寺所蔵）では、「蓮如上人已来数代之本寺、聖人の御座跡」と述べており、既に親鸞木像が大坂から退出していたため、大坂を指す語は親鸞木像の「御座（所）跡）」という文言に変化している。このことは、門末の大坂への求心力の低下を招くこととなり、教如としては厳しい立場を強いられることとなっていったのではないだろうか。

最後の④について、顕如が教如は徒者の言いなしに同心させられたと指摘した徒者とは、誰であろうか。教如の籠城継続後にその使者を務めた者として、按察使（あぜち）法橋（下間頼龍）・教行寺（証誓）・慈敬寺（証智）の名が見られ、彼らが顕如退出後も教如を支持して大坂に残ったメンバーである。この内下間頼龍は、顕如が大坂を退出した直後に顕如から勘気を蒙っていることがわかり、顕如から、教如に対して大坂残留を進言した張本人として認識されていたものと考えられる。天正八年四月九日に大坂を退出した直後の顕如書状には既に「いたつら者のいひなしニ同心せられ」の文言が見られ、その後も顕如の書状にこの文言がしばしば見られることから判断すると、顕如が大坂を退出する前から教如との意見対立があり、顕如とともに和平を支持するグループと教如を後押しして籠城を主張するグループに分かれており、本願寺内部の坊官や院家・一家衆が二派に分裂していたことは確かである。

一方、教如籠城中に顕如から発給された書状の使者として顕如側にいた家臣団としては、刑部卿法眼（下間頼廉）・少進法橋（下間仲之）・常楽寺（証賢）の名が見られる。

なお、草野顕之氏は、教如の籠城に対して、家臣団や一家衆以外にも、諸国坊主衆の支持があったことを指摘している。（註3）しかし、ここでは特に顕如と教如を支持する家臣団や一家衆の関係に着目して検討した。

以上のことから顕如と教如の主張をまとめておくと、両者とも本願寺の根本である親鸞木像の御座所を守ることを重要課題とし、これが仏法興隆の根幹であると見なしていたのである。ただ、顕如はあくまでも親鸞木像を大切にし、大坂の地にはそれほどこだわっていないのに対して、教如は蓮如以来の由緒のある大坂という地に固執しており、親鸞木像が退出した後も「御座跡」としていることがわかる。

このような大坂の地に対する固執の違いは、信長が大坂の明け渡しを最大の条件として提示したことについて、その仲介を果たした正親町天皇の存在をどのように受けとめるかということにあったものとも考えられる。つまり顕如は、本願寺門跡の当主として天皇の仲介を絶対的なものとして受けとめ、その指示に忠実であったのに対し、教如は天皇の意向は絶対であるとは考えておらず、どちらかというと本願寺歴代の故地としての大坂の死守に重点をおいていたといえるであろう。

四、大坂退出後の教如の動向

天正八年四月九日に顕如が大坂を退出した。しかしその後も顕如と教如は、門末に対してそれぞれ書状を送って各自の主張を続けている。

教如が七月二日に門末に送った書状（福井県あわら市願慶寺所蔵）では、「雑賀より御書幷以使節、当寺之儀不可有馳走之旨、国々在々所々へ被仰越之由候」として、雑賀に移った顕如が各地に書状を送って大坂には馳走しないようにと伝えているとされる。さらに教如は、「信長へ以一味同心之内存、か様に申成、当家破滅の造意共あさましく歎入候、就其是非共当寺相拘」として、信長に同心して大坂を明け渡したならば、当家は破滅に至ることとなるため、是非とも本願寺を拘えてほしいと訴えており、「聖人の一流退転なきやうに「蓮如上人已来数代の本寺を、此度法敵に可相渡事、無念之条如此候」として、「仏法再興たるへき時者、雑賀にも連々可有御納得候歟」と、蓮如以来の大坂が存続して、仏法が再興されたならば必ず雑賀の顕如も納得してくれるだろうとしている。ここで教如は、親鸞木像が退出した後も、大坂を「当寺」と称して、本願寺であることを主張している。

これに対して顕如は、七月二十八日に奈良惣門徒衆中に宛てた書状（本願寺所蔵）に、「彼憤大坂退出之儀ニ相極候間、此段新門主令直談、其後禁裏へ進上之墨付ニも被加判形候」「叡慮へ御請申候、如此相済候」として、信長の要求は大坂の退出に決まっており、このことについては教如と直接話し合った上で、教如は大坂退出を了承した文書に署名して天皇に提出したのであり、「以後新門主不慮之企、併徒者のいひなしニ同心させられ、剰恣之訴訟中々過法候、将又予令隠居云々、世務等更無其儀候」と、教如は天皇の申し入れを受け入れたにもかかわらず不慮の企てを起こし、徒者の言いなしに同調した上、顕如が既に隠居したなどと偽りを言い触らしているとしている。

このように、顕如が大坂を退出した後も、両者の言い分の食い違いは継続していることがわかる。

ところが、顕如の退出によって本願寺の主力が大坂を去ることとなり、その後も教如が全国の門末に支援を呼びかけてもなかなか籠城を継続することが困難な状況となっていった。結局、同年八月二日には、教如も大坂を退出せざるを得なくなった。

大坂を出た教如は、紀伊鷺森に赴き顕如を訪れ、籠城継続についての取り成しを願い出た。ところが、顕如は教如との面会を拒否した。このため、教如は鷺森を離れて各地を流浪することとなった。この直後、江州鉄放(砲)衆中に対して出された教如書状が次のものである(個人蔵)。

今度者、各尽粉骨、長々在寺之儀、難述紙面悦入候、尚以万事馳走頼入計候、従門主者御折檻候、迷惑察候、当国之者共迄も、大坂相拘儀、馳走衆皆其分候、一向いはれさる儀候へ共、いたつら者共依之申成、此分候、更驚ましく候、其段者予請取候、一旦之儀者、堪忍有へく候、只各法儀被嗜、安心治定之上にハ、称名に由断有ましき事肝要候、穴賢々々

八月十五日　　教如(花押)

江州

鉄放衆中

この書状で、教如は顕如から折檻(せっかん)を受けたとしており、これは顕如の大坂退出に異議を唱えて籠城を続けたために顕如から義絶されたことを言っている。また、徒者の言い成しによって籠城を継続したように顕如が言っているのは、いわれなきことであり、驚いているとしている。さらに教如は、その後門末に送った書状において、「抑今度退出之事、無念之仕立候といへとも、自雑賀種々調略之儀候而、内輪之不慮依有之、其以前取急令退散候」と述べている。大坂退出後の顕如が紀伊国雑賀より各地の門末に対して種々の調略を

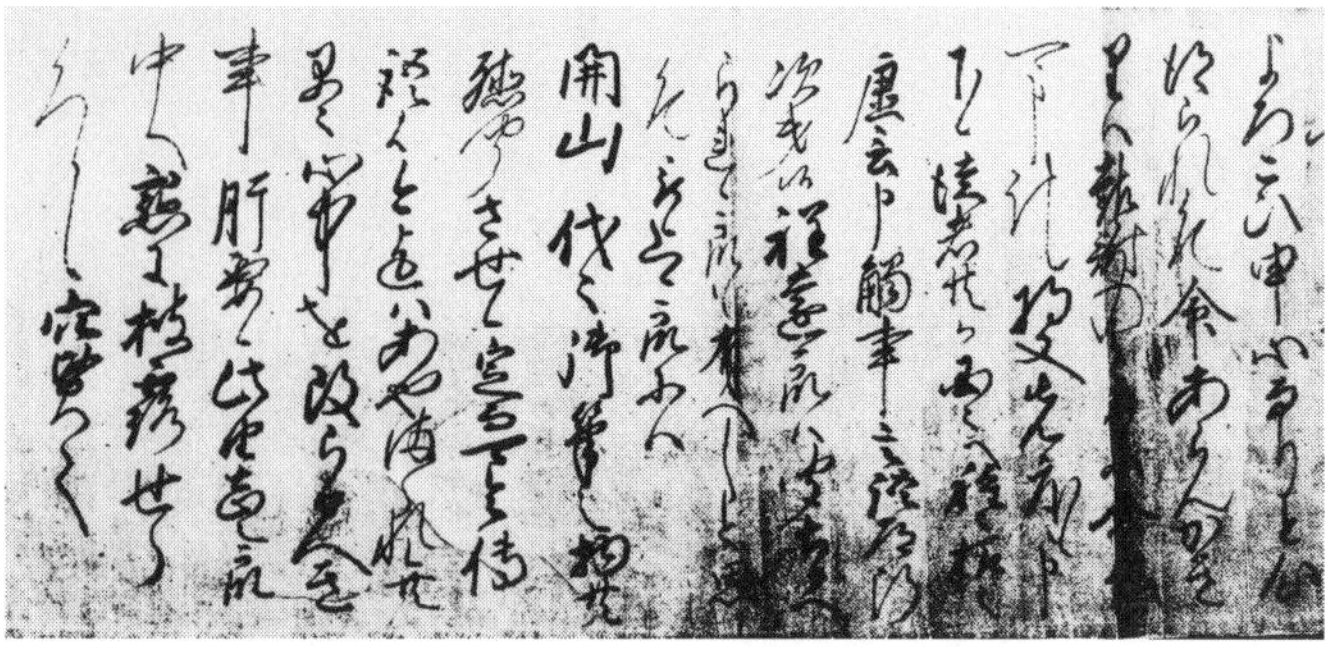

顕如上人書状（部分・岐阜市願誓寺蔵）

行って教如に従わないように言ったことは、本願寺内部における内輪の不慮となってしまうため、そのようなことが教団内外に広まらないために、早い段階で大坂退出を決めたと言っており（十一月廿三日付洛中・洛外志衆中宛教如書状、真宗本廟〔東本願寺〕所蔵）、教如は、大坂の退出と籠城という意見の対立が本願寺教団の内紛であるというイメージを払拭することに心掛けているとしている。

この教如の言い分に対して顕如は、天正八年十二月七日になっても、「将又先度も申下候徒者共か、国々へ種々様々虚言申触事、言語道断次第候、程遠衆ハ聞ちかへられ候衆も有へくと思候て、被上候衆にハ、開山・代々御筆之物共聴聞させ候、定而可令伝語候」という書状（岐阜市願誓寺所蔵）を送っている。依然として教如に対する警戒を呼びかけており、大坂退出後の教如に対して同調しないようにと全国の門末に伝えており、大坂退出についての顕如と教如の意見対立は、その後も継続されているのである。

このため、大坂を退出した教如が雑賀に至り顕如に面会を請うものの、顕如はこれを聞き入れることがなかったため、その後教如は諸国を流浪することとなった。

ところが、天正十年六月二日に起きた本能寺の変によって信長が自害すると、正親町天皇は顕如と教如の和解を斡旋した。このため顕如は、天皇の申し入れを受け入れて教如と和解することとなった。この和解に際して教如が下間頼廉宛に提出した誓詞（本願寺所蔵）が次のものである。

今度之始末、徒者之申成令同心事後悔千万〱、今より後者、湯にも水にも御所様可為御諚次第、北御方様之儀同前、毛頭私曲表裏不可有之候、日来之仕置存誤之通、宜様可被申上事肝要也、右之旨若偽申者、忝も如来・聖人可蒙御罰也、仍誓詞如件

天正十年六月廿七日　教如（花押）

進上　刑部卿法眼

結局、教如は、自身に入れ知恵した徒者に同心して顕如の意思に反する行為を行ったことを後悔したという文言を入れることで、顕如の勘気を収めることにしたのであろう。

この時父子の和解が成立したことについて、教如は、越後国（新潟県）の上杉景勝に対して「天下不慮出来候、然者為叡慮家中合体之儀被仰出候、満足之至候」としている（十月廿二日付教如書状、新潟県上越市本誓寺所蔵）。このように、天皇の仲介によって父子の和解は成立したものの、大坂退出をめぐる顕如と教如の意見対立と両者への支持基盤は、本願寺の東西分派の火種を残すこととなったのである。

おわりに

以上見てきたように、大坂退出について教如は、蓮如以来の由緒ある地として大坂を守ることが「仏法興隆」につながると主張した。これに対して顕如は、天皇からの申し入れを受けて大坂を退出することが「仏法興隆」であるとした。この意見の違いが、結果的には歩み寄ることなく、退出と籠城という結末となった。教如が

主張した仏法興隆のために籠城するという方針は、信長の大坂攻めが始まった当初から顕如が門末に示した抗戦の根拠であった。顕如がこの当初の根拠を覆した背景には、天皇による和睦の斡旋があったと考えられる。顕如がこのように方針転換したのは、門跡に列したことで、天皇の権威のなかに組み込まれたことによるものと考えられる。

そして、この時の顕如と教如の意見対立は、その後の本願寺教団の東西分派に継続されることとなったといえるのである。

〈註〉

(1)辻 善之助『日本仏教史』第七巻 近世篇之一(岩波書店、一九五二)。
(2)大桑 斉「教如ー東本願寺の分立ー」(真継伸彦編『日本の仏教・人と教え四 浄土真宗』小学館、一九八五)。
(3)草野顕之「教如による大坂籠城の理由」(同朋大学仏教文化研究所編『教如と東西本願寺』法藏館、二〇一三)。

〈参考文献〉


『本願寺史』第一巻(浄土真宗本願寺派、一九六一)。

『増補改訂 本願寺史』第一巻(浄土真宗本願寺派、二〇一〇)。

大桑 斉「石山合戦」(『大系真宗史料』文書記録編一二、法藏館、二〇一〇)。

上場顕雄『教如上人と大坂』(難波別院、二〇一三)。

木越祐馨「教如と石山合戦および在国期の北陸」(同朋大学仏教文化研究所編『教如と東西本願寺』法藏館、二〇一三)。

岡村喜史「宗主消息」(『大系真宗史料』文書記録編四、法藏館、二〇一四)。

川端泰幸「本願寺大坂退去の意義」(『大谷学報』第九四巻第二号、二〇一五)。

第十章　大坂拘様終結における顕如と教如

青木　馨

はじめに

従来の教如研究における大坂「拘様（かかえざま）」の問題については、当事者である教如の側に視点を置き考察される傾向にあったように思われる。それはむしろ当然で、本書のように顕如を基軸とした研究は、近年ほとんどなされてこなかったからである。

本稿は、教如の動向とともに、顕如の側からも拘様と教如義絶の問題について、若干の検討を加えるものである。そして、その論点を次の二点に絞って考えてみたい。

その第一は、大坂退城において、顕如の退城と教如の拘様という両者の思惑の相違をもたらした背景は何か。すなわち顕如は「開山尊像をハしめ、悉相果候ハヽ、可法流断絶事歎入計候」（天正九年五月二十四日付、坊主衆中・門徒衆中宛書状[註1]）と言うが、「悉相果」てたなら「法流断絶」の法流とは何を指しているのか、という点である。そして、これに対する教如の拘様への転向の論理にまず注目してみなければならない。

第二に、この問題を解く具体的作業として、顕如が門主として下付した下付物の内容を明らかにする。その中の一部に顕如の法流観を示すと思われる「本願寺代々次第」というものがあり、ここに注目してみたい。

一方、教如も顕如に義絶され立場を失いつつも影像類の下付活動を積極化する。拘様断行に続き、さらに両者の対立関係はこれによって深化する。かつて筆者は、三河を中心とする地域で天正九年(一五八一)に教如が、証如真影を多数下付した点に注目したことがある。[註2] その後、証如真影だけでなく、複数の親鸞絵伝や親鸞御影などが、多数とはいえないものの、特定の地域に限らず存在することが判ってきた。これらの点を見ながら、まず両者のあり方を明確にし、さらに顕如没後の分裂についても展望してみたい。

一、顕如本願寺の権威

まず、顕如に至るまでの本願寺の門閥化と権威化の過程を、簡単に確認しておかねばならない。もともと親鸞廟堂にはじまる本願寺は、覚如の創立以来、顕密仏教化と公家近親化とが漸次進められた。「日野一流系図」(実悟系図)では、覚如以来実如に至るまで、「法印権大僧都」であった。これを証明することはできないが、もし正確であればかなり高い僧官位にあったといえる。少なくとも蓮如には、「法印権大僧都兼寿大和尚位」と自署したものが多数存在している。[註3] また、善如・綽如(越中瑞泉寺開基)期には、むしろ天台宗的であったことも知られる。[註4]

そして、蓮如の幾多の子女の中には公家との縁組関係を有した者が多く見られる。蓮如の代に名実共に拡大した本願寺は、実如期に社会的存在感をさらに増長させており、その象徴が大永三年(一五二三)三月、後柏原天皇の即位式の費用を供出し、香衣を下賜されたといわれるものである。当然、実如の兄弟たちも権律師あるいはそれ以上に任じられた。

さらに実如は、増加した本願寺一門内親族の序列をも確定する「一門一家の制」を定めた。ここに宗門内の序列化の原則が創出されることになり、対外、対内において、本願寺の身分上昇とともに、宗主身分と本願寺一族の序列の原則を確定したとみるべきであろう。

さらに、証如期には本願寺は決定的に社会的存在となり得たといってよい。本願寺が公家社会の一員となった具体的諸相等に、近時、早島有毅氏が論及している。(註5)また戦国期宗門内外史料における本願寺一族や証如について、木越祐馨氏も考察する。(註6)両者の見解や視点は若干異なるものの、証如の公家社会での昇階の背景には、蓮如六男蓮淳系の人脈、例えば勧修寺系の女性などが大きく寄与した点の指摘は共通する。

また、早島氏も注目するが、木越氏はもともと本願寺の早い段階からの勅願寺(格)について注目し、顕密仏教界での地位保全と向上の動きのあったことや、阿弥陀堂の並置もこの視点より指摘する。勅願寺については、史料上不明瞭な部分もあるものの、地位上昇の根底にこうした動きのあることは見逃し得ない。

また証如は、「実悟系図」によれば「大僧都権僧正天文十八年　以勅書被叙、大納言　叙法眼」とあり、実如までより一段進官したようであるが、門跡補任は次代顕如をまたねばならなかった。ただ証如の公家化の願望は、証如下付の実如真影の中に見られる「鶴丸紋」装束着用のものに象徴される。(註7)すなわち、「鶴丸紋」が本願寺の定紋としてまず認識されたと考えられるのである。下付物については次章でふれるが、定紋についてはは今ここで若干の検討を加えておきたい。

永禄二年(一五五九)、顕如十七歳にして門跡成を果たしたことが「御湯殿上日記」(註8)に見られ、顕如によって実如、証如以来の悲願が実現したといえる。これは翌々年の親鸞三百回御遠忌を視野に入れたもので、この法要こそ儀式・装束の面でも、公家化そして顕密仏教化の頂点に達した場面と見てよい。(註9)

そして、この頃の顕如下付真影の紋を確認すると、自身の寿像は存在しないものの、一門の教行寺実誓の

同裏書

証如上人寿像（大阪府貝塚市願泉寺蔵）

顕如下付の真影は「鶴丸紋」の装束を着用しており、[註10]次代教如下付の顕如真影の中には「八藤紋」が採用されているところを見ると、定紋が二通りになったことが知られる。

『法流故実条々秘録』に「一、本願寺御家之御紋（モン）、根本ハ鶴丸（ツルマル）也。日野家之紋也。御当家一門御一家之衆ハ二鶴也。証如上人ヨリ初テ摂家ノ猶子ト成給テヨリ、御家之紋ハ八ツ藤に改マリ候」[註11]とあり、証如が摂家猶子となったことにより、定紋の格上げをはかったものと見られる。

貝塚市願泉寺蔵の証如寿像[註12]は、衣は鶯色に双鶴紋衣、五条袈裟は茜色系で八藤紋が付けられ、袈裟については右のように証如期に八藤紋が採用されたことを裏付ける。

証如期のこうした公家世界での昇階の動きが、次代の顕如期の門跡成へと直結することになる。さらに顕如期より印判奉書が発給されるようになり、印判の使用も始められたようである。そして後に教如も独自の印判を採用している。印判の使用はこの時期の武家文書の一部にも見られ、時流の一環とも考えられるが、これも門跡成と無関係ではなさそうである。

門跡成によって、勅許院家に本徳（本宗）寺・願證寺・顕證寺の三ヵ寺が、坊官に下間頼良、頼龍、頼充の三名が任じられた。さらに今ふれたように証如期には見られなかった印判奉書が永禄後期より見られるようになる。印文は「明聖」で、袖判となっているが、必ずしも坊官三名の奉書ではなく、永禄期の下間証念（頼総）の懇志請取状にも見られる。(註13) 概して懇志請取状に多く、天正期の石山合戦時の戦況関係のものは、押印の規則性は判然としない。この点については今後の課題でもある。

また、時期は判然としないが、教如は隠居の身である「裏方」となった後に使用を始めたならば、これも「裏」である意識を否定したものとも考えられる。

顕如は教如とともに、天正八年（一五八〇）閏三月五日勅命講和により、誓紙を庭田大納言（重保）・勧修寺中納言（晴豊）宛に提出し、大坂退城が同日付の坊官三名連署の誓紙に告げられた。しかし、この僅か八日後の閏三月十三日に教如は、「表裏は眼前」「数代聖人の御座ところを、かの物共の馬のひつめにかけしはてんこと、あまりに〱くちおしく歎入候」と、雑賀惣中に拘様の支援を要請し、全国的に同意文を発している。(註14)

顕如は、教如のこうした拘様断行に対し「開山尊像をハしめ、悉相果候ハヽ、可為法流断絶候事、歎入計候」(註15)と同様に全国に発信する。

教如の拘様は七月中旬までが限界であったようで、信長より七月十七日に血判誓紙を受け近衛前久が講和・退去の仲介に入った。こうして八月二日に教如は大坂を退城することになる。

このように顕如は、正式な勅命講和にもとづいて大坂から鷺森へ退去するが、寺基を失っても開山木像と、門跡たる自身の身分と身体、門徒の安全が保証されるならば、「本願寺」は存在し続けるのである。すなわち、顕如の言う「法流断絶」を免れることになる。

一方、教如は講和に対して抵抗を示した。誓紙提出直後に拘様の決意と支援要請を全国の門徒に触れているのは今見た通りである。聖人の御座所が失われ、さらに軍事施設に変貌することはまさに本願寺の消滅に加え、仏法への冒瀆、『経』にいう「誹謗正法」に等しいものであったに違いない。それは、法流拠点の消滅をも意味するものであった。殊に信長は、教如には「表裏眼前」の裏切者と映っていたようで、木像や顕如の考える本願寺の安堵も保証されたものではない、との認識であったと思われる。

しかし、明らかに勅命講和に対する造反であり、この点だけでも顕如との対立は避けられないものがあった。したがって、互いの意志伝達に問題があったこともあるが、首尾よく伝達されていても両者の思惑の差は明瞭であり、いずれにしても拘様は断行されたとも推定される。このような宗教的信念の強靭さが、後に秀吉から廃嫡されることになっても、迷うことなく別立に向かう原動力となっていったものと見られる。

すなわち、教如は顕如に義絶されるに及んでも、顕如書状に見られる「世務交替」(代替わり)を門末に広く伝えている。加えて、天正九年(一五八一)には、三河地域の三ヵ寺傘下の主要寺院を中心に証如真影を下付したり、後述するように親鸞絵像、親鸞絵伝などを各地に下付したりしている。それらはこれも後述するように、裏書も整った流麗な文字で書かれており、祐筆はじめ指示系統や製作工房との連絡が困難になったことを、全く感じさせない。

一方、鷺森へ下向した顕如も、天正九年前後にはかなりの下付物が見られる。(註16)やはり門主としての活動を継続しているのであり、両者が同時に競合する形で下付活動が行われていた。

こうした構図を前提として教如の拘様断行を見てみると、例えば美濃国河野門徒専福寺忍悟が、天正四年(一五七六)に教如支援のもとに落命しており、これを機にさらなる支持基盤が醸成されたと考えられ、合戦を通して強固な支持基盤が構築されたようである。[註17]その様子は、後述する美濃郡上安養寺への下付物からも見て取れる。すなわちそれは、「勅命講和」という世俗の論理を超えた「仏法領」の論理に転換されていったのである。

これがやがて、秀吉から廃嫡を命じられ隠居の立場になりつつも、影像類の下付活動を継続してゆくことにも繋がり、同時に家臣団組織を維持し得たこともその統率力に起因するであろうことを、ここで確認しておきたい。

以上、文書等より顕如と教如の講和をめぐる思惑の差を検討してみた。次に具体的な下付物をめぐる両者の思惑について、さらに検討してみたい。

二、顕如の下付物について

顕如に関わる門主的活動については、青木忠夫氏や安藤弥氏らの報恩講や御遠忌についての論考が先行するが、[註18]下付物についてはあまり考察されていないようである。まずここで、顕如の下付物について概観しておきたい。

本尊類は前代同様、「絵像本尊」が主流であるが、いわゆる一貫代といわれる大型のものは実如期をピークとし、証如期よりさらに少なく、代わって小型のものが増加する。数的統計の用意はないが、道場の細分化・在家仏間化が進行していることが窺われる。また墨書十字名号に「方便法身尊号」として、裏書が認められるものも存在し、[註19]蓮如以来もともと僅少ながらこれを継承していたが、教如には見られなくなる。

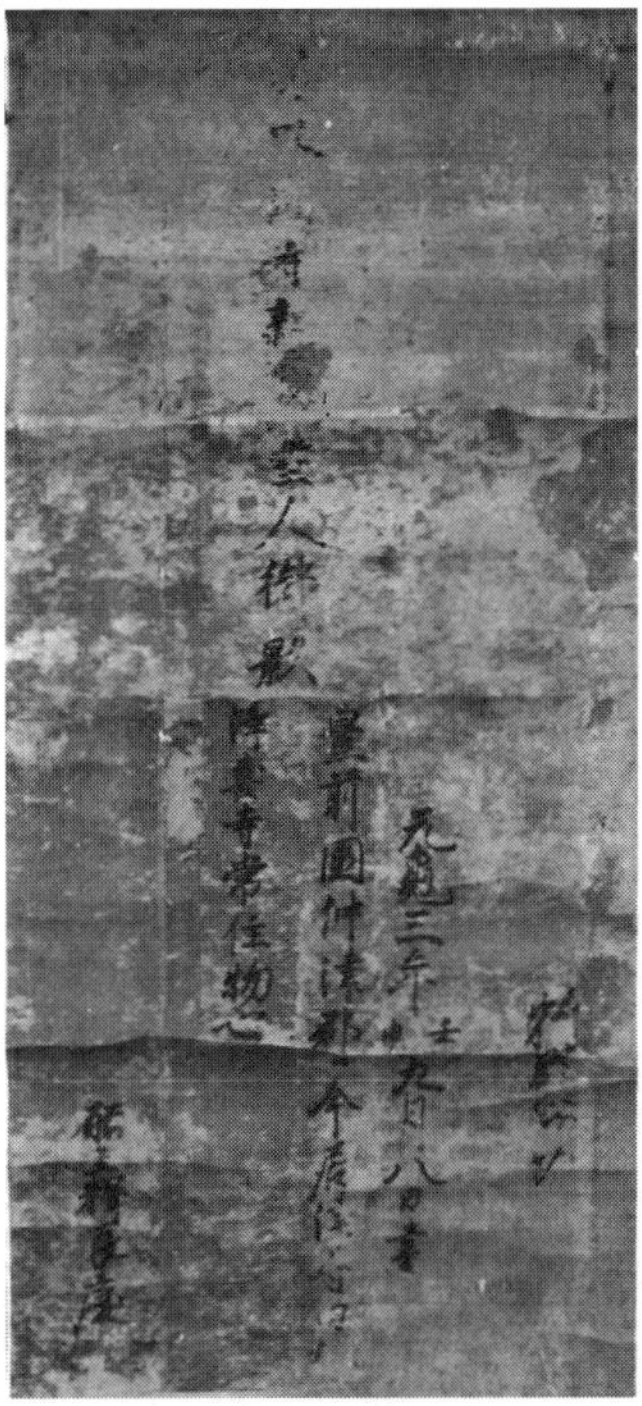

同裏書

親鸞聖人御影(福岡県行橋市浄喜寺蔵)

親鸞御影についても、前代同様多くは見られない。元亀三年(一五七二)に九州の大坊主に三点下付されている点が、特に注目される。九月八日に「豊前国仲津郡今居津守田村/浄喜寺常住物也/願主釈良慶」(行橋市浄喜寺蔵)、八月二十八日に「豊後国海部郡臼杵庄末弘村/竹尾善法寺常住物也/願主釈正従」(臼杵市善法寺蔵)、十二月二十四日に「善法寺門徒筑後国三井郡河北庄/仁王丸村真教寺常住物也/願主釈祐善」(久留米市真教寺蔵)の三ヵ寺で、北九州を代表する大坊主である。(註20)そして礼盤は各者三ツ狭間となっている。善法寺など『天文日記』に見られる寺もあり、かなり制限されていたと考えられる。

ところが、天正十一年(一五八三)十一月六日の「□□(紀州)名草郡雑賀庄□(宇)治郷/鷺森坊舎常住物也」とする親鸞御影は、真向きでなく二ツ狭間の通例の様式である。[註21]鷺森坊舎は、同十二年に貝塚に移るまでの御座所であるが、二ツ狭間の通例形態であることは理解し難い。二ツ狭間、三ツ狭間の格の問題は、顕如においては今一つ明瞭ではないといわざるを得ない。ただ、きわめて制限された下付物であることに変わりはない。

また、前住証如真影は、天正六年（一五七八）十二月十二日「播州赤穂郡坂越庄鍛屋村／万福寺常住物也／願主釈誓乗」や、元亀三年十二月八日「勝厳（ママ）寺門徒越前国坂北郡川口庄／細呂木郷今道村惣道場物也」[註22]など、黒衣証如像が散見され、前住としての色衣・紋五条などの証如像は管見に入っておらず、かなり制限されたものと思われる。

そして、顕如の下付物で最も注目すべきものは、同日下付の次の二点の「本願寺代々次第」である。

A本は連座像で、B本は墨書列名に蓮台も描かれる。銘は以下のようである。

本願寺代々次弟（ママ）

如信上人　覚如上人　善如上人　綽如上人　巧如上人　存如上人　蓮如上人

実如上人　證如上人　顕如上人（教如）[註23]（点線内は後筆と思われる。教如筆ヵ。）

顕如下付のため一部後筆と思われる部分も見られるが、蓮台もほぼ当初のものとしてよい。A本の十名の面貌は、札銘が無くほとんど似ていないが、B本によって特定できる。これについてはすでに以前考察したが、[註24]その時点ではB本を知らなかったものの、結果は同じであった。

これについて注目すべき点は、如信は親鸞同様帽子（もうす）を巻き、以下蓮如までは僧綱襟の無地衣に白糸無地の五条袈裟を着用することである。ただし五代綽如は小威儀も肩に掛ける。蓮如まではおそらく、本願寺に伝

A **本願寺代々次第**（大阪府柏原市光徳寺蔵）

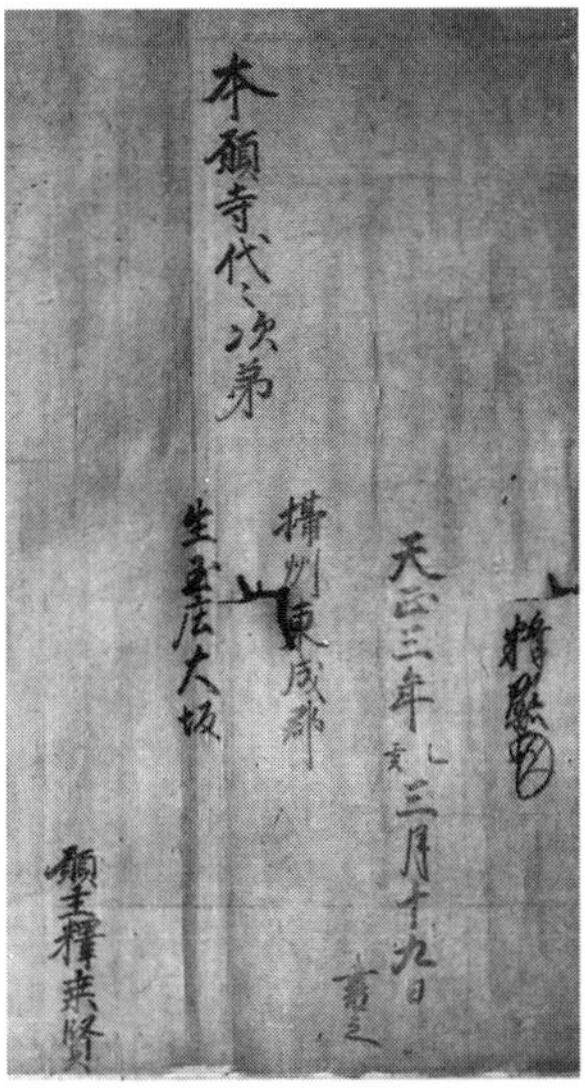

同顕如上人筆裏書

本願寺代々次弟（ママ）

釈顕如（花押）

天正三年乙亥三月十九日　書之

摂州東成郡
生玉庄大坂

願主釈乗賢

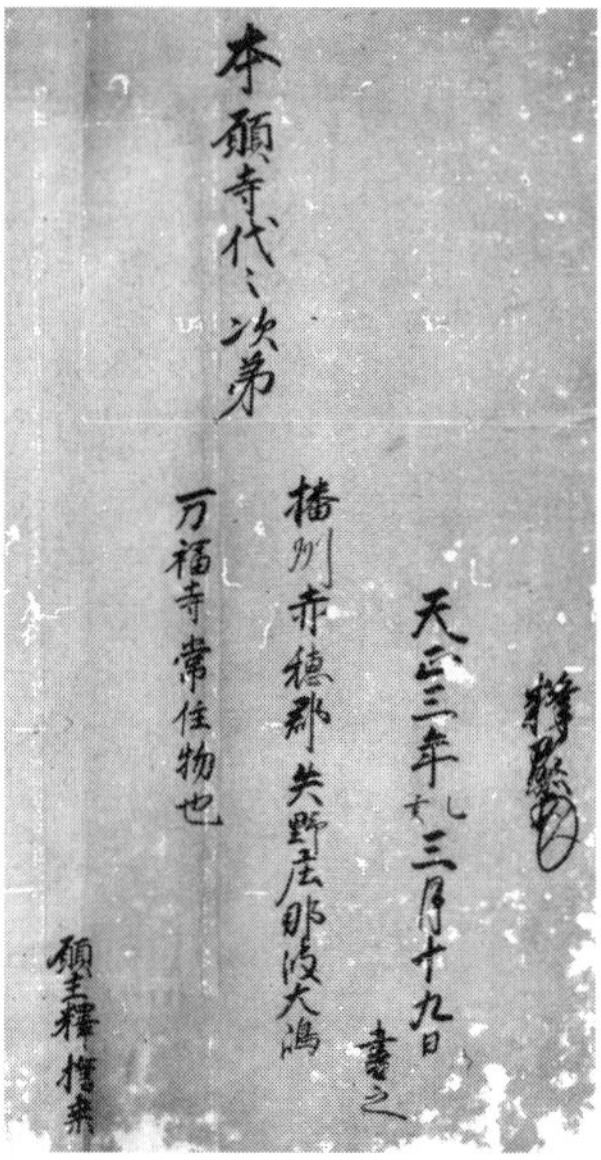

同裏書

本願寺代々次弟(ママ)

釈顕如(花押)
天正三年乙亥三月十九日
書之
播州赤穂郡失野(ママ)庄那波大嶋
万福寺常住物也

願主釈誓乗

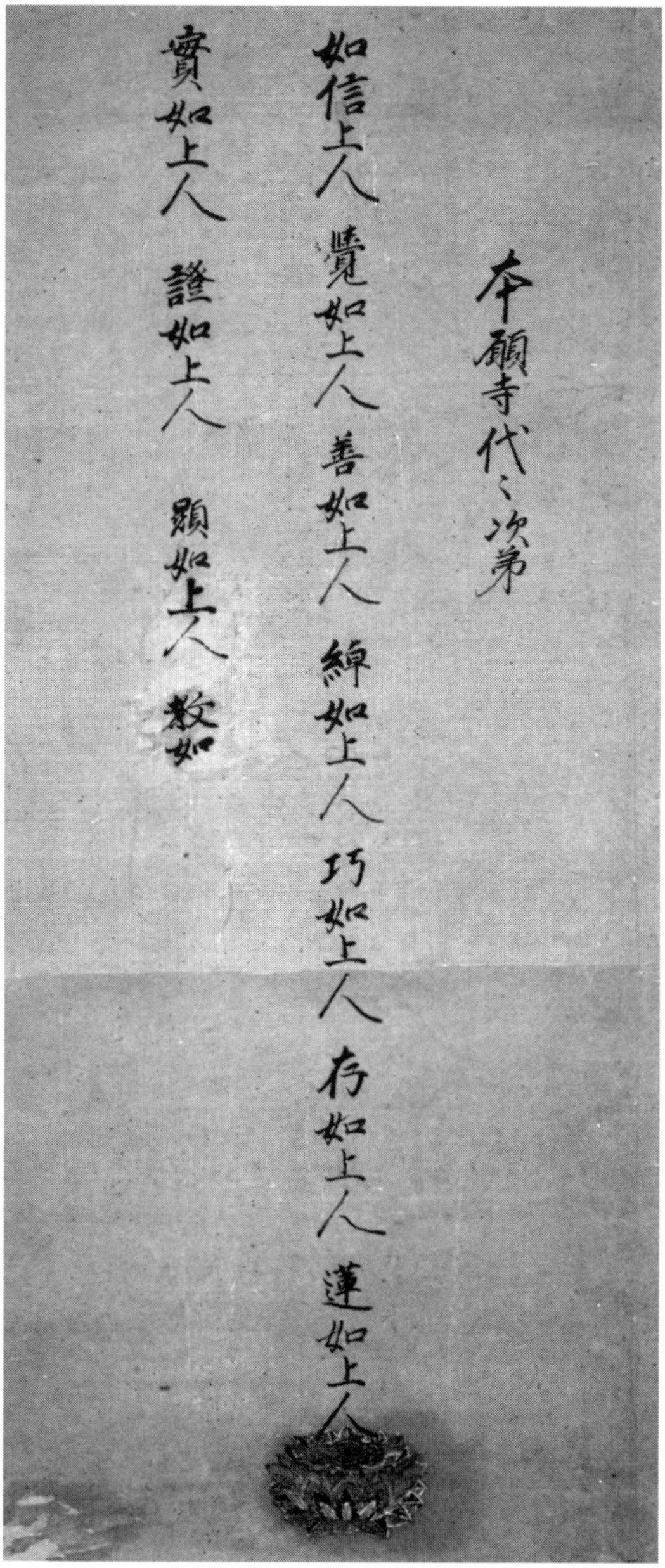

B 顕如上人筆 本願寺代々次第
(兵庫県姫路市萬福寺蔵、写真提供兵庫県立歴史博物館)

わる「山科八幅御影」に倣っていると思われるが、同御影では六代巧如が小威儀を肩に掛けている。そして実如は、袈裟、衣（両者色装）が鶴丸紋となり、証如、顕如はさらに八藤紋となる。ここに、実如以降の「格」の上昇が一目で分かるよう視覚化されることになる。

ただ類例は今のところ他に無いが、萬福寺本が墨書列名であるのに対し、光徳寺本が影像であることは、光徳寺乗賢が御堂衆という顕如側近の一人であることによると考えられる。地方の大坊主と御堂衆との格差が、天正三年三月十九日の同日下付であるだけに、明瞭に示されているといえよう。

本願寺歴代銘は、すでに蓮如筆[註24]（石川県金沢市専光寺蔵）、実如筆（金沢市広済寺蔵）が見られる。[註25]前者は、いわゆる裏書では無い。前者は萬福寺本と同様な配置、後者は「親鸞聖人」が上方の礼盤にあり、歴代が下方の上畳に並ぶ。前者は蓮台等もなく礼拝物と見てよいか微妙であるが、後者は礼拝物と見られる。これも金沢坊舎に下った御堂衆に下付されたものとするなら、「格」高の人物に下付されたと見られる。前者には「八十二歳（花押）明応五年六月廿八日書之」と蓮如の裏書があるが、表裏一致したものとは限らず、願主のある本来の裏書は、やはりこの顕如筆の二点を初出と見てよいであろう。

また、本願寺の定紋使用については、すでに触れたように、蓮如にはその兆候は無く、実如にも具体的な徴証は見出せない。証如下付の実如真影や顕如下付の「本願寺代々次第」の実如像に鶴丸紋の使用が見られ、実如以来という認識であったことがここでも知られる。そして、門跡成における定紋の格の確立と宗門内の紋の階層化は、証如にその兆候が見られ、顕如により確立されたと考えられる。東派系の故実書である『安永勧進』の指摘は、ほぼ当たっている。

三、教如の下付物について

一方、教如は拘様により何を守ろうとしたのか、下付物から読み取れる点を見ておきたい。まず、文書からも読み取れるように、「大坂」という「場」にこだわった点に注目される。大坂本願寺は、聖徳太子以来の旧跡地に蓮如が創建した坊舎を遠源とし、それはやがて本願寺となり、蓮如以来「数代の御座所」としての「場」となった。つまり、親鸞の廟所たる本願寺の、いわば蓮如以来の法城・聖地にこだわったのであり、それ故に、軍馬の蹄の下になることは許されなかったのである。

そして、父顕如から義絶され「流浪」の身となっても、「大谷本願寺釈教如」と名乗り続けることにより、証如真影だけでなく、顕如が下付を制限していたと思われる親鸞御影や親鸞絵伝を、敢えてこの時期に要望に応えて多数下付したとも考えられる。以下にそれらを掲げるが、未紹介のものもあり、裏書の書式通りに記しておきたい。

まず、酒田市安祥寺は、次のような親鸞聖人御影を所蔵する。

A

大谷本願寺親鸞聖人御影

釈教如（花押）
天正九辛巳年九月十三日書之
出羽国田河郡大泉庄酒田
湊津安詳（ママ）寺常住物也
願主釈□□

※礼盤　三ツ狭間

（山形県酒田市安祥寺蔵）

さらに、親鸞絵伝については四点が管見に入っている。これも次に示しておきたい。

B

大谷本願寺親鸞聖人伝絵

釈教如（花押）

天正九年巳辛三月二日書之

濃州郡上安養寺常住物也

願主釈乗了

（岐阜県郡上市安養寺蔵）

C

大谷本願寺親鸞聖人伝絵

釈教如（花押）

天正九年巳辛五月廿八日書之

江州犬上郡甲良庄

四十九院唯念寺常住住物也

願主釈巧舜

（個人蔵）

D

大谷本願寺親鸞聖人伝絵

釈実如（花押）（貼付）
釈教如（花押）
天正九年辛巳十月二日書之
江州伊香郡
冨永庄唐川
長照寺常住物也

（滋賀県長浜市長照寺蔵）

E

大谷本願寺親鸞聖人伝絵

大谷本願寺釈教如（花押）
天正九年辛巳十一月廿八日書之
信州水内郡大田庄赤沼郷
真浄寺常住物也
願主釈明海

（新潟市真浄寺蔵）[註26]

このように親鸞に関わる重要下付物を、天正九年という不安定な時期に各地に下付していることに改めて気付く。これらは今後も発見される可能性がある。

顕如もこの時期、親鸞絵伝を下付している。天正八年七月九日に「江州犬上郡冨尾保内佐目／法蔵寺常住物也／願主釈空明」（滋賀県彦根市法蔵寺蔵）、同年十一月十三日に「濃州安八郡津布良庄／奥村称名寺常住物也／願主釈性宗」（同県長浜市称名寺蔵）と鷺森移徙（いし）直後より見られる。そして翌九年九月二十七日には、「江州浅井郡湯次／誓願寺常住物也／願主釈明乗」（長浜市誓願寺蔵）、翌十年十月十四日に「近江国愛智郡薩摩／善照寺常住物也／願主釈唯明」（彦根市善照寺蔵）に下付する。(註27) 後者は教如との和解後である。調査は行き届かないが、この時期「絵伝」拝受の気運が、近江の湖北周辺の門末の間にあったようにも見受けられる。

また以前、岐阜県郡上市の安養寺蔵親鸞絵伝について若干の考察を試みたことがあるが、(註28) 安養寺が拘様に加担したことなどにより、顕如側が難渋し、結局教如により下されたのである。

さらに安養寺には、分派以前にはほとんど事例の無い太子・七高僧双幅が、やはり同年教如より下付される。裏書は両者とも次のようである（首題の記載なし）。

　　　　　　　　　　釈教如（花押）
　　　　天正九年辛巳十二月廿三日　書之
　　　　　　濃州郡上安養寺常住物也
　　　　　　　　願主釈乗了

なお同寺門徒には、「蓮如上人真影／大谷本願寺釈教如（花押）／天正九辛巳年十二月十三日書之／安養寺門徒濃州郡上郡下田郷木嶋村／願主釈修願」（岐阜県郡上市真行寺蔵）が伝わり、安養寺乗了の代理として参戦し

たと伝える。[註29]

他の寺々の状況は不明であるが、拘様協力の褒賞的側面を超えて、制限が厳しく加えられていたものを全国的に下付する背景を、別に求める必要もあろう。

そこで一つの視点として、蓮如が比叡山の大谷破却により流浪しつつ、応仁二年（一四六八）には光養丸（実如）への譲状を認めるも、長男順如が近松坊舎を守護し、自身は吉崎に教化の拠点を構築する点に注目したい。その間にも蓮如は、絵伝等を摂津堺道顕（文明二年十月二十八日）、河野門徒善性（同十二月十一日）、加賀木越光徳寺（同三年六月二十五日）など、この時期にやや集中して下付する。もちろん、親鸞御影や寿像も並行して下付する。ただ文明期の絵像本尊の多くは、十五年に順如が没するまで順如が下付しており、本願寺住持は順如であったことになる。[註30]

教如が、寺基と立場を失っても、むしろ後継者としての継承を宣言しつつ、門主活動を開始してゆくのも、蓮如が本願寺を破却され譲状を認めながらも門主活動を継続したことと重なる。教如には蓮如の影響と回帰意識を見ることができるように思われる。すなわち、教如の場合、講和の破棄よりも法城の滅亡の方が重いということになる。やがて、別立本願寺等の成立とともに多量の寿像を蓮如のように門末に下付したことや、教如が親鸞伝絵の決定本たる「康永本」を離さなかったことも想起すれば、蓮如の門主的活動と、蓮如の打ち立ててゆく本願寺こそが、教如の行動原理となったように思われる。天正九年、義絶され不安定な危機的状況の中にあって、親鸞御影や親鸞絵伝の下付は、拘様と別な形で連動しているようにも見て取れる。

それと今一つの顕如・教如の下付物の特徴は、顕如には寿像がほとんど見られないのに対し、教如寿像は慶長六年（一六〇一）あたりから急増することである。実如以来の歴代の寿像は、証如は実如に比べると多いものの、蓮如に比べやはり少ない。そして、これらは全て黒衣・墨袈裟である。教如寿像も大半は黒衣・墨袈裟で、例外的に富山県南砺市の城端善徳寺のように八藤紋衣の裘帯装束のものも存在する。これは近世の寺院化格付の過程で、寺格に応じて安置影像の装束の差が生じてきたものと考えられているが、(註31)戦国期にも本願寺の権威化とともに、すでにそうした発想の萌芽が存した可能性がある。先に挙げた証如下付の美濃安養寺宛や、近江慈敬寺宛(現広島県三次市照林坊蔵)の鶴丸紋衣の実如真影がそれであり、今の善徳寺宛の教如寿像もその一環であろう。

紋や装束が規定されてくると、前住像や寿像も基本的にこうした規定に合わせねばならない。少なくとも顕如は、黒衣装束の寿像をもほとんど下付せずに生涯を終えた。教如の場合、大半は別立以後の下付であるが、この点も対照的である。

おわりに

勅命講和とそれに続く大坂本願寺退去において、顕如と教如のとった行動は、結果的に親子義絶となった程の対極的なものであった。本稿では、文書より推計される事柄と、下付された礼拝物にその要因を見出したが、重なる記述となった部分もある。ここで、一応の結論と見通しを立て、結びとしたい。

顕如は、講和における誓紙によって信長に安堵されているので、形は無くなっても本願寺が門跡であることに変わりは無く、それとともに祖像が無事であれば、法流は維持されてゆくとした。これは、本願寺がすでにそれだけの権威ある存在であったからに他ならない。すなわち、善知識(正法の継承者としての門主)たる顕如は本願寺そのものであり、大坂本願寺が信長の手に渡っても、顕如が存命していれば、それは本願寺の滅失を意味するものではない、と考えたのである。その意味では、顕如は証如の構築した本願寺の理念の継承者と位置付けることができよう。

一方教如は、法敵信長に仏法領たる法城を奪われ、顕如より義絶され新門の立場を失ったものの、拘様を支援した多くの門徒を引き続き味方につけ、この間も本願寺住持として存在し続けた。ここに本願寺の第一次分裂が現実となり、そしてやがて来る顕如没後の第二次分裂の前哨となった。

こうした一連の流れは、顕如没後、如春尼によって画策された結果であると一般に考えられてきたが、少なくとも今一度考え直してみる必要がある。上来見てきたように、教如の考える蓮如回帰を基底とする本願寺の存在意義と、証如や顕如による門跡成という権威化への道程との微妙な思惑の差、および継続する多量の教如下付物から推して、教如を支持する門末の結束の軟化が進まなかったと見てよいと思われるためである。そして、第二次分裂後も憂慮すること無く、「裏方」本願寺教団経営を継続していることからも、それが窺われる。少なくとも、慶長三年（一五九八）母如春尼、豊臣秀吉が没し、翌年弟の興正寺顕尊が没するまで、「裏方」が「表」を凌いでいたことは充分に推察できる。

さらに言い換えれば、先代証如志願の権威の頂点たる門跡成が実現したことで、本願寺は天皇の権威に組み込まれたため、顕如は勅命講和に服さざるを得ず、この講和に本願寺の「安泰」を託す以外に道は無かったといえよう。

しかし、教如は信長を信用せず勅命講和を破棄、本願寺を門徒と共に「拘様」により死守し、後々まで関係を継続した。さらに秀吉の隠居の命にも反し、多くの武将らをも味方に取り込み、(註32)本願寺の「再現」を実現させていった。このように、もともと両者には大きな性格の相違が想定され、如春尼が教如の不行儀を秀吉に訴えたために教如は廃嫡となるが、結果的には本願寺の「再現」は「安泰」に収束せず、「分裂」という道程で実現されていったと見ることができよう。

なお、本稿作成にあたり、金龍静氏、安藤弥氏、木越祐馨氏、ならびに同朋大学仏教文化研究所より情報提供を受けた。また行橋市浄喜寺様・柏原市光徳寺様・赤穂市萬福寺様より写真掲載をお許しいただいた。記して謝意を表したい。

〈註〉

(1) 図録『鷺森本願寺の歴史と寺宝』八頁「顕如上人消息断面」(鷺森別院蔵顕如上人消息断簡)(和歌山市立博物館、一九九〇)。

(2) 拙稿「三河本願寺教団の復興と教如の動向—石山合戦終結をめぐって—」(『中世仏教と真宗』吉川弘文館、一九八五)。

(3) 例えば石川県小松市西照寺に所蔵される(『新修小松市史』資料編9 寺社 二三五頁)。また奈良県吉野郡本善寺、新潟県上越市浄興寺には和歌の冒頭に「法印権大僧都兼寿」とある。

(4) 「実悟日記」一五九(稲葉昌丸編『蓮如上人行實』一一一頁、法藏館、一九二八)。

(5) 早島有毅「戦国仏教の展開における本願寺証如の歴史的位置」(『大系真宗史料 文書記録編八 天文日記一』〈解説〉、法藏館、二〇一五)。

(6) 木越祐馨「戦国記録編年をめぐる若干の問題」(『大系真宗史料 文書記録編五 戦国期記録編年』〈解説〉、法藏館、二〇一四)。

(7) 岐阜県郡上市安養寺蔵の裏書は次の通りである。

「実如上人真影／釈実如(花押)(木版)／釈証如(花押)／天文七稔(戊戌)四月十七日／美濃国郡上郡野里村／大塼安養寺常住物也／願主釈了円」(一九八四年調査)。

広島県三次市照林坊蔵の裏書は次の通りだが、江州慈敬寺に下されたものである。

「実如上人真影／釈証如(花押)／天文十六年(丁未)四月十六日／江州志賀郡／堅田新在家／願主釈実誓」(同朋大学仏教文化研究所調査写真)。

いずれも僧綱襟に紋入の色衣と五条袈裟を着用しており、双鶴丸紋である。

(8) 註(6)二四二頁。

(9) 親鸞三百回忌については、安藤弥「親鸞三百回忌の歴史的意義」(『真宗教学研究』第二七号、二〇〇六)に詳しい。

(10) 拙稿「教行寺実誓影像とその周辺」(『蓮如上人研究』思文閣出版、一九九八)。天正七年二月二日、顕如が「実誓真影」を証誓に下付している。

(11)『真宗史料集成』第九巻(同朋舎、一九七六)四二三頁。

(12) 図録『貝塚願泉寺と泉州堺』(堺市博物館、二〇〇七)二五頁写真。

(13) 石川県鹿島郡乗念寺蔵。口絵参照。

(14)『本願寺史』第一巻(浄土真宗本願寺派宗務所、一九六一)。

(15) 註(1)八頁、五月二十四日付顕如書状。

(16) 金龍 静「教如史料論」一六九頁(『教如と東西本願寺』法藏館、二〇一三)。ただ、長野県須坂市勝楽寺蔵蓮如絵伝は顕如裏書で「天正九年四月十四日」の日付となっているが、近時近世の作品であると判明した(蒲池勢至「柳田賞を受賞して、二題」『同朋大学仏教文化研究所報』第二八号、二〇一五)。

(17) 岐阜県羽島市円覚寺に、二月十六日付濃州坊主衆中・同御門徒中宛下按法(下間頼龍)書状が所蔵される。これには「仍専福寺忍語(悟)不慮之仕合、不是非候、然者跡目之儀、則忍勝被仰付候条、諸事被申談、弥御坊御繁昌(カ)候様、才覚専用御城大蔵卿様へも、当専福寺□懇之御理候間、忍勝事、各馳走専一候、此等之通、被仰出候」とあり、由緒書等でも天正四年に忍悟の討死が語られる。なお、円覚寺は旧専福寺である(二〇一五年五月調査)。

　また、大坂退去直後の天正八年五月四日に能登国若山庄の釈慶□に教如が証如真影を下付した事例も見られる(石川県鳳珠郡法融寺蔵、図録『能登の真宗』石川県七尾美術館、二〇一三、二七頁)。

　顕如も、すでに天正八年九月頃より下付を再開しており、九月十三日恵光寺下河州古市郡誉田釈徳乗に木仏、十一月九日に越前陽願寺善光に親鸞御影、同十三日に濃州安八郡称名寺性宗に親鸞絵伝(本文掲出)などの下付事例が見られ、漸次、絵像本尊、親鸞御影、蓮如真影、木仏などが増加する。殊に顕如は木仏の下付が見られるようになるが、偽作も多く見られ、この点注意が必要である。

(18)青木忠夫『本願寺教団の展開 戦国期から近世へ』（法藏館、二〇〇三）。安藤 弥「戦国期本願寺『報恩講』をめぐって―『門跡成』前後の『教団』―」（『真宗研究』第四六輯、二〇〇二）、「親鸞三百回忌の歴史的意義」（『真宗教学研究』第二七号、二〇〇六）。
(19)同朋大学仏教文化研究所編『蓮如名号の研究』（法藏館、一九九八）二〇七～二〇八頁。
(20)金龍静氏、草野顕之氏のご教示による。
(21)註（1）九頁。
(22)前者は兵庫県赤穂市萬福寺蔵（図録『播磨と本願寺』兵庫県立歴史博物館、二〇一四、八三頁）、後者は福井市河合勝見照厳寺道場蔵（図録『真宗の美』福井県立美術館、二〇一四、一八一頁）。
(23)図録『播磨と本願寺』八九頁（二〇一三調査）。
(24)『図録蓮如上人余芳』（本願寺史料研究所編、一九八八）。
(25)これについては、吉田一彦「大谷本願寺第七世釈蓮如」（『親鸞門流の世界』法藏館、二〇〇八）が考察されており、実如が親鸞以来の歴代を確定したとされるが、蓮如本・実如本・萬福寺顕如本と合わせて、再考の余地がある。
(26)A、Bは同朋大学仏教文化研究所調査資料による。Cは筆者調査による。Dは長照寺小史『轍』掲載写真。Eは図録『親鸞となむの大地』（新潟県立歴史博物館、二〇一四）三二一～三二三頁写真。この項は、一部安藤弥氏のご教示による。
(27)彦根城博物館『法蔵寺の歴史と美術―彦根の寺社―』（彦根市教育委員会、一九九二）。『実如判五帖御文の研究』研究篇下（同朋大学仏教文化研究所、二〇〇〇）。彦根城博物館『祈りの造形 近江・彦根の仏教美術』（彦根市教育委員会、一九九一）。
(28)註（2）拙稿。
(29)楠 祐淳『安養寺の歴史』（安養寺、一九八五）。
(30)吉田一彦「本願寺住持としての順如―再評価の試み―」同朋大学仏教文化研究所編『蓮如方便法身尊像の研究』所収（法藏館、二〇〇三）。
(31)この点については別稿を用意している。
(32)拙稿「文化人としての教如―自筆書状にみる交流―」（『教如と東西本願寺』法藏館、二〇一三）。

第十一章　天満・京都時代の顕如本願寺と洛中本願寺屋敷

大原実代子

はじめに

本願寺が、天正十三年（一五八五）に貝塚から大坂天満に移転して以降の顕如および本願寺の動向を、また、顕如の死後、教如隠居、准如継職、本願寺の東西分派にいたるまでを、教如・准如らの動向とともに編年順に追っていく。そのなかで、豊臣秀吉との関わりを中心に、それまであまり知られていなかった、洛中にあった本願寺の屋敷について、史料を交え、いくつかの問題点について考察していく。

なお、本文中で東西分派以降の本願寺については、単に本願寺と記した場合は本願寺派本願寺を、東本願寺と記した場合は大谷派本願寺を指すものとする。

一、本願寺、天満に移る

1　貝塚から天満へ

天正十三年（一五八五）五月、豊臣秀吉は本願寺に対して天満の地を寄進した。秀吉自らが縄打ちをし、大坂寺内よりも広い土地であった（『貝塚御座所日記』同月四日条、以下『貝塚記』とする）。ただしこれは、本願寺に対する秀吉の手厚い庇護によるものでは決してない。本願寺移転によって、寺内町が形成され、天満周辺の開発が進むことをねらった、秀吉の政治的思惑によるものであった。

また、秀吉は本願寺移徙までにも、建設中の新本願寺を数度訪問しているが、それはその完成を見守るのではなく、監視するためと考えられる。それは堀・土居など、一切の防御施設の設置を許さなかったことからもうかがえる。天満は、秀吉の居城である大坂城から見下ろすことができ、監視下におくには絶好の場所でもあった。（註1）

寺基寄進を受けた顕如は、ただちに両堂など主要建物の整備に着手した。八月四日には阿弥陀堂・御亭・御うへ・御台所の石礎、同月十日柱立、九月六日に阿弥陀堂の移徙が行われた（龍谷大学所蔵「天正十三年阿弥陀堂御石礎其他記」）。ただし、この時の阿弥陀堂は仮建てであった。顕如らは、阿弥陀堂の移徙祝儀が行われる前の八月三十日に貝塚から船で天満中島へ移った（『言経卿記』）。続いて、翌十四年六月四日には御影堂の礎、同月二十八日柱立（「天正十三年阿弥陀堂御石礎其他記」）、七月十九日棟上、八月三日に移徙が行われた（本願寺所蔵「天正十四年御影堂御棟上之次第」）。

また、この年、顕如を准后に任じるという話があった（『言経卿記』十一月十三日条）が、理由は不明であるが、顕如はこれを辞退したという（『法流故実条々秘録』巻一―四四）。

阿弥陀堂移徙が終わって間なしの天正十三年九月十四日、秀吉は有馬（兵庫県）湯治に行く途中に本願寺に立ち寄り、十二月二十七日にも再訪している。二度目の来訪時には、顕如は連歌会を催し、本願寺名物である盆石「残雪」（写真①）を飾るなどしてもてなした（『貝塚記』）。

なお、この盆石「残雪」は、顕如の死後、顕如遺物として如春尼から秀吉に贈られたが、元和三年（一六一七）の火事で本願寺両堂などが焼失した際に、高台院（秀吉室）から火事見舞いとして本願寺准如に贈られ、[註2]再び本願寺の所有となった。以来、「本願寺名物」として襲蔵され、珍重されている。「残雪」石は、興味のない者にはただの石に過ぎないが、戦国時代にあっては、贈答の対象として政治の道具としても重要な役割を果たしていたのである。

写真① 盆石 銘「残雪」（本願寺蔵）

戦国大名の間で流行していた茶の湯であるが、当時の茶会記には新門（教如）あるいは下間・川那部らの顕如家臣の名は見出せるが、本願寺門主（顕如）の名は、ほとんど出てこない。顕如の体調不良などもその理由の一つであろうが、茶人としては、顕如よりも教如のほうがその素養が広く認められていたようである。しかし、顕如が茶の湯に全く興味がなかったわけではない。それは名物茶道具を有していたからであるが、ただそれは、茶の湯に造詣が深く、鑑賞のために収集していたというわけではなく、「残雪」石のように、あくまで政治的手段の道具として利用するためであったのではないかと思われる。

また、顕如家臣の一人に下間仲之がいるが、彼はまた能の名手としても著名であり、本願寺以外の場所でも、能役者として訪れ演じるなど、重宝されていた。それは、武家との交渉の場において、仲之の本分である本願寺坊官としての役目を果たすのに有益であったろうことは想像に難くない。彼の存在は、本願寺が対外折衝にあたる際の潤滑油ともなっていた。

特に、天正十六年から二十年にかけて（ただし、十九年の記録はない）は、仲之関与の能興行（本願寺と仲之宅においてが多い）に、浅野長晟・石田三成・前田玄以ら秀吉側近の武将が参会することも多く、秀吉の命によって仲之が舞台を務めることもあるなど[註3]、秀吉との友好関係を保つ上で、重要な役割を果たしていたのである。

ついでに、本願寺所蔵法宝物のなかで、秀吉ゆかりの法宝物に関して付け加えておくならば、かつて本願寺は、秀吉伝来と伝える茶道具（例えば『大正名器鑑』所収「常陸帯肩衝茶入」・野村美術館所蔵「秀吉自作共筒茶杓」）や能面・能装束（野村美術館所蔵「黒船段織分衣裳」）などを多数有していた。これらの中には、「本願寺名物」と称されるものも多くあったが、大正初期に多くの宝物類が本願寺から売りに出された際、これらの品々も寺外に流出してしまった。

2　京都の屋敷地

天満への御影堂移徙が行われた翌年の天正十五年（一五八七）五月、秀吉は本願寺に対し、京都に屋敷地を与えた。十日、「本願寺在京之時之屋敷」について、京都奉行であった前田玄以から下知状が渡され、本願寺家臣の円山内匠が受け取りに出向いている（『時慶記』）。大谷廟地とは別に、洛中に屋敷地が安堵されたのである。しかし、その地は、寺院としての機能を持たない、居住屋敷地であったようである。その後間もなく屋敷が建てられたようで、西洞院時慶は九月にこの本願寺屋敷を見舞っている（『時慶記』同月十二、十三日条）。九月十三日は、天正十四年二月から着工していた聚楽第が完成し、秀吉が大坂城から移徙した日であるので、おそらく、時慶は聚楽第見物のついでに本願寺屋敷を見舞ったのであろう。

それでは、この屋敷地とはいったい、どこにあったのだろうか。本願寺文書の中に、今まであまり注目されてこなかったが、「室町本願寺絵図」（写真②、実際は室町よりも南側に位置するので名称としては正確ではない

同裏判

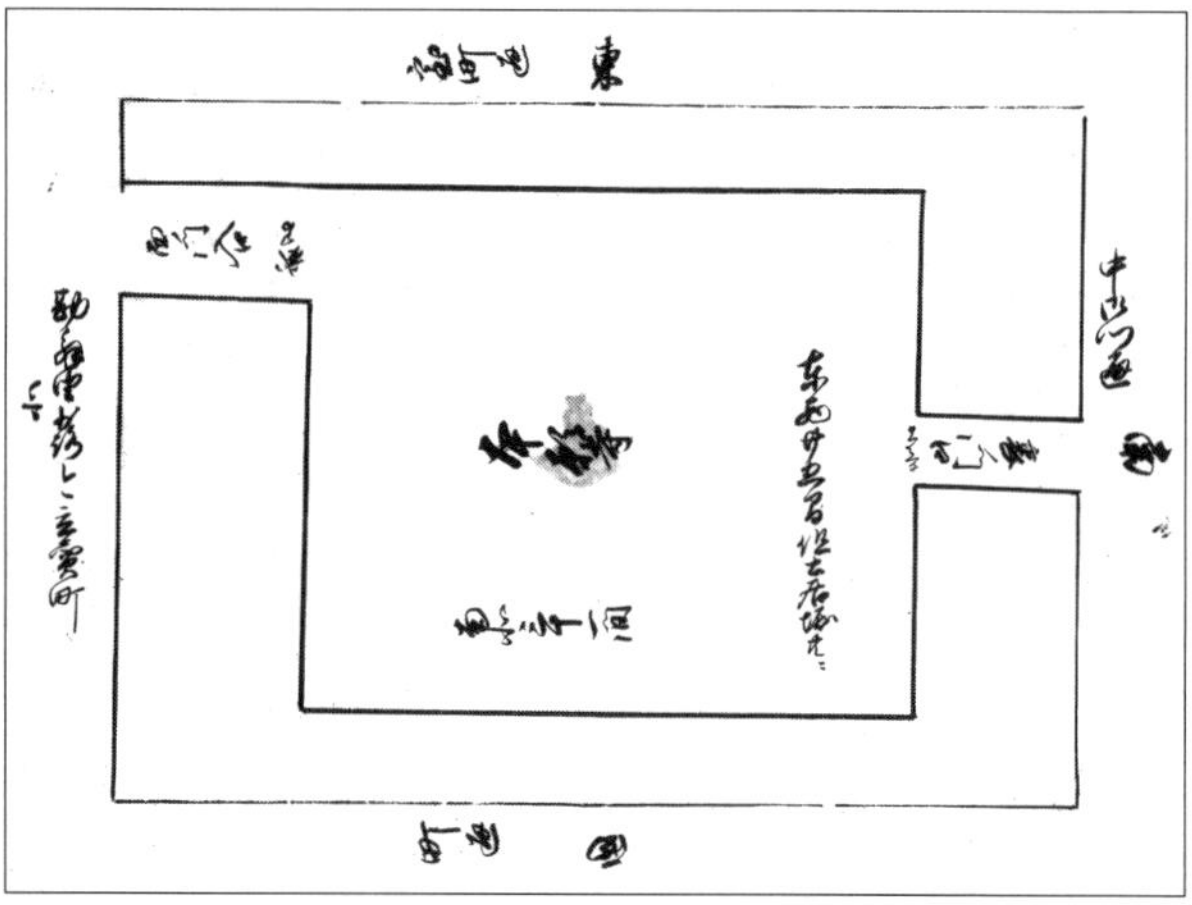

写真②「室町本願寺絵図」（本願寺蔵）

が、便宜上この名称を用いることとする）という略絵図（註4）がある。この場所ではないかと推測し、以下に検証してみた。

この絵図には、室町通、中御門通、勘解由小路今立売町、町通という屋敷地の境界にあたる通りの名が書かれており、広さは、南北三一間、東西二五間、土居・堀を備えたもので、屋敷としては広い土地であるといえよう。町通とは、現在の新町通のことで、これら四つの通りに囲まれた場所は、御所と聚楽第との間の御所寄りの場所、現在の町名に当てはめてみると、門跡町域にあたる。

また、この絵図中央に書かれた「本願寺」の文字の裏には、前田玄以の裏判が据えられている。すなわち、この地は秀吉から正式に安堵・承認された屋敷地であることを示している。本来ならば、この略絵図に対応する秀吉安堵状（前田玄以が出した下知状）が存在していたはずであるが、現在、本願寺においては、この地を安堵する証状やその写などは確認されていない。

天正十五年、玄以は秀吉の命を受けて、御所周辺への門跡寺院および公家屋敷の地割りを行っているので、年代的にも合致する。したがって「室町本願寺絵図」に描かれた屋敷地が、『時慶記』にある記事に該当する地であったと考えられる。

またこの場所は、聚楽第周辺に配置された大名屋敷地の近くにもあたる。天正十七年、秀吉によって聚楽第周辺では大名屋敷の地割りが行われ、同九月には、諸大名に妻子を在京させるよう命じている。要するに大名妻子を人質に取ったのである。この「人質」は、実際は聚楽第内に監禁（軟禁）していたのではなく、聚楽第周辺の大名屋敷に住まわせるということで、江戸時代の江戸上屋敷に大名妻子が居住していたように、その権力と、目が届く範囲内に居住させていたということであろう。そのため、聚楽第周辺に大名屋敷を割り振ったと考えられる。この本願寺屋敷は、それら大名屋敷地にも隣接する場所になる。

事実、天正十八年（一五九〇）、小田原出陣中の秀吉から如春尼に宛てて出された七月五日付仮名消息（本願寺所蔵）に、「るす（留守）のあひた（間）、しゆらく（聚楽）に門せき（跡）もとう（同）せん（然）にさいきやう（在京）のよし（由）まことにきとく（奇特）なる心入にて候」とあるが、これは顕如が門跡町にある屋敷に居たということを指しているのであろう。ただ、他の大名妻子のように秀吉の命によってではなく、自主的な在京であって、さらには、自由に京都と大坂を往き来していた（『言経卿記』二月二十五日・四月二日・二十五日・六月三日条）ようである。

とするならば、当時秀吉は、本願寺を単に門跡寺院として見なしていたのではなく、戦国大名家と同様に見なしていた、意識していたと考えられないだろうか。天正十年頃の武家伝奏には、庭田重保があたっている。顕如の母（証如室、重子）が重保の姉妹であったという姻戚関係もあるだろうが、門跡寺院となって以降も本願寺の伝奏は、変わらず武家伝奏がその任にあたっていたということは、時の権力者は本願寺を大名同然と見なしていたのではないだろうか。

3 聚楽第落書事件

天正十七年二月二十五日、顕如を震撼させるような出来事が起こった。いわゆる聚楽第落書事件である。聚楽第に秀吉を揶揄する落書が書かれたことに対し、警備不行き届きの責任を問われ、番衆一七人が処刑。

落書犯人である牢人が、天満本願寺内に匿われていることが発覚し、二十九日、秀吉は顕如に対して、犯人引き渡しを要求した(『言経卿記』)。この事件は、「本願寺逆心乎」(『鹿苑日録』同年三月九日条)と、人びとをも驚かせた。

顕如は、すぐに落書の犯人尾藤次郎右衛門尉入道道休を自害させ、その首を差し出した(『言経卿記』三月一日条)。道休の妻子、および隠匿に関与した町人六六人は逮捕され、京都六条河原において磔刑に処せられた(同九日条)。

この事件の結果、三月二日、顕如を筆頭に、教如・顕尊の三名には本尊の裏に血判誓紙を、下間ら家臣の者には血判誓紙を、さらには寺内町人衆までにも誓紙を提出することが命じられた。また、同十三日付で、寺内には掟書が下され、秀吉の勘気に触れた人物を匿わないこと、盗人悪党を糾明することなどが厳命された(『言経卿記』同月十八日条)。

その後、寺内では秀吉による検地が実施された。天満本願寺の地は秀吉から寄進されたものであったが、この検地を受けたことにより、得分権のみが宛がわれただけになった。

三月下旬には、寺内の町奉行に下間頼廉と下間仲之が任命された。そして、その他下間少弐・寺内若狭・円山内匠・川那部右衛門ら家臣が中心となって寺内一二条の法度案(本願寺所蔵)が定められ、顕如に上申された。そこには、今後、この寺内掟に背く者が出た場合は、町奉行(下間頼廉・仲之)の「越度」として、秀吉からの沙汰が下されることが記されている。

それはつまり、秀吉が本願寺寺内の検断に介入することを指している。この事件は、秀吉側からみてみると、本願寺の支配権力解体を推し進めることができた事件であり、いっぽうの本願寺側からみると、本願寺の自治権・領主権が消失し、顕如はもはや領主としての権力を有さず、秀吉の従者となったことを示すものであった。それは、血判誓詞を提出していることからも明らかであり、顕如にしてみれば、その立場が一転したにもかかわらず、事を荒立てず、あえてそれに服したのは、無駄な争いを避け、秀吉に従順になることで、一宗の繁栄が保証され、安泰となる方が得策であると考えたためなのかもしれない。

二、再び京都へ

1　堀川六条の地の寄進

天正十九年（一五九一）正月、天満中島に寺基を築き、賑わいをみせていた本願寺は、突然、秀吉から寺基の移転を命じられた。

この頃秀吉は、京都洛中の整備に取り掛かっており、禁裏御所と聚楽第の間にあった町屋の移転、御土居の建設、御所の修復などの事業を行っていた。また、寺院に対しては、中世以来、民衆に影響力を与えてきたその支配力をそぐために、寺町および寺ノ内へ集中移転させた。そのような都市構築の一環として、本願寺の京都移転が急遽推し進められたのである。

その移転先については、顕如自らが選ぶように指示された。条件としては、下鳥羽から南、下淀までの間であった（『言経卿記』同年正月二十日条）。下鳥羽は桂川と鴨川が合流する地で、下淀は宇治川と桂川の合流する地である。当初、秀吉には天満の時と同様、本願寺を伏見城からの監視下におきつつ、その寺内町によって、伏見南部地域の開発・発展を本願寺に担わせようとの意図があったのだろう。

しかし、天正十九年閏正月五日付の秀吉寺地寄進の朱印状（本願寺所蔵）に記された地は、六条堀川（現在地）

であった。どの段階で変更が生じたのか、またこの地を選んだのが顕如なのか、秀吉なのかは不明である。この朱印状にある地は、淀川水系から下鳥羽・堀川を通じて聚楽第へ通じる水運の途中にあたる。秀吉は、この水運開発を本願寺に期待し、さらには秀吉の権力による民衆救済を標榜する方広寺大仏（天正十九年五月立柱）の正面にあたる位置（「神聖ライン」）に本願寺を置いたのだという。（註5）

さらにこの地は、もとは平安京東市のあった辺りにあたる。中世にいたっては、空也開基の市屋道場金光寺があり、のち一遍が踊屋を懸けたという、京都で最も深い念仏教化の地でもあった。（註6）

本願寺の京都移転に際しては、秀吉からは、移転の経済的負担も多いため、交誼のある諸家への歳暮などの贈答については三年間停止するようにとの朱印状（本願寺所蔵）も併せて出された。いっけん、本願寺への気遣いのようにも思えるが、言い換えるならば、それ以降は秀吉との上下関係を認識させる贈答儀礼を従来通りに行え、ということでもある。

たとえ秀吉の臣下扱いであったとしても、本願寺としては、寛正六年（一四六五）の大谷本願寺破却以後、実に一三〇年近い年月をかけて、ようやく洛中に戻ることができた。その意義は大きい。

2　境内の整備

秀吉から寄進を受けた六条堀川の地は、朱印状によれば、南北二八〇間、東西三六〇間の内、本圀寺屋敷を除いた地で、現在の本願寺境内地の約三倍にあたる。それは、現在の門前町にあたる地域（寺内町）を含んでいたからで、寺内町からは地子銭が本願寺に納められた。なお、この門前地域の土地は、明治四年（一八七一）の上知（あげち）まで、本願寺の境内地であった。

天正十九年八月三日、顕如らは京都の地に移った。同六日には御影堂の移徙が行われている。なにぶんにも急な移転であったので、御影堂は天満から移されて、阿弥陀堂のみが新築されることになったが、まず九月中旬に仮阿弥陀堂を完成させた。阿弥陀堂は、十一月三日石礎、翌天正二十年（一五九二）六月二十一日上棟、七月四日移徙が行われた（龍谷大学所蔵「天正十九年京都七条へ御影堂移徙等記」・本願寺所蔵「天正廿壬辰稔七月四日阿弥陀堂御移徙ノ記」）。なお、天満から移された御影堂は、文禄五年（一五九六）閏七月の大地震によって倒壊したため、翌慶長二年に再建された。

本願寺の京都移転にともなって、興正寺（本願寺の脇門跡）や、天満の寺内町に住していた本願寺の勤仕者、絵師、仏具師なども共に移住している。彼らは、本願寺にとって必要不可欠な職人であったが、本願寺あってこその職人でもあった。そのため、彼らは本願寺と行動を共にするとともに、寺内に屋敷を賜っている（『紫雲殿由縁記』）。

その後の寺内町は、本願寺に関係ある職種の職人・商人だけでなく、一般の町人も多く集まり、賑わいをみせていった。

ちなみに、天満本願寺内に寄宿していた公家の山科言経（ときつね）・冷泉為満（れいぜいためみつ）・四条隆昌も、本願寺が京都へ移転したのとともに京都に移った。三人は寺内に屋敷を与えられ（『言経卿記』天正十九年閏正月二十四日条）、このことを前田玄以に届け出、許可されている（同三月十三日条）。この三人は、天正十三年に正親町（おおぎまち）天皇の勅勘（ちょっかん）を蒙った人物で、興正寺顕尊（顕如次男）室（西向・如心尼）と山科言経の室（北向）は、ともに為満の姉妹という姻戚関係にあった。そのため勅勘を蒙った後、彼らは本願寺・興正寺を頼りとしていたのである。

いっぽう、門跡として京都に拠点を移した顕如にとっては、対公家・武家への付き合いを考えると、装束などの有職故実、参内作法などについての情報・知識を得るためにも、彼らとの親密な関係は必要不可欠なものであったのであろう。

3 准如の得度

本願寺京都移転の半年前にあたる天正十九年（一五九一）二月四日、顕如の三男准如は、天満本願寺において得度した。十五歳であった。証如・顕如・顕尊が十二歳、教如が十三歳でそれぞれ得度していることを思えば、やや遅い得度であった。

この年の閏正月二十一日、得度の日が決定し（『言経卿記』）、得度式では顕如が剃刀を当てている。その他、得度時の様子については、得度記録（龍谷大学・本願寺所蔵）が三種類現存している。これら得度記では、准如のことを大半が「御児様」と表現している。ただ、「御児御所様」と書いているもの（龍谷大学所蔵「天正十九年准如上人得度之記」）がある。この表現は、将来「御所様」となる御児、すなわち「新門」という意味合いを含んだ名称でもある。この得度記を記した人物が誰なのかは不明であるが、少なくともこの筆記者は准如のことを「新門主」として意識していたのではないかと思われる。

通常、得度後には法名が付けられるが、彼に対して何という法名が付けられたのかは、記されていない。また法名が、本願寺の嗣法（しほう）を示す法名法諱（ほうい）（准如光昭）であったのかどうかもわからない。しかし、天正十九年八月十三日付および同二十年七月四日付「斎相伴衆書付」（ともに本願寺所蔵）二通には、「光寿（ただし二十年は秀吉見舞いのため名護屋に赴いており不参）・佐超（興正寺顕尊）・光昭」と書かれているので、得度時に准如光昭の名が付けられたと判断してよいだろう。とするならば、顕如は、長男で新門であった教如光寿がいるにもかかわらず、三男に対して本願寺嗣法を示す「准如光昭」と名付けたことになる。それは、この時に顕如が自分の後継者として准如を指名したということに他ならない。とすれば、やはり、後述する天正十五年の譲状は、顕如自身が准如に対して記したということを示しているのではないだろうか。

しかし、准如は、一般には「理光（広）院」または「理門」と呼ばれていた（『言経卿記』天正十九年四月六日条など）

ようである。秀吉から本願寺継職を認められて以降は、宗主として准如光昭を名乗ったので、准如のことを「理光院」「理門」と称した期間はきわめて短い。

三、顕如の死と教如の継職

1　顕如の死

本願寺が京都に移った翌年の天正二十年（一五九二）、十一月二十一日より報恩講が勤められた。その前日の二十日早朝、顕如は、御影様の掃除（大御身（おおごしん））が終った頃に「大中風」、いわゆる脳卒中を発症した。すぐに通仙・上池院などの医師が呼び寄せられ治療が施された。しかし、結局二十四日、治療の甲斐なくついに往生した（本願寺所蔵「天正二十年顕如上人送終記」（以下「送終記」と略す）『西光寺古記』7・『言経卿記』二十～二十四日条）。戦国大名たちの争いに巻き込まれ、大規模な寺基移転を繰り返し、ようやく親鸞聖人のおわします京の地に本願寺の移転再興を成し遂げたものの、両堂完成の喜びに浸る間もなく、その五十年にわたる激動の生涯を閉じたのである。

顕如の葬送などの一切は、当時新門の立場にあった教如が取り仕切った。二十五日には、顕如室如春尼が剃髪している。新門（教如）が剃刀を当て、顕尊・准如が介錯（かいしゃく）（介添え）をし、光永寺が髪を剃った（「送終記」『西光寺古記』7）。

なお、如春尼については、「七条日記」などの近世史料や論文で、顕如没の翌日に剃髪し、教如によって「如春」の法名を与えられたとするものがあるが、これは誤りである。一般に、後家出家の場合は、髪を下ろした後

写真③「証如上人御影」（本願寺蔵）

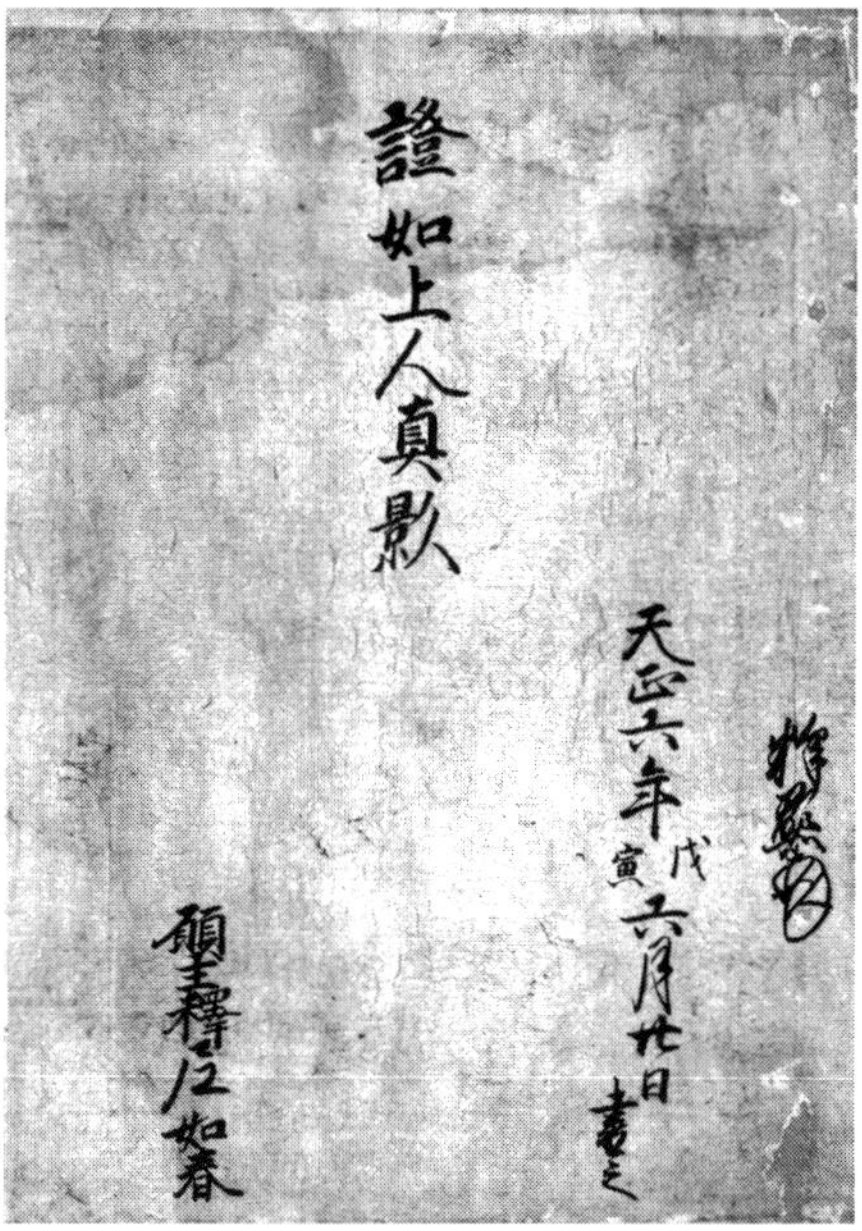

顕如上人筆 裏書

に、法名あるいは院号を名乗るが、彼女の場合は、それ以前に法名を持っていた。いつからかは判然としないが、顕如授与の証如御影（写真③）に、天正六年六月二十日の日付と、願主名「釈尼如春」が記された裏書がある。なお、本願寺には、顕如が如春尼に授与した賛のある証如御影（天正十年十一月十二日付）もある。なぜ、同一人物に同像主絵像が二幅も下げられたのかは不明であるが、如春尼が、少なくとも天正六年にはすでに法名を持っていたことは確かである。ただし、世間一般・寺内においては、「北の方」「北御方」「北上様」などと呼ばれていた（「秀吉仮名消息」・『言経卿記』）。

その後二十七日まで、御亭において顕如の遺骸拝礼が行われた。二十七日入棺、書院にて正信偈舌々、短念仏百返が勤められた。葬礼は十二月十日に勤められた。遺骸は火葬され、同日灰寄せ（拾骨）が行われた（「送終記」『西光寺古記』7）。遺骨は、二十五日に東山大谷にある親鸞の塚の横に新たに築かれた塚と、二十九日に御真影須弥壇下の二箇所に分けて納骨され、またこの時、准如・一家衆にも分骨された（「送終記」『西光寺古記』31）。

2　教如の継職

顕如葬送の後、新門であった教如が本願寺を継職した。秀吉は、教如に対して次の朱印状（龍谷大学所蔵写本）

を出した。

門跡不慮之儀、無是非次第絶／言語候、就中其方惣領儀候間、／有相続法度以下堅申付、勤行／無怠慢、当家相立覚悟持肝要候、／然者門跡本坊へ被相移、其方之／屋形へ理光院うつし、北の御かた相副／一所ニ有之而可然候歟、興門・理門をも／引廻、母儀へも孝行ニ候て尤候、猶／浅野弾正・薬院・木下半介可申候、／恐々謹言

御朱印

極月十二日　秀吉

本願寺

新門跡

また、如春尼に宛てても同日付で次の朱印状を出した（龍谷大学所蔵写本）。

門跡ゑんかう（遠行）の事、せひ（是非）なき／したい（次第）おほせ（仰）られ候ハんやうもなく候、／さりながら（乍去）よき子たち御もち、たゝ／くわほうしや（果報者）にて候、新門せき（跡）そうりやう（惣領）／の事に候まゝ、あと（跡）をつき（継）家のそゝけ／さるやうにかくこ（覚悟）をもたれ、もんせき（門跡）／ほん（本）坊へうつり（移）、いまゝて（今迄）のことく（如）申／つけ、しん（新）門主の所へりくわうゐん（理光院）／うつし（移）、そなた（其方）もあひそ（相副）ハれ、これ／ありてしかる（可然）へく候、なをつほね（局）かうさうす（孝蔵主）／申へく候、あなかしこ

十二月十二日　ひて（秀）吉　御しゆいん

北の御かたへ
　　　　まいる

教如に宛てては「母儀へも孝行」と、大坂退城時の義絶にいたるような親不孝な行為が今後はないようにと釘を刺し、そのいっぽうで、如春尼には顕如死去に対する悔やみとともに、「よき子たち御もち、ただ果報者」と、よい息子、跡継ぎのいることをうらやましく思っている様子がうかがえ、ともに秀吉らしさの出ている文面といえよう。

秀吉が朱印状をもって教如の本願寺継職を認めたというのは、秀吉と本願寺との関係が、主従関係にあるからであって、臣下の家である本願寺の存続について、君主である秀吉が差配するのは当然のことであったともいえよう。そのいっぽうで、本願寺にとっては、この時初めて寺の相続、親鸞以来の伝統を受け継ぐ本願寺住持職の継職という一大事に、外部権力が介入することになったのであるが、このような関係は、江戸時代以降も、宗主による継職認許礼のための江戸下向や、将軍代替わり誓詞提出といった行為に連なっていくこととなる。

四、教如の隠退と東西分派

1　顕如譲状と教如隠退の経緯

教如が本願寺を継職したものの、文禄二年（一五九三）になって阿茶（准如）に宛てた顕如譲状（本願寺所蔵）

の存在が明らかにされ、教如は秀吉から隠居を申しつけられることになった。

この顕如譲状については、当時から偽物だという意見が教如側から出され、近世を通じて、その真偽についてはいろいろ取り沙汰されてきた。特に辻善之助が形式・文言などを挙げて偽作であるとして(註7)以降、それを覆すだけの決定的な新説は出されていなかった。

平成二十六年(二〇一四)二月、第四回本願寺史料研究所公開講座において、金龍静氏がこの顕如譲状についての新見解を発表した。譲状の筆跡と免物の裏書・消息などの筆跡とを比較検討した結果、この譲状は顕如直筆による本物であるとするものである。(註8)顕如筆跡に関する数多くの調査・研究の蓄積による判断で、今まで教如側(大谷派)から否定意見ばかり出されていたなか、本願寺側から新たな肯定意見として一石が投じられた。今後更なる議論が進められることに期待したい。

ここに、その問題の譲状の全文を見てみよう。

譲渡状／大谷本願寺御影堂御留守職之／事、可為阿茶者也、先年雖／書之、猶為後代書／置之候、此旨於違背輩在之者、堅可加／成敗者也、仍譲状如件

天正十五丁亥暦極月六日光佐(花押)

阿茶御かたへ

この譲状に書かれた内容を検討してみると、まず問題となるのは、「先年雖書之(これをかくといえども)」という文言であろう。天正十五年以前、すでに顕如は譲状を認めていた、という。では、それはいつのことだろうか。

これは、天正八年の大坂退城後を指していると考えるのが妥当であろう。門主として大坂退城という決断

を下したにもかかわらず、それに反する態度・行動をとった教如に対して、「義絶」を決定した、ということになる。その時の譲状が、教如義絶ということを具体的に示したものであり、未だ得度もしていない、わずか四歳の阿茶へ本願寺御影堂留守職譲渡を約束せざるを得なかったことを指しているのだろう。その後、顕如・教如父子の関係は、天正十年に正親町天皇の斡旋もあり和解に至ったが、それはあくまで表面上のことで、実質的には完全修復には至っていなかったと思われる。

次に、日付の問題である。なぜ、天正十五年であったのだろうか。第三者が作為的に作成したとするならば、秀吉に対して聚楽第落書事件の責任をとって天正十七年という年代で作成する方が、政治的にももっともらしく、納得しやすいのではないかと思われる。

そもそも「譲状を書く」というのは、自分は隠居するという意思表示である。戦国期であれば、自分の身が危険にさらされている、出来事の責任をとる、あるいは病気などによって表舞台から退く、などといった理由が考えられる。

確かに顕如は、天正十三年頃から体調がすぐれず、天満移転が決まった後の五月頃も、養生のため半井瑞策（驢庵・通仙軒）の診察を受けている（『貝塚記』同月六日条）。しかも九月二十三日から十月八日までは有馬、翌十四年四月三日から二十七日まで大和（奈良県）十津川、九月二十八日から十月十四日まで再び有馬へと、二年の間に三度も湯治に赴いている（『貝塚記』）。

事実、顕如の免物授与例[註9]を見てみると、天正十二年以降、免物授与は激減している。特に十三・四年ではほとんど確認されていない。これは単に顕如が湯治に出かけていて不在であったというだけではなく、顕如自身、免物裏書が書けないほど重篤であったことを示しているのではないだろうか。

その頃の本願寺はというと、天正十四年八月に天満両堂の移徙も終わり、境内諸建造物も調えられ、天満での基盤がようやく安定してきた頃である。その翌年五月には、秀吉から洛中に屋敷地が安堵され、九月頃には屋敷もほぼ完成している。

こういった背景を併せ考えてみると、顕如は門跡として体力の限界を感じ、あるいは自らの死をも覚悟した状態のなかで、本願寺住持職を阿茶（准如）に譲り、自身は親鸞聖人廟所近くの京屋敷に移り、静養する、すなわち隠居しようと考えたのではないだろうか。

宛名の阿茶が、いまだ十一歳であり未得度であったことについては、大永五年（一五二五）実如の没後に本願寺を継職した証如が、十歳で未得度（得度はその二年後）であった例もあるので、さほど不自然なことではないのかもしれない。少なくともこの時点で、顕如自身が、教如ではなく准如に譲る、という意思のもと譲状を認めたという可能性は十分あり得る。

しかし、顕如はその後体調が回復したのか、結局、五年後の天正二十年に亡くなるまで教如にも准如にも譲ることなく本願寺住持を続けた。

教如が秀吉から隠居を命ぜられるまでの経緯については、『駒井日記』（豊臣秀次右筆、駒井重勝の日記）に詳しい。

秀吉は、文禄二年九月二十七日から閏九月六日まで、湯治のため有馬に滞在していたので、(註10)この間に如春尼から何らかのアプローチがあったと考えられる。如春尼は、閏九月十二日に有馬より大坂に召し寄せられている。（『駒井日記』・『言経卿記』同月十四日条）ので、秀吉有馬逗留時に、如春尼も有馬に居たと考えられるからである。この時の秀吉湯治には、北政所も同行していたので、(註11)おそらく北政所が秀吉と如春尼の間を取り持ったのだろう。よほど重要な密談がなされたであろうことが推測される。

そもそも湯治場というのは、一種のアジールと認識されており、茶室と同様、他者が介在しない絶好の密談場でもあった。実際、秀吉は天正十一年から文禄二年までの間に八回、有馬へ湯治に赴いているのが確認できるが、(註12)その都度、顕如からは見舞いが贈られており、その三ヶ月ほど後には、見舞い返礼とは別に、本願寺に宛てて寺地寄進などに関する秀吉朱印状が出されている。これは単なる偶然ではないだろう。おそらく湯治見舞いとともに、顕如の意向を告げるべく使者が遣わされた結果であると思われる。

有馬から大坂に戻った秀吉は、閏九月十二日、教如・如春尼・准如および下間ら坊官を大坂へ呼び寄せ、教如に対して、大坂退城に従わなかったこと、「門跡の品格」に欠けること、顕如が排斥した家臣を再登用したこと、十年後に本願寺の家督を准如に譲るべきこと、もしくは、秀吉の茶湯友達になるならば、三〇〇〇石無役（千利休と同様の待遇）とすること、などの一一箇条を示した。（『駒井日記』閏九月十四日条）

教如は、十年後の家督譲渡を承諾したが、教如方家臣らが譲状について異議をとなえ、反対したため、秀吉は即座に教如の隠居を命じた。そして十七日には教如納得書（本願寺所蔵）が提出され、翌十月十三日付で関白秀次証状（本願寺所蔵）が「経叡慮(えいりょをへ)」て出され、また同十六日付で太閤秀吉証状（本願寺所蔵）が「殿下（秀次が）経叡慮」た内容を追認するという形で出された。これは、門跡寺院としての本願寺の存続について、天皇の意向を関白（秀次）が受けて決定し、太閤（秀吉）が保障したというもの(註13)である。

顕如没後に長男である教如が継職した時には、秀吉朱印状によってのみ、その継職が認められたが、今回は長男がいるにもかかわらず、三男である准如が継職するという不自然な状況を認めるために、わざわざ「天皇の意向（叡慮）」を持ち出すという複雑な形がとられたのではないかと思われる。

このようにして、三男准如が、正式に本願寺を継職することになったのである。ただ、関白・太閤の認許状については、『駒井日記』十月十三日条にそれぞれの案文が記されているが、案文ではその日付がともに十六日になっていたにもかかわらず、実際には十三日と十六日付で出されたことなど、今後さらに検討を要する問題も残されている。

２　隠居後の教如と東西分派

秀吉から隠居を命ぜられた教如は、その後も本願寺境内からは出て行かず、如春尼・准如が住していた屋敷と替わって本願寺の境内に住したようである。しかし、その場所などについて当時の史料で明確に記したものや、絵図などは現存していない。

『大谷本願寺通紀』巻五によると、文禄二年十月、教如は「醒井堀川側」に退いた。一説には、本堂の北側にあたり、垣を東西に築き、南北約四五間、東は堀川、西は本殿、およそ一〇〇間余、仏殿・玄関・台所・広間などを建て、門は明覚寺の門に対面していた、とある。この「一説」の通りだとすれば、隠居屋敷とはいえ、かなり広大な屋敷である。

この屋敷には、大きな池が設けられていたことが、発掘調査により判明している。平成七年（一九九五）、本願寺白洲境内地聞法総合施設（現「安穏殿」）建設にともない、京都市埋蔵文化財研究所による発掘調査が行われた。その結果、境内北東隅の太鼓楼西隣にあたる場所、すなわち教如屋敷跡地とされる場所から、十六世紀末頃の庭園に伴う池、堀、柱跡などの遺構が確認された。池は南北約一一メートル、東西約二〇メートルの大きさで、東の堀川から水を引き、すぐ北を流れる堀川支流に排水していたと考えられるが、陶磁器・瓦類の出土遺物から、十七世紀の初頭には埋め戻されたとみられている。[註14]

またこの屋敷の書院部分は、のちに「北ノ御所」と呼ばれ、江戸時代半ばに大谷本廟に移築された後、昭和五十年代に名古屋市の個人宅へ、さらに現在は愛知県豊田市の大谷派浄照寺に移築保存されている。

その後教如は、慶長七年（一六〇二）に徳川家康から現在の東本願寺の地の寄進を受け移るまでの間、秀吉から隠居を命じられていたとはいえ、蟄居（ちっきょ）していたわけではなかった。

さすがに文禄三年（一五九四）は、おとなしくしていたのか、免物授与はほとんど確認できない。しかし、その翌四年頃から行動を起こしているようである。[註15]大きな出来事としては、文禄四年に大坂の渡辺の地に堂宇を建立（「大坂惣末寺衆由緒書」）し、翌年六月には、「大谷本願寺／文禄五丙申暦林鐘下旬第四日／大工我孫子杉本／藤原朝臣仏善左衛門尉家次」の銘を入れた梵鐘（難波別院所蔵）を鋳造している。秀吉が、隠居を命じてわずか二年後の教如に対して、天満本願寺のすぐ近くに再び本願寺を建立することを許可した点については、疑問がないわけでもないが、教如としては、「大坂抱様（かかえざま）」の教如を支持した者が多く存在していた大坂の地で、「大谷」旧跡地の名を継ぐ、新たな「大谷本願寺」の再興を目指したのかもしれない。それは、文禄四年以降の教如免物授与数が増加していることにも表れていよう。

ちなみに、教如の免物裏書には、「大谷本願寺釈教如」「本願寺釈教如」「釈教如」の三パターンがある。それを年代別に見てみると、①天正九年（大坂退城反対、流浪期）、②文禄二年（門主就任期）、③同五年〜慶長二年（「大谷本願寺」再興計画期）、④同七年（別派独立期）の四回の転換期が見いだせる。そして④より前には、「大谷本願寺釈教如」での授与の占める割合が高い。「大谷」は親鸞とその後を継ぐ一流であることを示すもので[註16]あるから、「大谷本願寺」と冠した教如裏書の多さは、まさに「大谷本願寺」を再興しようという、教如の意志の表れであったのである。そういう意味で、准如がその裏書のほとんどに「大谷」を冠しなかった[註17]のは、顕如の代にすでに本願寺が洛中へ移ったことにより、大谷本願寺は再興されたと認識していたから、といえるのではないだろうか。

慶長三年（一五九八）正月、教如の継職に反対した如春尼が、また八月には隠居を命じた秀吉が、相次いで亡くなった。教如は、その頃から積極的に公の場に出るようになっている。慶長四年には『正信偈和讃（しょうしんげわさん）』を開版するなど、宗教面でも活動を活発化、表面化させていった。特に、家康との交流は、家康や古田織部主催の茶会への参加などを含め確認することができる（『御堂日記』・『重要日記抜書』など）が、それは、教如が家康の居る元を訪れたのであり、家康が北ノ御所に教如をたびたび訪れたわけではない。

また、慶長四年六月、教如は、それまでいた本願寺境内からその居所を、乳母の親が居住していたといわれる門跡町（衣棚通下立売下ル）に移している。[註18]この「門跡町」というのは、前述した天正十五年五月に秀吉から安堵された洛中の本願寺屋敷のあった場所である。門跡町の名前は、寛永十四年（一六三七）の洛中絵図にも確認でき、寛文四年（一六六四）刊の『京雀』[註19]には、東本願寺中興開山教如上人が、西寺内をとりのけて此町に来りて住んだ、とあって、門跡（教如）が移り住んだことが町名の由来ともなっており、教如が隠居後の一時期、この地に居住していたのは確かなことと思われる。ただ、東本願寺側の史料には、このことについてはほとんど出てこない。[註20]

文禄に隠居を命じられて後、一度は大坂に「大谷本願寺」再興を目指し、京と大坂を行き来していた教如であったが、本願寺境内から居所を移したことを機としてか、京都での本願寺再興を計画したようである。それは、御堂衆によって、慶長五年四月以降、京を中心とした「御堂日記」が記されており、この頃には京に御堂（両堂形式であったかは不明）が成立していた（『重要日記抜書』・『御堂日記』）とみられるからである。教如が家康との関係を深め、居所を准如の膝元から門跡町に移していたことを考えれば、門跡町屋敷で東本願寺の寺地寄進話が進められたのであろう。そしてついには、慶長七年に家康から烏丸七条の地が寄進されることとなったのである。たとえ、それが家康の寺社政策の一環であったとしても、教如にとっては、天正九年以来の悲願であった、大谷本願寺の再興がここに叶うことになったのである。

おわりに

家康から寺地寄進を受けた教如が境内整備を進める中、慶長八年（一六〇三）正月十四日、大坂より鐘が運ばれ（『重要日記抜書』）、十七日鐘楼に釣り下げられた（『御堂日記』（略抜）、『重要日記抜書』）が、それは先の「大谷本願寺」銘のある梵鐘であろう。鐘楼は、古代寺院の七堂伽藍（しちどうがらん）の一つにも数えられ、太鼓楼とならんで、寺院の中核をなすものである。また、梵鐘は、人びとに時を告げるだけでなく、その音を聞くことによって功徳が生じるという働きがあるという。御堂が目視できない遠く離れた場所へも、寺の存在を知らせ得る効果があるという意味からも、教如の新しい宗教施設整備の比較的早い段階から、鐘楼・梵鐘は必要不可欠なものであったのだろう。もちろん、それは顕如にあっても同様で、大坂本願寺時代に太秦（うずまさ）広隆寺から購入した梵鐘（現在は取り外して安穏殿南側に安置、重要文化財）を、堀川の本願寺にも移して使用していたのは、大谷本願寺再興を広く人々に知らしめんがためであったのだろう。

天正十三年に大坂天満、同十九年に京都へと、それぞれ秀吉から寺地寄進を受けた本願寺は、それまで有していた寺内の自治権・領主権を喪失し、秀吉権力の支配を受けながら移転・発展していった。それは、門跡寺院ではあったものの、寺院権力者としてだけではなく、むしろ戦国大名としての性格を有していたことを示していよう。

顕如が、天下統一を成し遂げた秀吉の支配下に入り、その命に従順に従ったのも、ひとえに親鸞聖人のおわします京都に本願寺を再興するためであった。その準備段階として、天正十五年には、ひとまず洛中に屋敷地を得ることができたが、それは後に教如の隠居所としても利用されることにもなった。

京都での大谷本願寺再興は、顕如だけでなく、むしろ教如の中に大きな使命として存在していたようであるが、顕如は抗戦的立場をとらずして、本願寺再興に努め、成就することができたのであった。

〈注〉

（1）鍛代敏雄「摂津中嶋本願寺寺内町考」（『地方史研究』二〇六、一九八七）。伊藤 毅『都市の空間史』（吉川弘文館、二〇〇三）二〇五頁。
（2）「元和四年御堂其他御再興ノ記」（『本願寺史料集成 元和日記』所収、同朋舎、一九八六）。
（3）「能之留帳」（『下間少進集』Ⅲ所収、わんや書店、一九七六）。
（4）上原芳太郎編『本願寺秘史続編』（信義会、一九四一）二六八頁〜。
（5）大桑 斉「本願寺の京都帰還」（『真宗本廟（東本願寺）造営史―本願を受け継ぐ人びと』真宗大谷派宗務所出版部、二〇一一）。
（6）佐藤文子「京都本願寺の境内地をめぐって」（『親鸞聖人七五〇回大遠忌記念 本願寺展』図録解説論文、朝日新聞社、二〇〇八）。
（7）辻 善之助『日本仏教史』七巻 近世篇之一（岩波書店、一九五二）。
（8）『京都新聞』二〇一四年六月十七日（デジタル版）。
（9）金龍 静「教如史料論」（『教如と東西本願寺』法藏館、二〇一三）一六九頁、表「顕如・教如・准如裏書一覧」。
（10）〜（12）藤井讓治編『織豊期主要人物居所集成』（思文閣出版、二〇一一）。
（13）岡村喜史「准如の継職から見た教如」（『教如と東西本願寺』法藏館、二〇一三）。
（14）京都市埋蔵文化財研究所編『平成七年度京都市埋蔵文化財調査概要』（一九九七）。
（15）註（9）に同じ。
（16）金龍 静「戦国期本願寺教団の裏書考」（『年報中世史研究』一三、一九八八）。
（17）「大谷」を冠した裏書は、准如全免物のわずか一パーセントに過ぎない可能性がある。

(18)『大谷本願寺通紀』巻五。『紫雲殿由縁記』では、乳母の居住地に三〇間余の土地を買い添えて移り住んだとする。「乳母の居住地」が具体的にどこかは記されていないが、「乳母の親の居住地」と同じであろうか。
(19)「京雀」(『新修京都叢書』一巻所収、臨川書店、一九六七)。
(20)『重要日記抜書』慶長六年八月十六日条「上京ノ御屋鋪」、同八年正月二十六日条「御所様上京へ御成」とある「上京」が門跡町屋敷を指していると考える。

〈参考文献・史料〉


脇田 修監修『寺内町の研究 第二巻 寺内町の系譜』(法藏館、一九九八)。

京都市編『京都の歴史 四 桃山の開花』(学芸書林、一九六九)。

辻 善之助『日本仏教史』第七巻 近世篇之一(岩波書店、一九五二)。

上場顕雄『教如上人と大坂』(大谷派難波別院、二〇一三)。

同朋大学仏教文化研究所編『教如と東西本願寺』(法藏館、二〇一三)。

大谷大学真宗総合研究所・真宗本廟(東本願寺)造営史資料室編『真宗本廟(東本願寺)造営史—本願を受け継ぐ人びと』(真宗大谷派宗務所出版部、二〇一一)。

千葉乗隆編『本願寺史料集成 西光寺古記』(同朋舎、一九八八)。

『大日本古記録 言経卿記』(岩波書店、一九九一)。

『時慶記』第一巻(臨川書店、二〇〇一)。

『増補 駒井日記』(文献出版、一九九二)。

『宇野新蔵覚書』『重要日記抜書』(『新編 真宗大系』一九所収、真宗典籍刊行会、一九五二)。

第十二章　顕如発給文書について

太田光俊

はじめに

本稿に与えられた課題は、顕如発給史料について総合的に分析することであるが、ここではさしあたり発給文書に焦点を絞り具体的に分類し、検討することで今後の足がかりとしたい。これまでの研究で明らかなとおり、顕如発給文書は、①顕如書状（消息）、②御印書（主に下間氏によって発給された印判奉書）、③法名状（門末への法名下付状）が代表的なものとして知られている。(註1) 本稿では特に、①②について考察する。

現在、顕如書状として確認されているものは、約二五〇点ほどといわれている。当然これらをすべて調査し、紙質あるいは筆致なども含めて総合的に分析・判断することが望まれるが、現在の研究状況は未だその段階には至っていない。そこで、本山側に残された顕如書状の控、「顕如上人文案」を活用することとしたい。石山合戦末期の有名な文書を「顕如上人文案」と比較し書札礼の位置づけを行い、一代前の証如期の文書等と比較し書留文言や紙質の変化から顕如書状の特徴を把握したい。

顕如は門跡成を果たした宗主であり、本願寺の書札礼もそれにともない薄礼になったと想定される。また一般的な当該期の料紙の変化については、公家社会を中心とした引合・檀紙の使用が、将軍家による杉原紙

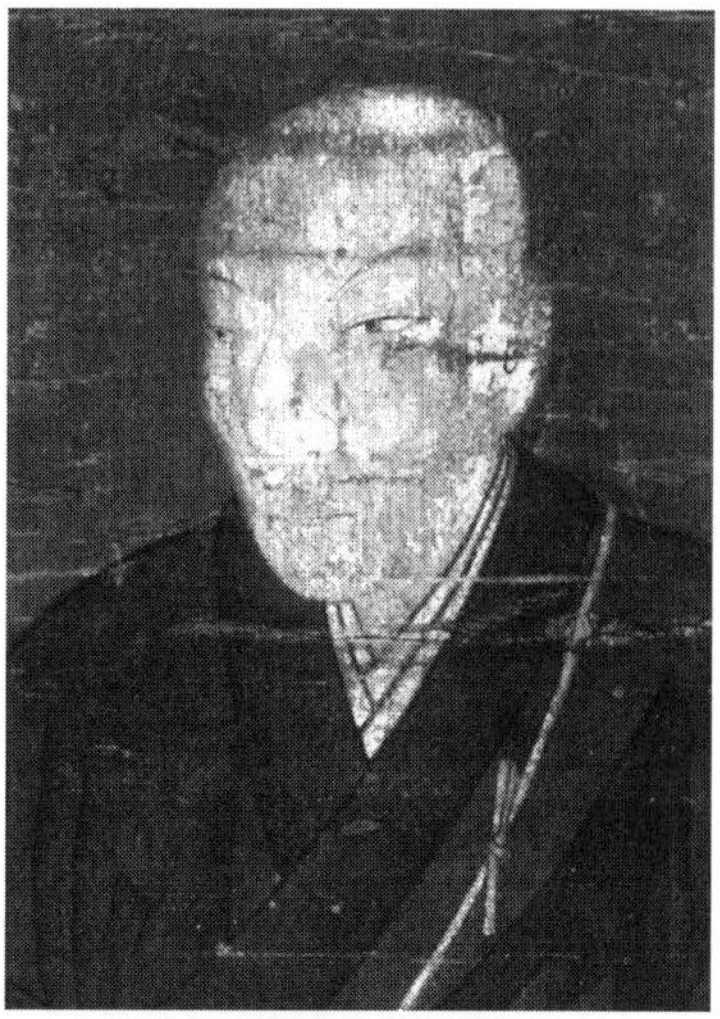

顕如上人画像
（滋賀県立安土城考古博物館 蔵）

の意図的使用に圧倒され、さらに鳥子の使用に変化していくという流れが指摘されている。[註2] 当該期に門跡となった本願寺が、この流れの中でどのような書札礼を選択したかも確認したい。

ここでいう「顕如上人文案」とは三冊の冊子で、『石山本願寺日記』、『真宗史料集成』、『大系真宗史料』にそれぞれ収められている。一冊目は、表紙に「御書留　永禄八　已来」とあり、永禄八年（一五六五）から元亀四年（一五七三）までの、公家や武家に充てられた書状が、料紙の別や包紙の形態の注記も含めて収められている。二冊目は、表紙に「文案」とのみ書かれており、石山合戦中に紀州の門末等に対して発給された書状が収められている。三冊目も二冊目と同様、「文案」と表紙に記されており、近江・北陸方面の門末充に発給された書状が収められている。公家・武家充の書状控「御書留」一冊と、門末充の書状の控「文案」二冊に対して、史料集編集時に便宜的に付された総称が「顕如上人文案」ということになる。伝来も異なり、一冊目は龍谷大学大宮図書館に、二冊目と三冊目は本願寺史料研究所に保管されている。

一、庭田家・勧修寺家充の文書の特徴

顕如期の公家と本願寺の関係で有名なものとして、石山合戦の勅命講和時の関白近衛家と勅使となった庭

田家・勧修寺家を介した交渉がある。この際出された文書がどのような書札礼にのっとって書かれたかを考えてみたい。まずは庭田と勧修寺に充られた天正八年（一五八〇）閏三月五日付顕如書状をみてみよう。

（端書）
「きんりさまへ御しん上、御もんせきせま御せいしとめ」
今度為　叡慮被仰出、当寺被成御赦免付而、七ケ条之通、不可有御別儀由、恐悦之至候、自此方五ケ条申定、年寄三人ニ誓詞申付、致進上之上者、毛頭不可有相違、然者不可存表裏抜公事別心候、為其三人ニ申付候、若右之趣、於致違変者、三人誓詞之罰同前ニ可蒙候、此等之旨宜預奏達候、恐々謹言

天正八
　閏三月五日　　　光佐　御判
　　庭田大納言殿
　　勧修寺中納言殿

石山合戦の和睦の中で、信長側と本願寺側は起請文を取り交わした。本願寺側は坊官下間氏の起請文を朝廷へ提出する。本史料は、その起請文に合わせて発給された顕如書状の写である。この写には「杉原立文」と注記されている。杉原紙を使用し、料紙を縦長に利用した体裁の包紙を使ったことがわかる。充所の庭田重保、勧修寺晴豊は、この和睦において勅使として行動した公卿であり、実質的には禁裏に充てられた書状といえる。また、署名は諱の光佐を使用している。従来知られているとおり、法名顕如の署名は宗派内の通信で、諱光佐の署名は宗派外の通信で使用されているようである。

この文書以前に、庭田家と勧修寺家に対して発給された文書を「御書留」で確認してみると、永禄八年（一五六五）から元亀四年（一五七三）にかけて庭田家充のものが九通確認できる。当時も庭田重保の代であり、重保は弘治四年（一五五八）には正三位権中納言であった。紙質は杉原が五通、引合が一通、残り三通は注記がない。書留文言は「恐々謹言」が三通で、残り六通は注記がなかった。引合が一通あるが、門跡である毘沙門堂から庭田家を介して本願寺へ届けられた音信に対する返礼であり、実質的には門跡の毘沙門堂充である。後述するとおり門跡充の文書は引合が基本となっており、それゆえの例外であるとわかる。

以上、顕如が庭田家や勧修寺家に対して、諱光佐の署名、「恐々謹言」の書留文言、杉原紙を使用しており、その書札礼の中で有名な勅命講和時の勅使充書状も発給されていたことを確認した。なお、前代の証如の時期にも、庭田重保充に「恐々謹言」の書留文言で、杉原紙を利用した文書発給が行われており変化はみられない（「証如上人書札案」）。とはいえ、証如の時期の重保は近衛中将・蔵人頭で正四位となった段階で、まだ参議ではなかった。本願寺側、庭田家側双方が格や位を上昇させたため、結果的に書札礼が変化していない可能性が指摘できる。よって、庭田家と同様の家格をもつ他家の事例を考える必要がある。

二、羽林家・名家充の文書の特徴

続いて、庭田家、勧修寺家以外の公家の例を検討したい。庭田家は公家の家格でいうと近衛少将などをへて大納言に昇りえる羽林家とされ、勧修寺家は弁官をへて大納言まで昇りえる名家とされる。まずは、この羽林家と名家について他の例で確認したい。「御書留」には、羽林家の中山家、名家の万里小路家、広橋家、甘露寺家に充てた書状が収められている。

まずは、書留文言である。中山家充、万里小路家充、甘露寺家充のものに関しては、基本的には「恐々謹言」の書留文言が使用されていたことがわかる。「恐々」と記されたものもあるが、これは「恐々謹言」を省略したものだろう。一方、広橋家充書状には「恐々謹言」より厚礼なの書留文言も使用される。広橋家については二種類の充所があり、広橋殿充が二通、広橋殿御方充が三通「御書留」に収められる。当時広橋家には、従一位で内大臣であったが出家した兼秀と、その子で正二位権大納言の国光がいた。永禄十年(一五六七)に広橋兼秀が死去した後も、広橋殿御方充書状が出されていることから、御方と記された方が国光充となる。こちらは「恐々謹言」の書留文言である。一方、兼秀充に比定される広橋殿充では、「誠恐謹言」の書留文言が一通、「誠恐頓首謹言」が一通ある。「誠恐謹言」と書かれた書状は永禄八年(一五六五)に出されたが結局路次不通で届かず、その二年後永禄十年に出されたのが「誠恐頓首謹言」と書かれた書状であった。とはいえ、この時も路次不通で届かなかったようである。

以上のことから、広橋兼秀に特に厚礼な書留文言が使用されたのは、内大臣という官職と、音信不通であったゆえと想定される。確かに、他家の位階と官職をみると、甘露寺経元は永禄六年(一五六三)に正四位下で左中弁から累進し元亀元年(一五七〇)には従三位で右大弁、中山孝親は永禄八年(一五六五)従一位権大納言、万里小路惟房は永禄二年(一五五九)正二位権大納言に還任の上元亀四年(一五七三)病中ながら内大臣に任じられ同日没した。中山孝親は従一位という高い位階を有するものの書留文言に変化がないという事実は、広橋兼秀が内大臣であるゆえに厚礼の書札礼を生じさせたという傍証となる。

前代の証如期においては、当時従二位で権大納言であった甘露寺伊長、従三位で参議であった中山孝親、正四位で参議の万里小路惟房といった参議以上の人々に対して、「恐惶謹言」あるいは差出の証如の諱を入れた「光教謹言」という厚礼の書留文言が使用されていた（「証如上人書札案」）。広橋家は当時も兼秀が当主であったが、これらの他家と変わりのない書札例がとられていた。当時、兼秀は正四位上で参議をへて従二位権大納言となった時期で、他家と変わりのない存在とみられていたゆえだろう。そして、顕如期には内大臣へは証如期同様の厚礼な書留文言を使用するものの、それ以外の参議には「恐々謹言」の薄礼な書留文言を使用しており、変化が理解できる。これは、永禄二年（一五五九）の本願寺門跡成の結果であろう。

次に紙質である。庭田家の場合は杉原の使用が基本であったが、他家の例をみると杉原以外を使用した例も確認できる。中山家充のものは永禄八年（一五六五）と翌九年の二通が収められる。紙質は引合一通、もう一通は紙質不明である。広橋家充については、紙質は当初は杉原であったが、永禄十年（一五六七）のものからは鳥子となる。甘露寺家充については、永禄八年から元亀三年（一五七二）に至る四通が収められる。紙質は引合二通、残り二通は紙質不明である。これらの引合は、庭田家のように門跡充というわけではない。各家ともに事例が少なく、公家充書状には引合と杉原が両方使われていたということ以上は分析できない。一方、万里小路家充の文書をみると、永禄八年から元亀四年（一五七三）まで全十七通、その内引合八通、杉原八通、鳥子一通を数える。事例も十七と多いため、ここから引合と杉原の使用の差を検討してみたい。

万里小路家充の書状は、禁裏への音信にあたる内容を認めた実質的に禁裏充となる書状と、それに対する添状―つまり万里小路家に禁裏への取り次ぎを依頼する書状―とが対になるという特徴がある。永禄八年十二月十七日付の一対の書状は、ともに杉原が使用されている。同じような禁裏充の一対の書状は永禄九年正月二十二日付、永禄十年正月晦日付と発給されて、その際は引合が使用されている。そして、永禄十一年正月二十六日付の書状は杉原に戻り、永禄十二年正月十日付では再び引合となっている。ここからは、杉原と引合の差はあまりうかがえない。

しかし、永禄十二年九月二日付と永禄十三年正月十六日付、元亀二年十二月二十六日付の書状は、禁裏への音信に関するものが引合、添状にあたるものが杉原となっている。実質的に朝廷充となる書状への引合の使用が確認される。後述するとおり、門跡充書状には引合が多用されている。また、前代の「証如上人書札案」には引合の使用は一切注記されていない。ここからは、引合が、門跡たる本願寺が朝廷や門跡との通信で使用するのに相応しい紙であると考えられていたふしがあることがわかる。

なお、元亀四年四月二日付の書状では鳥子が使用されている。広橋家充でも永禄十年以降は鳥子が使用されており、時期が下がると鳥子も選択されたことがわかる。

三、摂関家・清華家充の文書の特徴

次に羽林家、名家より家格の高い家についてである。最高位の摂関家や清華家充については、直接発給された顕如書状は「御書留」では確認できない。逆に摂関家である近衛家から本願寺充に出された書状は永禄十一年の「御書留」に収められる。

鳥子

青陽之吉兆珍重々々、更不可有休期候、仍乍左道扇一本・引合十帖進之候、誠表祝義計候、猶古河弥次郎可申候、恐々謹言

正月十三日　　　　前久

本願寺殿

これに対しての返礼は直接近衛家に充てられるのではなく、半家である西洞院家充で出されている。

鳥

尊書令拝見候、年甫嘉瑞日新不可有休尽候、仍扇一本・引合十帖拝受、恐悦之至候、祝詞尚従是可申入趣、宜令披露給候、誠恐謹言

正月十八日　　　　　　　　　　　　　　　　　　　　　　—

西洞院殿

西洞院家には、近衛家の家令としての位置づけもあった。「御書留」には西洞院家充の文書が永禄八年（一五六五）から元亀二年（一五七一）にわたって十二通収められているが、これらは実質的には近衛家充となる書状およびその書状と対になる添状で構成されている。永禄八年当時、西洞院家は左衛門督従三位の時秀（時当）の代である。時秀は永禄九年（一五六六）四月に死去し、その後を養子の時慶が天正三年（一五七五）に継いだ。この間は当主不明の時期であり、これらの文書の充所西洞院が誰にあたるかを比定できない。なお、近衛前久は永禄十一年（一五六八）、足利義昭との関係悪化により京都を出奔し、元亀三年河内国若江に移るまで大坂寺内にいた。(註3) 元亀元年（一五七〇）九月二十九日付の西洞院殿充文書には「抑当山御滞留之段、依御恩只今承様候、驚令存候」とある。「近総殿へ御返礼」「御牢人ニテ当所ニ御逗留」と注記されており、実質的には近衛前久充の書状といってよい。この書状は、紙質は引合、書留文言は「恐惶謹言」となっている。

これ以外の書状の紙質は鳥子が八通、杉原が一通、引合が二通、書留文言は「誠恐謹言」が六通、「恐々謹言」が五通となる。全体的に法則性は見いだせないのは、実質的に前久に充てた書状が混じるゆえだろうか。

取次を介して摂関家へ充てた顕如書状は、近衛家に関するものしか残っていない。逆に前代の証如期の摂関家へ充てた書状については、近衛家に関する例は見当たらず、九条家や二条家の例が確認できるのみである。九条家は刑部卿殿充や九条家政所充に、二条家の場合は法性寺殿充になっており、顕如期と同様取次に充てて文書を発給している。

清華家充は、証如期には三条家（転法輪三条太政大臣・三条大納言）家令の松尾民部少輔充や森丹後守充に「恐々謹言」の書留文言で間接的に発給していることがわかるが（「証如上人方々へ被遣宛名留」）、顕如期は事例が確認できない。なお、大臣家とされる家については、正親町三条家充と思しき永禄十二年（一五六九）の一通が「御書留」に収められる。当時、正親町三条家は公仲の代であり、公仲は永禄二年（一五五九）に従五位下となっていた。紙質の記述はなく、書留文言は「恐々謹言」となっている。証如期には正親町三条家の例は確認できないものの、中院家に対して、「恐惶謹言」や「某謹言」の書留文言で直接中院殿充で発給している。大臣家へは証如期と顕如期を通じて、直接書札をやりとりできたのだろう。

四、門跡充の文書の特徴

門跡に対しては、聖護院、青蓮院、大覚寺、勧修寺充のものが合わせて七通ある。充所記載は聖護院殿御児御中、（青蓮院）垂髪御中、（青蓮院）御児御中、大覚寺垂髪御中、（勧修寺）御児御中と、基本的に稚児充となっている。紙質は聖護院門跡充は鳥子が一通、青蓮院門跡充は引合が四通となっており、残り二通は不明である。青蓮院門跡の例からは、引合の安定した使用が確認できる。

書留文言は、聖護院門跡と大覚寺門跡には「恐惶謹言」と「恐惶」、青蓮院門跡には「恐々謹言」と「誠恐」、勧修寺門跡は「誠恐謹言」となっている。「恐惶」「誠恐」はそれぞれ謹言が略されているのだろう。また、署名も多くが省略されている。

なお、永禄八年卯月十七日付聖護院門跡殿御児御中充の書状には、差出はもちろんのこと本願寺充に送られた書状の表書も収められており、参考となるため次に掲げよう。

聖護院門跡、安芸国御逗留、御書アリ

御表書

本願寺門跡　道増

垂髪御中

鳥子

一、尊翰令拝読候、当所回禄之儀、誠不慮之次第、可有賢察候、遠路之処、御懇蒙仰、恐悦至極候、就長々御在国、被対毛利御入魂之由、是又祝着存知候、如何様御上洛之砌、可申入候、此旨可得其意候、恐惶

卯月十七日　光―

聖護院殿

御児御中

ここからは、光佐の署名、すなわち諱での署名を他の門跡充の文書にも使用したことがわかる。また、門跡同士の充所は御児や垂髪といった稚児充となっていたことがわかる。一方、前代の書札を確認すると、証如段階では門跡充の場合はこのような直接門跡に充てる稚児充の形式ではなく、すべて坊官充に出されていた(「証如上人書札案」)。なお、その場合も署名は諱の光教が記された。永禄二年(一五五九)の門跡成によって、他の門跡と対等の文書発給に変化したことが理解できよう。

ここで想起されるのが、石山合戦中に教如が発給した垂髪御中充の文書群である。比較のために掲げよう(「教如消息集」)。

追而申入候、廿五日之御書之御返事、調令進上候之処、三人之年寄不罷出候、さ候へは存分可申上やうも不叶御事にて候、近比迷惑千万候、弥人の申成により一身相果候までに相究候、さりとては思召分られ候て可被下候、就中、開山御供あるへき旨、あまりになけかしき事候、右に誓詞の案上申所、聊も其詮なき御事候、併一流の可相果時節到来候歟、是程まて存立開山之御座所、法敵にふみけかされん事を嘆入所、むなしく成果され候へき事ほとは、思食やられ候て被申候へかしと念願はかりに候、我等更々余の存分無之候、幾重も〳〵御わひ事申入度心中斗にて候、此よし能〳〵言上申され候へく候、穴賢

閏三月廿一日　　教如(花押)

垂髪御中

差出は、諱の光寿ではなく教如となっている。教如が発給した他の垂髪御中充の文書も同様に教如の署名がある。対外的には相手が門跡や僧侶であっても、署名は諱を使用するようであるから、教如の垂髪御中充書

状は本願寺の組織内、すなわち新門跡教如から門跡顕如に対して出されたと理解できる。顕如が発給した他門跡充の文書が「恐々謹言」、「恐惶謹言」を使用しているにもかかわらず、ここに掲げた教如書状は「穴賢」が使用されており薄礼にみえる点もこれで説明できる。

五、武家充の文書の特徴

まずは、石山合戦期に毛利家へ出された書状を掲げる（「長府毛利家文書」）。

為籠城御合力兵粮、済々被懸御意候、毎度芳恵之至、難尽短毫候、猶下間刑部卿法眼可申入候、穴賢

卯月晦日　光佐

右馬頭殿

「穴賢」で終わり、添状の発給者の名が記されている。「御書留」に収められた一般的な武家充の書状はこの形式で、紙質は鳥子を使用したものとなっている。前代の証如期は書留文言に「恐々謹言」「恐惶謹言」が使用され、紙質は杉原が多数を占めている。特に文言の変化は、顕如が門跡の地位を得たことによると考えられよう。なお、顕如期においても書留文言に「恐々謹言」を使用した例としては、次のような書状がある。(註4)

急度令啓上候、仍今度芸州警固船、早速被相催、歴々衆渡海候、殊為合力、兵粮等厳重之儀、回申謝候、随而於海上及一戦、敵船悉被打果候事、無比類高名、併上意御威光之故候、当寺門下・紀州兵船相共ニ、抽戦□候、可然様御執成専用候、其節之儀、加太豊前守存知之事候条、可有言上候、就中御太刀一腰金・御馬一疋鹿毛進上之候、聊表祝儀計候、於此上、播州陸路之行、肝要存候、弥可被上意候、北国謙信事、近日越前表、可有出張候、猶以三和之儀、此刻候、甲州之儀、八月中尾濃江必定出馬□□、一両日已前も申越候、諸国之儀□□分急申候、吉事近々可申入候、此等之旨、宜有披露候、恐々謹言

七月廿八日　光佐（花押）

一色駿河守殿

真木嶋玄蕃頭殿

充所の一色駿河守昭秀、真木嶋玄蕃頭（げんばのかみ）昭光はともに将軍義昭の御内書発給に携わった奉公衆である。鞆の浦にいた将軍義昭の「上意御威光」により、毛利勢と本願寺が合力して戦っている状況を将軍へと知らせる、天正六年頃の文書である。このように、実質的に将軍充に出された文書では、「恐々謹言」を使用している。「御書留」には三淵晴員・一色式部藤長・明智光秀ら義昭の側近充の書状が十二通収められ、十通が「恐々謹言」（あるいは「恐々」）の書留文言を使用し、残り二通は文言未記載となっている。なお、証如期も将軍へは三淵晴員充で書状を発給しており、「恐々謹言」の書留文言を使用している。

ここからは、一般的な大名には「穴賢」の書留文言を使用し、幕府に対しては「恐々謹言」の書留文言を使用することがわかる。なお、天正九年（一五八一）織田信長麾下の蜂屋頼隆が岸和田城へ入城した際に「恐々謹言」の書留文言を使用していることや（「栄照寺文書」）、天正十年（一五八二）に本能寺の変後権力を固めつ

つあった秀吉に「恐々謹言」の書留文言の書状を送っていることが別途確認できる。(註5) 本願寺は織田権力と豊臣権力の枠とその権威を認め、敬意を示していることがこれらの書留文言の差異からうかがえる。

紙質については基本的に「鳥子」の表記がなされる。ただ例外として、細川京兆家を継ぐ細川昭元充の書状に「鳥子」「引合」「杉原」がそれぞれ使用されている場合がある。ちなみに証如期の武家充の紙質は「厚様」（厚手の鳥子紙か）や「杉原」であった（「証如上人書札案」）。

六、門末充の文書の特徴

では最後に門末に充てた文書を「文案」から示して、これまでの文書との差異を指摘したい。

毎月勧として、被励懇志之儀、尤有難候、永々籠城につきて、兵粮等断絶申ハかりなく候、諸国門下之志によりて、今日まで相続分にて候、とりわき紀州之儀者、先年已来、及度々懇情、不混自余候、まことに仏法之安危、此時候間、無退屈いよ〳〵馳走開山の御内証に可相叶候、ひとへに仏法不思儀を仰計候、これに付ても、皆〳〵法義に心を留られ候へく候、人間ハ老少不定の界、出いき者入をまたさるならひなれ者、急而信心決定候て、極楽の往生を、とけられ候ハんする事肝要候、相構〳〵、無由断たしなまれ候へく候、猶刑部卿法眼可申候也、穴賢々々

十月四日　　　顕如（花押）

紀州

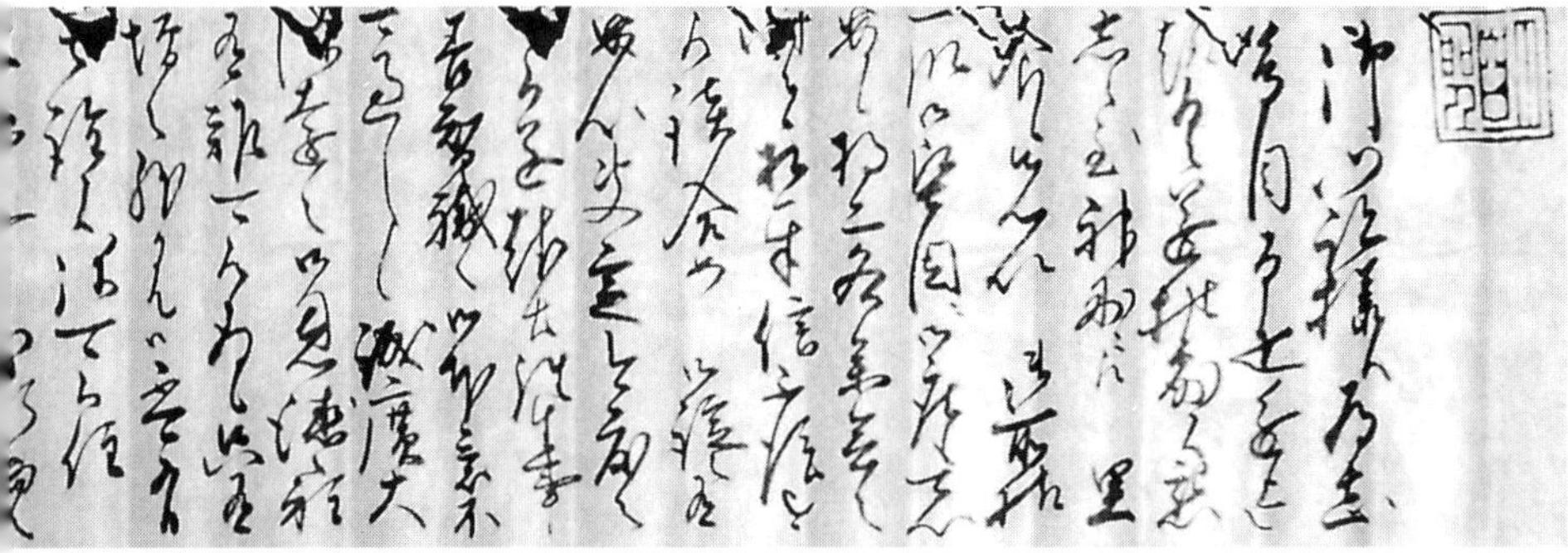

御印書の例「下間頼廉　印判奉書」（石川県羽咋郡 西来寺蔵）

惣門徒衆中へ

冒頭に、懇志についての礼がなされ、その後に仏法に関する法語が入り書状が締めくくられる形がとられる。そして、書留文言は、「穴賢」ではなく繰り返しの「穴賢々々」あるいは「あなかしこ〳〵」となり、署名は法名の顕如となる。これが、一般の門末充の文書の特徴である。前代の証如は、多くの末寺坊主には「恐々謹言」の書留文言を、講中などを含めて門徒には「穴賢々々」あるいは「あなかしこ〳〵」の書留文言を使用しているが（「証如上人書札案」）、顕如の場合は末寺坊主、門徒ともに「穴賢々々」あるいは「あなかしこ〳〵」を使用している。

この直状（本人の意思を、代理を介さず記す書式）形式の文書と合わせて、顕如は下間氏が発給する文書に顕如が印を捺した「御印書」も使用した。草野顕之氏は、この文書形式が永禄二年（一五五九）の本願寺門跡成により発生し、御印書・坊官の副状という二通一体の形式から、さらに坊官の内衆の副状が加わる三通一体の形式へと変化するとし、その原因を天正十四年（一五八六）の天満寺内成立にともなう官僚機構の整備によると推定した。[註6] さらに大喜直彦氏は、草野氏の論を吟味し発展させている。氏は形態を子細に検討し、永禄期は「恐々謹言」の書留文言を有する下間氏書状に門主の印判が捺された形式をとること、天正・慶長期の御印書

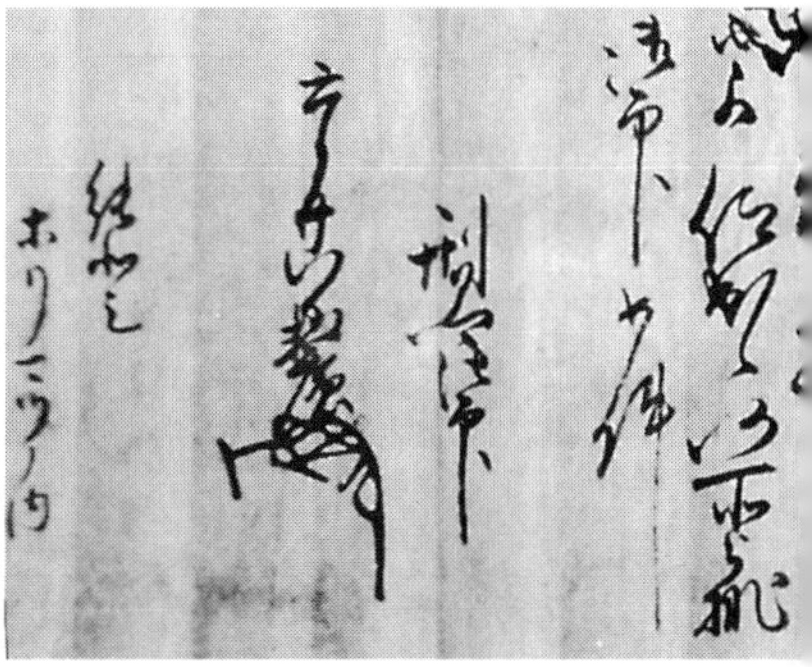

は「如件」の書留文言をもつ下間氏による上意下達を旨とする書下形式の文書に門主の印判が捺された形式をとることを明らかにした。[註1] なお、大喜氏のいう書下形式の文書の多くが、三通一体で発給されている。そして、これらは門末から本山に納められた懇志の請取状として多く発給された。この形式は江戸期には引き継がれず、懇志請取の御印書は極めて簡略化された形態に変化し、それ以外の御印書も三通一体ではなくなる。

　すでに草野氏をはじめとする研究によって明らかにされているが、御印書の実例をみてみよう（『増訂加能古文書』）。

（印ー印文「明聖」）
□
御門跡様へ為志、鳥目百疋進上之趣、具遂披露候、懇志之至神妙ニ被　思食候、先以　御所様一段御堅
固ニ御座候、可心安候、将亦各参会之時者、相互信不信之被談合、如　御諚之有安心決定、今度之可被
遂報土往生事、善智識之御本意、不可過之候、誠広大深遠之御恩徳之程、有難可被存候、只有増之躰に
てハ、不可有其詮候、弥可被任　法儀事、尤肝要之旨、能々相心得可申之由、被　仰出候、仍所被排
御印如件
　　　　刑部卿法印
六月廿八日　　頼廉（花押）
能登

ホリマツノ内
末吉村

これが、いわゆる「御印書」である。書留文言はこの場合、「如件」で終わるが、永禄期には「恐々謹言」で終わっていた。袖に、門主顕如をあらわす「明聖」印が捺されている。また傍線部には信仰に関わる門主の仰出が記されている。この文書は坊官下間頼廉が奉者となっているが、下間氏はさらに書状形式の副状を発給する。その副状に、さらに下間氏の家臣（顕如にとっては陪臣）の益田氏の副状が添付される。このような三通一体の顕如の文書発給は天正十一年（一五八三）に確認できる。[註7]また、御印書と三通一体となった現物が確認できるのは、草野氏のいう天正十四年（一五八六）以降の事例となる。なお、益田の文書の初見は天正八年（一五八〇）一月「石山合戦」末期である。この頃、益田ら実務を担う者が前面に出る文書が発給されはじめ、天正十四年前後に三通一体の御印書の形式が定式化され大量発給をみたといえる。

「石山合戦」敗北とその後の時期、本願寺の収取体系の基本だった本山における儀式執行は不全をきたしていた。そこで、儀式を基盤とした懇志ではなく、臨時の懇志を中心とした財政が形成されていたと想定される。臨時の懇志収取には本山の危機を訴える文書の大量発給が必要であり、それを支えたのが益田ら坊官内衆や下級家臣だった。そして、臨時の懇志収取という事業はその後も継続され、三通一体という末端の文書作成者が表に出る形式は、本願寺の本山が大坂に戻り天満に寺基を構え、儀式の場となる御堂復興等が行われた天正十四年以降も多く発給されたのである。「石山合戦」末期に作り上げた臨時の体制は、復興の中で活用されているのである。

なお、門末と宗主をつなぐ書状の変化は、書留文言が「穴賢々々」あるいは「あなかしこ〳〵」に一本化されるとという細かなものであった。しかし、懇志の請取に関しては、顕如の書状ではなく、下間氏発給による奉書的な文書の発生をみている。当初は下間氏書状に印判を押す形式であったが、天正期になると上意下達の趣が強い書下形式の文書に印判を押す形式となる。書状自体の変化は軽微なものであったが、御印書の成立展開によって書状自体の位置づけは更に高いものとなったであろう。

おわりに

以上、本願寺では顕如の時期に門跡成を果たすことで、大きく書札が変わったことを示してきた。概ね、書留文言は薄礼となり、他の門跡とは直接書状をやりとりする立場となった。一方、摂関家に対しては家令を介したやりとりが続いた。石山合戦の勅命講和においては近衛前久も仲介役を担ったが、前久からの書状に対する直接の返事は確認されていない。合戦終結という切迫した状況でも、当然ながらこの書札礼の枠の中で政治的なやりとりがなされていた。また、門末に対しても薄礼となり、さらに御印書の成立展開によって、顕如書状自体の位置づけも希少なものとなったと想定される。書札礼の上でも、顕如期の本願寺門跡成の影響を具体的に確認できたといえる。

なお、興味深いのは一般的な傾向と逆行するかのようにみえる料紙の変化である。一般的に、当該期の料紙の変化については、南北朝・室町時代においては、公家社会を中心とした引合・檀紙の使用が、足利将軍家により杉原紙の意図的使用に圧倒され、さらに室町末期に将軍御内書に鳥子が使用されることで杉原は鳥子に圧倒され、最終的に豊臣政権による大高檀紙が登場し奉書紙が普及するという流れが指摘されている。(註2)

確かに、「御書留」に収められた武家充の文書は多くが鳥子となっており、杉原から鳥子へという一般的な流れを感じさせる。また、公家充の文書も石山合戦の勅命講和時に庭田家充に出された書状が杉原であるように、引合から杉原への流れを感じさせるところもある。しかし、公家や門跡、細川京兆家充書状には、証如期には使用していなかった引合をわざわざ使用することも確認できた。

料紙が引合から杉原そして鳥子へ転換していくただ中で、本願寺は公家社会の上層に近い門跡となった。それゆえ、圧倒されていくべき引合が公家充文書で新規に多く使用されることとなったのであろう。

〈註〉

（1）大喜直彦「本願寺教団文書の推移について」（『本願寺教団の展開』永田文昌堂、一九九五。のち『蓮如大系』四、法藏館、一九九六所収）。

（2）湯山賢一「和紙に見る日本の文化」（『文化財学の課題―和紙文化の継承』勉誠出版、二〇〇六）。

（3）谷口研語『流浪の戦国貴族近衛前久―天下一統に翻弄された生涯』（中央公論社、一九九四）。

（4）金龍 静「顕如上人文書纂について」（『仏教史研究』四三、二〇〇七）。

（5）中路孝信「秀吉宛光佐書状の発見と再見記」（『本願寺史料研究所所報』三三、二〇〇七）。

（6）草野顕之「本願寺教団における印判奉書の意味」（『仏教史学研究』二五－二、一九八三。のち同『戦国期本願寺教団史の研究』法藏館、二〇〇四所収）。

（7）金龍 静『一向一揆論』（吉川弘文館、二〇〇四）史料編三号・九四号。

〈参考文献・史料〉

青木 馨「西本願寺蔵教如関係文書管見」（『本願寺史料研究所報』九、一九九四）。

神田千里『一向一揆と戦国社会』（吉川弘文館、一九九八）。

金龍 静「教如史料論」(『教如と東西本願寺』法藏館、二〇一三)。

『石山本願寺日記』下巻(大阪府立図書館長今井貫一君在職二十五年記念会、一九三〇)※。

『真宗史料集成』三巻(同朋舎、一九七九)※。

『大系真宗史料 文書記録編四 宗主消息』(法藏館、二〇一四)※。

「教如消息集」(『真宗史料集成』六巻、同朋舎、一九八三)。

「長府毛利家文書」(『顕如上人伝』真宗本願寺派宗務所、一九四一)。

「栄照寺文書」(『大阪の町と本願寺』大阪市立博物館、一九九六)。

『増訂加能古文書』(名著出版、一九七三)。

「証如上人書札案」「御書留」「文案」は、※の三冊にそれぞれ所収。「証如上人方々へ被遣宛名留」は『真宗史料集成』三巻に所収。

第十三章　下間頼廉名乗・花押考

金龍　静

はじめに

この度、宮帯出版社の企画で、本願寺十一代顕如とその時代にかかわる論文集が世に出されることとなった。十六世紀後半のこの時代には、教団あげての総力戦である石山合戦が起こり、またそれに続いて、顕如とその長男教如との対立も生じたため、着目すべき研究課題は多岐にわたる。また、それらに関係する多数の史料類・文書類の発掘も、全国各地で進んでおり、研究条件としては、かなり恵まれた状況になってきつつあるものと思われる。

ただし、その関係文書類に限っても、それらのほとんどが無年号である。編年化のためには、記載文言の概要・内容から類推し、さらに名乗・花押の形の変化を踏まえて、蓋然性の高い年次に比定する地道な作業を積み重ねるしかない。長年にわたり多くの研究者が、この編年化作業に努力を傾注し続けてきた。現在のところ、顕如・教如と三名の有力坊官の一人である下間頼龍（了明）などの花押形の変化は、比較的はっきりしているため、いくらか前後はしても、おおよその年次は推測できるところまできている。

一見して変化に乏しいのは、残る二名の有力坊官である下間仲之（性乗）と下間頼廉の花押形である。仲之の花押形に関しては、かつて吉井克信氏により、試論が公表された(註1)ものの、残る頼廉に関しては、いまだ誰も挑戦していない。確かに一見するとみんな同じ形である。しかし詳細に見つづけると、後述のごとく、微妙に変化している様子がわかってくる。花押の変化の跡を見いだし、これによって、頼廉文書の大まかな編年化が進展することとなるならば、顕如期のみならず、本願寺が東西に分裂した教如・准如期（十二代）の研究も、少なからず豊かなものになるに違いない。

先述のごとく、顕如期の課題は多い。しかし拙稿でそれに言及するならば、各執筆者の記述内容と重複したり、齟齬をきたしたりすることが予想される。また現在の自分ができること、あるいは、しなければならないことを改めて考えるならば、頼廉花押考は、提示すべき価値のあるものと思われる。

一、概歴

まず、頼廉の略歴を見てみよう。『下間家系図』(註2)の註記によると「寛永三年（一六二六）十月十日卒、九十歳」とあるので、天文六年（一五三七）の生まれとなる。父の頼康と同じ「源十郎、右兵衛尉」を経て、新たに「刑部卿」の官途名を名乗り、「法眼、法印」の位階を授与され、顕如側近として当時の本願寺とその教団を差配し、天正八年（一五八〇）の石山合戦終結の際には、仲之・頼龍とともに「血誓三人之一人」と称される大任を勤めた。なお法名は「了入、改了悟」と記されるものの、少なくとも慶長末期までの史料中に、法名で呼ばれた例は見うけられない。

呼称等をいま少し厳密に見ていくと、童名は虎寿で、十代証如の日記である『天文日記』の天文二十二年

（一五五三）十一月廿九日条によると、青侍官途名の源十郎を拝受している。以後、『私心記』（八代蓮如の子の実従の日記）永禄元年（一五五八）七月三日条までは源十郎と記されるが、『天文・永禄・慶長諸雑記』（註3）永禄二年四月十一日条に、「若子様（教如）御くしおき御祝」を差し出した者として、「右兵衛尉三種二カツ〻」とあり、この時までには、官途名が右兵衛尉へと変わっている。

これがいつまで続くかは不明だが、公家の山科言継の日記である『言継卿記』永禄七年（一五六四）八月朔日条には、新たに「刑部卿法橋頼廉」と記されている。法橋頼廉と記す最後のものは、天正参年（一五七五）十二月下間正秀等連署誓詞（註4）である。

天正四年三月十四日顕如消息写（註5）からは、刑部卿法眼となり、（天正十四年）八月十一日中御門宣光披露状（註6）まで続く。天正十四年（一五八六）八月堺真宗寺誓珍誓詞（註7）以後は刑部卿法印となり、終生その官途名が冠せられている。

二、名乗の変化

下間頼廉は奏者役に任ぜられているため、宗主の意を奉ずる奉書・印判奉書類と宗主消息に付された添状という、この二種類の文書が大量に残存している。現在までのところ、既知の頼廉文書は三八五点ある。本稿では、その中から、原本や写真版での対校が可能で、かつ年次の推定が可能な一三六点を編年順にならべ、名乗・花押の変化を調べてみた。なお、頼廉の名乗・花押が記された最初の文書は、京都市興正寺蔵の（元亀元年）九月五日下間頼充・頼照・頼廉連署状である。

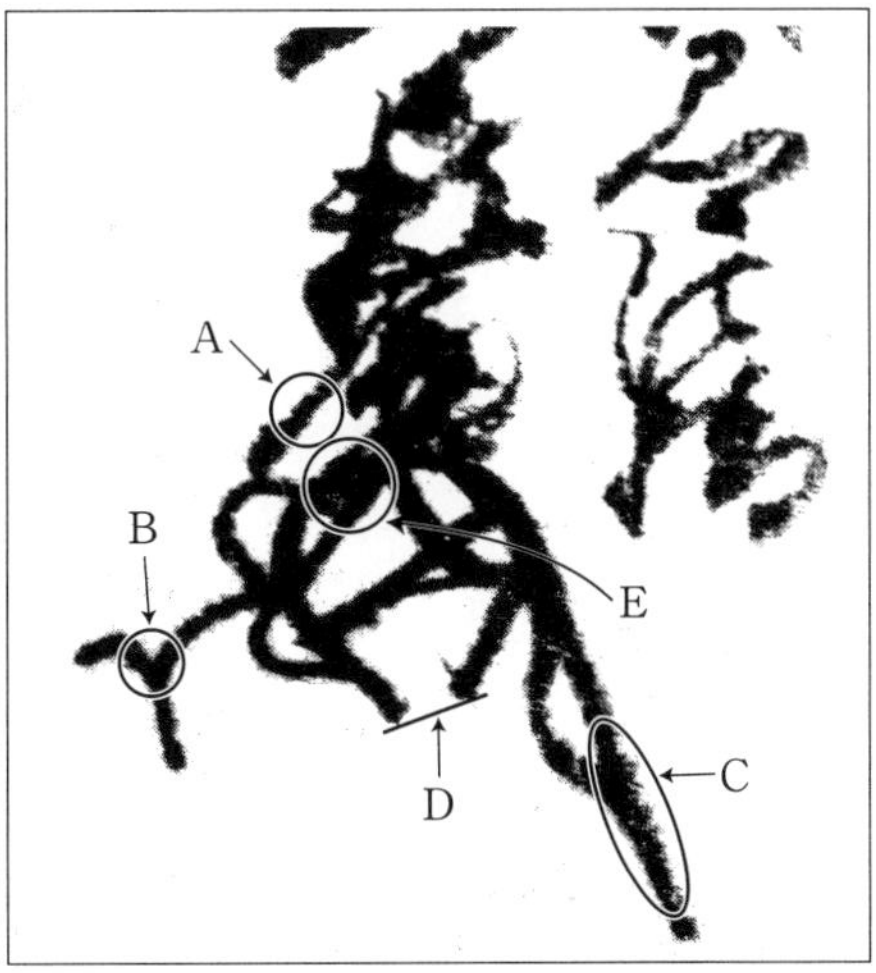

写真1　下間正秀・頼廉連署奉書
（大阪府門真市道徳寺蔵）

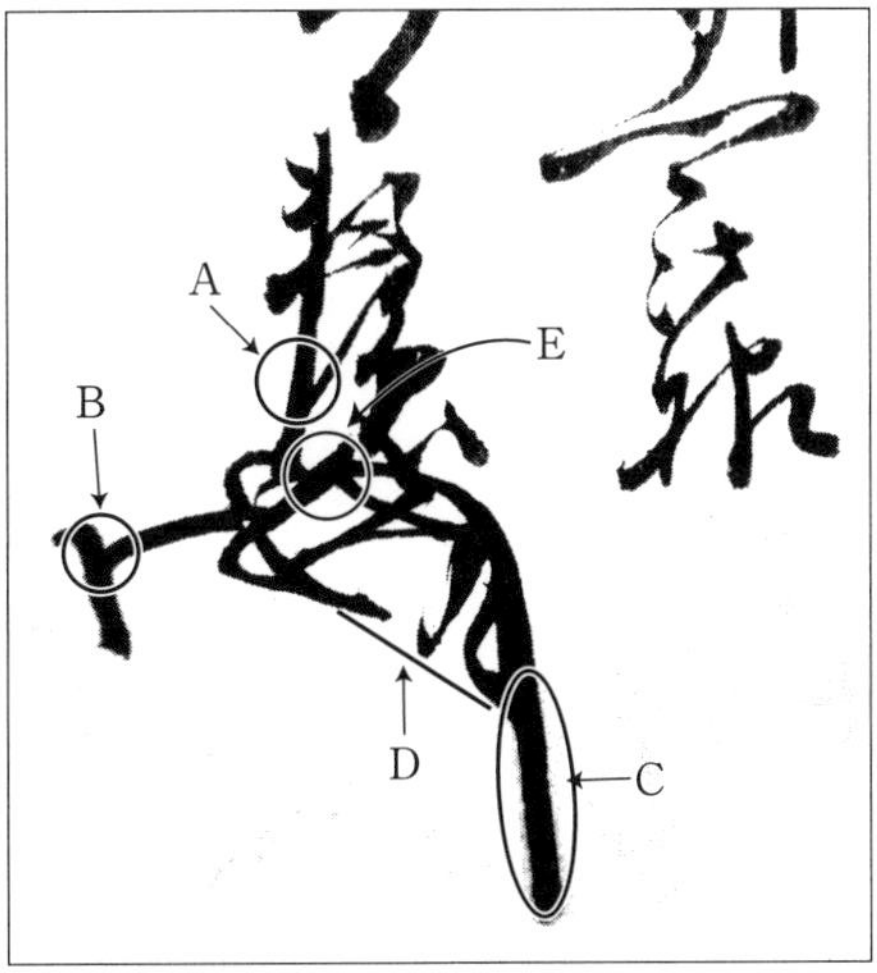

写真2　下間頼廉印判奉書
（京都府南丹市光瑞寺蔵）

写真1は、天正二年（一五七四）九月廿一日下間正秀・頼廉連署奉書（大阪府門真市道徳寺蔵）である。写真2は（天正十三年）七月廿八日頼廉印判奉書（京都府南丹市光瑞寺蔵）である。両者を比較すると、頼廉の「廉」のカンムリの左タレの変化に着目できる。当初は写真1のAでわかる如く、斜め左に傾いている。ところが写真2では、そのタレが垂直に下がっている。タレの斜め左型の最後は、一応、（天正十一年）閏正月廿七日印判奉書（石川県鹿西町乗念寺蔵）としておく。垂直に下がる初見は、（天正八年）閏三月五日頼廉印判奉書（石川県輪島市本誓寺蔵）・（天正八年）閏三月六日頼廉印判奉書（宮城県仙台市称念寺蔵）で、それ以前は一例も見うけられない。このように、タレの斜め左型と垂直型には混在期間がある。

なおタレの斜め左型の例は、天正十一年以降も、わずかな頻度（一割未満）であるが、数例散見される。例えば島根県大田市満行寺蔵（天正十五年カ）三月五日頼廉印判奉書である。ただし同日付の頼廉添状は垂直型となっており、しかも同日付の小奏者である益田照従の添状とも同筆である点から、恣意的な旧型使用例と推測できる。他に、斜め左型の例として、岐阜県高山別院蔵（天正十七年）三月廿九日頼廉添状、南丹市光瑞寺蔵（文禄元年）十二月八日頼廉添状、岐阜県神戸町性顕寺蔵（慶長十四年）霜月七日頼廉奉書、本願寺蔵慶長十九年（一六一四）十月廿七日頼廉誓詞等がある。このうち光瑞寺蔵頼廉添状は、同日付の益田照従添状と同筆であり、（文禄元年）十二月十日頼廉添状・同日付照従添状とも同筆であるが、後者の頼廉添状は垂直型となっている。したがって、特定の右筆による規則性はないものと判断できる。

三、花押の変化

では花押の変化を見ていく。写真1のBでわかる如く、当初は花押の左端はV字形にくぼんでいる。この型は岐阜県郡上市安養寺蔵（天正八年カ）正月廿二日書状まで続く。岐阜県神戸町長久寺等蔵（天正八年）正月廿五日印判奉書からは、左端の斜め棒の上から1／3ほどの所で横棒に連なる形となり、クビレは残るものの、明確なV字型は崩れていく。わずかなクビレの最後は、写真2の光瑞寺蔵（天正十三年）七月廿八日印判奉書である。愛知県岡崎市上宮寺蔵（天正十年カ）二月十一日披露状・滋賀県三浦講蔵（天正十年カ）八月十八日添状以後は、わずかの重複期間を経て、クビレもなくなり、Tを斜めに横倒しにした形が続く。この結果、花押の左部分が拡がり、全体的に横長の花押形といった視覚的印象を与えることとなる。

次にCとして、花押右下線の下がり具合を見てみる。写真1では、斜めの傾斜をつけて、下線が降りている。写真2では、かなり垂直な降り方をしている。斜め傾斜線の最後は、滋賀県長浜市富田家蔵（天正八年）正月廿五日印判奉書で、垂直の降り線は石川県輪島市本誓寺蔵（天正八年）閏三月五日印判奉書・宮城県仙台市称

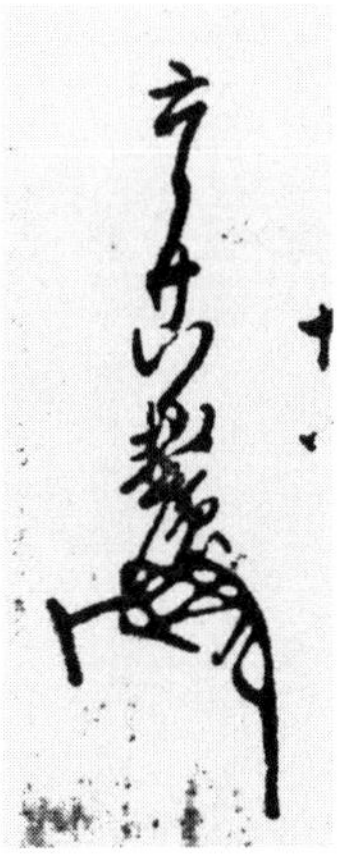

写真3　下間頼廉印判奉書
（石川県志賀町西来寺蔵）

念寺蔵（天正八年）閏三月六日印判奉書・同添状から始まる。これには重複期間がなく、はっきり区別できる。

次にDであるが、下部中央の「ハ」の字が「逆ハ」になっている部分に着目できる。写真1では、「逆ハ」の字の下部に横線を引くとほぼ平行である。写真2では、「逆ハ」の下部に横線を引くと、右下がりの斜線あるいは湾曲線となり、それを延長して、Cの棒線下部左に出来ている膨らみの部分と結ぶと、きれいな斜線あるいは湾曲線が描かれる。逆ハ横平行線の下限は、和歌山市真光寺蔵（天正十一年）十月廿六日頼廉・仲之連署印判奉書である。斜線・湾曲線の上限は、兵庫県赤穂市永応寺蔵（天正五年カ）四月廿一日添状・和歌山市万福寺蔵（天正五年）六月廿七日添状である。このDにも重複期間があるが、茨城県古河市勝願寺蔵（天正九年）九月十三日印判奉書以降は、斜線・湾曲線型が大勢を占める。

最後にEとして、花押中央上部の交点を見てみる。写真1・2では、たすき掛けの線が交わっていない。ところがEの部分が交差しているもの（写真3）が登場しだす。この交差型は、滋賀県三浦講蔵（天正十年カ）八月十八日添状から始まる。ところがそれ以降も非交差型がたびたび登場し続ける。その最後は、福井県越前市円成寺蔵（文禄元年）極月十二日印判奉書・神奈川県横須賀市最宝寺蔵（文禄二年）二月十日印判奉書である。この間は、四分の一から五分の一の比率で非交差型が散見される。墨書花押・木版花押とか、あるいは小奏者による書写人の違いなのではと想定して、検討を加えてみたが、その可能性も見受けられない。長い重複期間を過ぎて、石川県珠洲市正福寺蔵（文禄二年）三月朔日印判奉書からは、交差型ばかりとなる。

四、成果

このA～Eの五点の変化に留意して、数点の文書を取り上げて、検討を加えてみる。まず新潟県上越市本誓寺蔵七月十日頼廉印判奉書である。本文に「就御籠城運送之品、無滞令着候、毎事忠節之儀、御感不浅候」とある。この内容からすると、天正六年（一五七八）か七年ごろの感じであるが、故井上鋭夫氏は『一向一揆の研究』で「本文書疑ウベシ」と記している。推測するに筆致が他の頼廉文書と似ていないためと推測される。この文書の名乗・花押に先のA～Eをあてはめると、籠城解除後の天正八年～十一年の間となり、文意と齟齬をきたすこととなる。

次に岡崎市上宮寺蔵十二月十三日法眼頼廉印判奉書を見たい。本文として「御房御往生之為御志、鳥目百疋御進上」とあり、この文書の裏には、「勝祐　信祐　苅谷須賀ニテ往生由候砌、志上納返シ御書也」との注記がある。同寺蔵『別本如光弟子帳』にも、「釈勝祐、天正二（一五七四）暦九月廿九日大ノ月ハ晦日」「釈信祐、尾張カリヤスカニテノ筋井新八良所ニテ切腹往生ス」と記されている。『別本如光弟子帳』は、これまでの研究史において、かなり重視されてきた史料の一つである。また『勝鬘寺歴史略抄』にも、同趣旨の記載がなされている。

ところが、頼廉が法眼となるのは天正四年（一五七六）以後であり、本文書の名乗・花押に先のA～Eを当てはめると、天正二年ではなく、天正九年か十年に相当する。上宮寺には天正十年（一五八二）十二月十六日付の勝祐影像（願主は尊祐）が存在することから、本文書は天正十年のもので、文中の「御房御往生」とは勝祐のことを指しているものと推測できる。

次に長野県須坂市勝善寺蔵三月廿九日添状である。文中の「今度此方不慮之儀付而、被成御気遣候へ共、無別儀」早速相済申候」とは、他の関連史料から、天正十七年（一五八九）の願得寺落書一件を指す。A～Eも天正十七年と齟齬をきたさない。しかし本書の上書は「（切封墨引） 刑部卿法眼／頼廉／ナカマタ／勝善寺／回理」とあり、「廉」のタレは斜め左型である。本書の「廉」は垂直であり、天正十七年にはすでに法印である。この上書は、同寺蔵の（天正五年）三月廿五日のものが、誤って三月廿九日のものに貼られたものと推測できる。

最後に、火災で焼失した滋賀県彦根市明照寺旧蔵二月廿三日法眼頼廉印判奉書を取り上げたい。本書には、「今度番方へ 御影様被成 御免候」と記されているが、内容からは、年次を絞りこめる手がかりはない。しかし、A～Eを当てはめてみると、天正五年以前のものであることがわかる。近江のこの一帯の門末は、永禄末期から織田信長軍に対して死闘を続けていた。この御影は親鸞御影か前住御影と推測されるが、明照寺にも番方講にも、元亀元年（一五七〇）から天正五年の間の法物は、存在していない。あるいは消失・焼失したのであろうか。

以上、A～Eの変化に着目して、四点ほどを例に検討を加えてみた。史料はそれ自体からさまざまな情報を発信している。信憑性のある情報も、疑わしい情報も混在している。その受信度・解析度を少しでも高める一手法として、A～Eの変化に着目することは、将来的にも大事なことと思われる。

五、課題

最後に課題であるが、A～Eのそれぞれの変化の始まりや終わりを示す根拠とした文書は、編年化についてのより一層の考察によって、将来的には他の文書に取ってかわられ、より一層厳密化されていくことだろう。しかし大まかながらも、このような変化があることを前提にして、改めて概観してみると、頼廉花押の変化する時期は、天正五年ごろから天正十一年ごろまでの間に集中していることが、判然とする。この時期は、石山合戦の後半期、織田信長との和睦、長男教如の義絶、顕如と教如の父子和解といった重要な事項が目白押しの時期であり、それぞれの局面での頼廉文書の年次を絞りこむことが叶うならば、研究の進展・深化に大きく寄与するものと思われる。

その一方、天正後期以降の頼廉文書の花押形は、ほとんど変化を示さず、目安はわずかにEのみとなる。したがって、官途名や位階ならびに花押形の変化に着目しての編年化は、不可能となり、他の方法を探さなければならない。幸いに頼廉には、小奏者として、草伯部文介重政（入道了寿）・益田照従らがおり、彼らが頼廉文書と自身の添状を書いている多くの例が見うけられる。特に益田照従の花押は数度の変化を示し、慶長四年（一五九九）に五十四歳で没している（『西光寺古記』）。これで将来的には、慶長初期までの頼廉文書の大まかな区分けが可能となるはずである。

ではそれ以降はどうなのか。本願寺蔵慶長五年（一六〇〇）正月廿二日准如消息案に、「刑部卿存生之間ハ、今迄ことくたるへく候。已来之儀者、無相違少輔（下間仲玄）ニ奏者可申付候条、可得其意候」と、注目すべき決定事項が記されている。筆頭坊官の地位はそのままだが、奏者役の職務は解かれた可能性が高い。さすれば以後は、重要な案件の場合は例外とするものの、懇志請取などに関する頼廉文書の発給は、極端に少なくなっていった可能性が想定される。ちなみに同年は、頼廉六十四歳である。

以上、頼廉名乗・花押考と題して、あらあら所見を記させていただいた。本稿は、一九七七年に発表した「戦国時代の本願寺内衆下間氏」(註8)のなかの頼廉関係の箇所を、現在の知見をもとに発展させてみたものである。

三十数年もの間、このような勉学の機会を与えていただけたことを、改めて感謝したい。

〈註〉

（1）吉井克信「下間少進仲之（性乗）文書の一考察」（『真宗研究』三六輯、一九九二）。
（2）『下間家系図』（稲葉昌丸編『蓮如上人行実』法藏館、一九四八）。
（3）『天文・永禄・慶長諸雑記』（龍谷大学図書館蔵）。
（4）龍谷大図書館蔵（『本願寺文書』柏書房、一九七六）。
（5）「列祖消息抄」（『真宗聖教全書』五下所収、興教書院、一九四四）。
（6）「書状・消息集」（龍谷大図書館蔵）。
（7）「石山退城一件」。
（8）拙稿「戦国時代の本願寺内衆下間氏」（『名古屋大学文学部研究論集』二四、一九七七）。

第十四章　寛政の顕如──石山合戦を題材とする浄瑠璃・歌舞伎──

塩谷菊美

はじめに

本書は顕如について論ずる書物である。国文学出身の筆者に求められているのは、史実上の顕如でなく、物語や詩歌に語られたり、歌われたりした顕如を論ぜよということであろう。だが、親鸞・蓮如についてならば、東西両本願寺の定める真宗聖典の中に、親鸞曽孫の覚如が作った『本願寺聖人親鸞伝絵』（『御伝鈔』）や蓮如息実悟の作とされる『蓮如上人遺徳記』があり、それ以外にも幾多の親鸞伝・蓮如伝が存在しているけれども（『真宗史料集成』第三巻・第七巻、『大系真宗史料』伝記編1～3・6など）、顕如となるととっさには思い当たらない。

そもそも顕如という名はどの程度知られているのだろうか。顕如は、戦国時代を舞台としたゲームにはよく「本願寺光佐」として登場しているので、ゲーム好きな子供はこの名で知っているとしても、大人の間ではほとんど知名度がないのではないか。

だが、調べてみると、江戸時代中期から明治末まで、顕如の登場する勧化本・読本・浄瑠璃・歌舞伎等がいくつも作られている。特に浄瑠璃・歌舞伎は十八世紀後半に突然作られ始めて約二十年間続き、一度おさまってから百年後、明治前期に再びもてはやされる。ただ、大正期には顧みられなくなるため、現代では知名度が低いのである。本稿はその最初の二十年間、一七七〇～九〇年代（明和末年～寛政年間）の浄瑠璃・歌舞伎における顕如像を分析しながら、合戦後二百年近く経ってなぜ突然もてはやされ、そして忘れ去られたのか、その理由を考えようとするものである。

一、「慶覚上人」の誕生

松永大膳（史実上の松永久秀）は室町将軍足利義輝を謀殺し、義輝の母慶寿院を金閣寺の究竟頂に幽閉して天下取りをたくらむ。小田信長（織田信長）の家臣の此下東吉（木下藤吉郎）は大膳の軍師となって金閣寺に入り込む。大膳は絵師雪舟の孫娘の雪姫をも金閣寺に押し込めるが、雪姫は大膳が父の仇と知って討とうとし、逆に庭の桜の木に縛りつけられる。雪姫が足先で花びらを寄せて鼠を描くと、絵は白鼠となって縄を食い切る。義輝の弟で南都一条院に入っている慶覚（足利義昭、法名覚慶）が還俗して義輝嫡子輝若の後見となり、東吉は慶寿院を救い出して大膳を討つ。

宝暦七年（一七五七）、大坂豊竹座で浄瑠璃『祇園祭礼信仰記』が大当たりをとった。ストーリーは右の通りである。「ふとんの上の極楽責め」と美女をいたぶる、悪の権化のような松永大膳と、縛られた雪姫の被虐美。翌年には歌舞伎化され、「金閣寺」段は現在でも上演されている。

幕府が近い時代の出来事の演劇化を禁じていたため、織田信長は「小田信長」、木下藤吉郎は「此下東吉」、覚慶は「慶覚」の名で演じられている。織田を「小田」に変えさえすればよく、近世の大名に直系の子孫がいない者は実名のままの場合もあることから察するに、幕府は芝居での描かれ方をめぐって争いが起きるのを防ごうとしたのだろう。「悪いのは○○家の先祖ではない、△△家だ」「わが先祖の○○が卑怯な手を使ったとは事実無根」などという争いにならぬよう、あくまでもフィクションということにしておかねばならない。享保七年（一七二二）の出版条目が「人之家筋・先祖之事」を書いて「其子孫より於訴出」ることがあれば厳しく吟味するとしているのと通うのではないか。

人名や時代設定が実際と変えられても、観客が当惑することなく虚実皮膜の間を楽しむことができたのは、変名が実名そっくりであるのみならず、事件や時代に関する約束事が「曽我物」「太閤物」といった「世界」として設定されているからである。人物の造形も信長は短慮、秀吉は寛仁大度というようにあらかた決まっている。パターンさえ飲み込んでしまえば、観客は入り組んだストーリーを理解し、場面場面の面白さに没入することができる。

この特質を利用して石山合戦を劇化した歌舞伎作者がいた。安永九年（一七八〇）に『帰命曲輪文章』（『歌舞伎台帳集成』第四一巻）を合作した並木五兵衛（初代並木五瓶）・並木十輔である。『祇園祭礼信仰記』で「慶覚」は室町幕府十五代将軍足利義昭を指すという暗黙の了解ができていたのを、さらにひねって、「足利の正統慶覚上人」の名で足利義昭を指すと見せかけつつ、実は本願寺の正統である顕如を指すものとし、「毒虫小田春長」（織田信長）と、その家臣だが「義を守る武士」の真柴久吉（羽柴秀吉）とを絡めたのである。

先に慶覚という名について通観してしまえば、大坂豊竹座は寛政二年（一七九〇）に『近江八景石山遷』、三年に『彫刻左小刀』（『菅専助全集』第六巻）、十一年に『絵本太功記』の「杉の森の段」（『近松半二江戸作者浄瑠璃集』）と、相次いで石山合戦を題材とする浄瑠璃を初演したが、どれも顕如を慶覚と呼んでいる。

明治期には幕府の規制がなくなり、かつ従来の時代物歌舞伎の荒唐無稽を排して史実を演じさせようとする新政府の方針もあって、登場人物を実名で呼ぶようになる。明治十三年（一八八〇）に大阪角の芝居で初演された勝諺蔵（かつげんぞう）作の歌舞伎『御文章石山軍記』（中西貞行が台本を発行）、同十九年に同じく大阪の彦六座で初演された浄瑠璃『弥陀本願三信記』（『義太夫年表』明治篇）はいずれも「顕如」である。

なぜ顕如を賢如・如顕などでなく、似ても似つかぬ慶覚と呼んだのだろうか。史実では、足利義昭は南都一条院門跡として覚慶を名乗っていたが、織田信長の支援を受けて還俗し将軍となった。後に信長と不和になり、本願寺とも連携して抗したものの、敗れて京都を追放されている。信長に敵対して石山の地を離れた門跡顕如とイメージが重なる要素は確かにあるが、あえて似ていない名前が選ばれるのは珍しいことである。

また、これと関わって、石山軍記物の浄瑠璃・歌舞伎では石山合戦そのものが隠し絵にされていて、よほど気を付けて見ないかぎりわからないようになっている理由も考えねばならない。たとえば『帰命曲輪文章』では、足利義輝の弟で東山銀閣寺（石山本願寺）の住持である阿弥陀坊慶覚（足利義昭／本願寺顕如）が家臣たちとともに銀閣寺を守るべく、西山金閣寺を根城とする妖僧満入や、彼に帰依する小田春長（織田信長）と戦う。何ともまわりくどい設定ではないか。

豊原国周筆『御文章石山軍記』（部分）「顕如上人　市川右団治」「小田春永　市川小団治」（都立中央図書館特別文庫室蔵）

これは東本願寺が親鸞物浄瑠璃の上演や正本出版を差し止めるなど、芸能に対する厳しい姿勢を堅持していたためなのである。（註1）幕府は形式が整っていれば検閲を通すが、東本願寺は芝居の内実に踏み込む。宗教は心の問題であるから、形が整っていればよいというわけにはいかず、フィクションならば何を言っても構わないということにもならない。『彫刻左小刀』が作者たちの工夫も空しく東本願寺から「法義之事を取組たる浄瑠璃」と奉行所に訴えられ、操り芝居の上演と正本の出版・売買を差し止められてしまったように[註2]、東本願寺は真宗浄瑠璃の興行自体を許していなかった。

西本願寺による差し止めの記録はないが、東本願寺に差し止められた浄瑠璃太夫が西本願寺を頼った形跡もないので、興行に積極的だったということはなさそうである。

浄瑠璃興行の中心は大坂である。大坂には真宗門徒が多い。太夫や作者は本願寺に気付かれずに真宗浄瑠璃を上演しようと知恵を絞り、顕如は「慶覚上人」になったのである。

二、石山軍記物の種本

石山軍記物の浄瑠璃・歌舞伎を見る前にもうひとつすることがある。明和八年（一七七一）の序文のある実録体小説『石山軍鑑』における顕如像の分析である。

伊原敏郎が『帰命曲輪文章』を「信仰記に石山軍記の書替なるべし」と看破したとおり（『歌舞伎年表』）、この歌舞伎は『石山軍鑑』で枠組みを作り、その上に『祇園祭礼信仰記』をかぶせたものである。他の石山軍記物の浄瑠璃や歌舞伎、また、本稿では扱わない勧化本（かんげぼん）や読本（よみほん）も多くが『石山軍鑑』を種本とする。『石山軍鑑』の主人公である鈴木飛騨守重幸は同時代の諸書に見えず、本書の創作した架空の人物と考えられているが[註3]、石山合戦を物語る庶民対象の諸本にはたいがい鈴木重幸の名が見えるのである。

まず、『石山軍鑑』の梗概（こうがい）を顕如の動きを中心にまとめておく[註4]。

信長は明智光秀の薦めによって摂州石山の地を己の城地として求め、戦いを嫌う顕如はこれを受け容れて石山を明け渡そうとする。紀州から招かれた軍師鈴木重幸も同じ意見だが、実戦を知らぬ家老の下間・杉浦が強硬論を言い募り、家臣団の大勢が籠城に傾くと、顕如はそれに従う。やがて、楠正具（後の三番定専坊）が顕如の名を騙って軍勢を集めるなど不測の事態が重なり、戦端が開かれてしまう。鈴木孫市が信長の天満の陣を水没させたり、定専坊が顕如のふりをして櫓に上がって説法し、織田軍の中の真宗門徒を感激させて同士討ちするよう仕向けたり、重幸の詭計によって本願寺方は連勝して、織田軍の「南無妙法蓮華経」の大旗を奪い、信長を負傷させる。だが、慈悲深い顕如が自軍ばかりか敵の軍兵を殺すことをも厭うため、重幸は敵軍を殲滅せず、ただ叩いて城から遠ざけ、敵が諦めるのを待つだけである。しかし、信長は負け戦を重ねるたびに憎悪を募らせ、秀吉らの諫言も聞かず、顕如父子を殺し本願寺を滅ぼそうと狂奔する。重幸はついに秀吉との戦いに敗れ、単身潜行して信長を狙うが、土民にだまされ殺される。信長は天皇に石山さえ手に入れれば宗門の安泰を保証すると嘘をついて和睦の勅命を願い、顕如は退城を余儀なくされる。長子教如（後の東本願寺十二世）の策により、教如が籠城を続ける間に顕如は石山を脱出し、和泉貝塚から

『絵本石山軍記』（鶴声社・明治20年）**より挿絵「顕如上人と鈴木孫六」**
『石山軍鑑』を明治になって活字化したもの。（国立国会図書館ウェブサイトから転載）

紀州鷺の森へ赴く。信長は配下の武士に顕如の輿を襲わせるが空振りする。信長は教如の違約を朝廷に訴えるが、教如は顕如が襲撃された次第を述べ、信長への勅命を求めた上で石山を退く。三年後、信長配下の丹羽長秀が鷺の森を包囲し、防戦の準備のない本願寺は追い詰められる。顕如が幼い阿茶丸（後の西本願寺十二世准如）を連れて自害しようとしたまさにそのとき、信長が明智光秀に討たれたという知らせが届く。

梗概と言いつつ長くなったが、『石山軍鑑』は六十巻の大部の書である。作者の立耳軒（りゅうじけん）は講釈師と推定されており、[註5]顕如と信長は善悪正邪の関係として描かれる。悪玉が善玉に挑んでは敗れ、また挑んでは敗れ……を繰り返すという、講談のパターンそのままの物語なのである。ただ、善・正といっても観念的で、顕如が具体的に何かを決し、行うことはない。合戦を避けるため信長の意に従いたいと思っても、家老らに反対されればあっさり引っ込める。重幸の謀略も大勢の命を奪っているはずだが、顕如は止めていない。

むしろ、合戦に関わる判断を顕如が一切下さないことが『石山軍鑑』の肝要であろう。顕如の合戦への不関与が言われ、軍師鈴木重幸なる人物が創作され、その軍師の戦術も十全には実現できなかった事情が説かれ、結局は異常に執念深い信長が、味方も敵も殺したくないという顕如の慈悲を受け容れぬまま、自爆への道を突っ走っていく。顕如に責任を負わせない手だてが二重三重に講じられ、顕如は主人公の地位を外れて、物語は鈴木重幸ら門徒たちの群像劇となる。

石山退去という事実があるからには、石山合戦が敗戦であったことは認めざるを得ない。しかも、京都大谷に発した本願寺には京都こそあるべき場所という観念があり、[註6]現に豊臣秀吉・徳川家康から寄進された都の広大な寺地に東西両本願寺が聳（そび）え立っている。むろん、権力者たちに寺地を寄進させるほどの力量を示したからこそ、そういうこともできたのだが、近世中期、生まれたときすでに都に両本願寺があったという人々の中に、石山籠城などする必要はなかったという否定的感覚が生まれるのは自然なことだろう。

しかし、その感覚を顕如に向かわせることはできない。顕如は聖なる「生き如来」だからである。『石山軍鑑』では定専坊が顕如のふりをして櫓に上がると、信長軍の中でも門徒の兵は、敵方の兵も助けようという「御慈悲心」溢れる「尊き生如来の御身」に刀剣をふるうことを恐れ、「両手を合せ伏拝み〳〵五体を投て」泣き、「如来の御血筋たる上人」をかばって鉄砲の筒先に立ち塞がる（後編第十二巻「織田勢石山物攻事」）。

沢井堤合戦で多数の戦死者が出ると、顕如は敵味方の別なく遺骸を集めて寺内に埋めさせ、自ら三七日（さんしち）（二十一日）間読経念仏する。本願寺方の軍兵たちは討ち死にしなかったことを悲しみ、次の合戦で死ねば顕如の弔いに与ることができると随喜の涙に咽ぶ（むせぶ）（後編第六巻「沢井堤合戦之事」）。顕如は自分に帰依する者を浄土に往生させる力を備えた、聖なる人なのである。

生き如来の言動に瑕瑾（かきん）だにあるはずもない。戦術に不備があったとか、そもそも戦うべきでなかったとかいうことになりかねないのなら、顕如を物語の実質から外すしかない。『石山軍鑑』の顕如がほとんど活躍していないのは、そういうことであろう。

三、真宗浄瑠璃における「生き如来」たち

古い真宗浄瑠璃では主役は例外なく生き如来であった。真宗浄瑠璃は最初に親鸞物、東本願寺による禁止後は、蓮如や親鸞以前の祖師（天親・曇鸞などの浄土七高僧）や親鸞の弟子たちを主役とする曲が、真宗浄瑠璃でないかのように装われつつ次々に作られ、彼らの競演する奇瑞不思議が操りの見せ場となった。ただし、奇瑞不思議といっても現世利益を与えるものは比較的少なく、この世の如来であることを証するための奇瑞が多い。

十七世紀半ば以前、東本願寺の禁止以前に作られた親鸞物を見ると、『しんらんき』では親鸞を憎む山伏たちが山の尾根で待ち構えていれば親鸞は谷間の道を通り、谷間で待てば尾根道を通って、ついに顔から金色の光を放って「弥陀の御姿」を現す（『大系真宗史料』伝記編４）。『親鸞聖人由来』では蛇形の箱根権現が「生身の阿弥陀如来」である親鸞を尊んで人間の姿となり、都まで送り届ける（『大系真宗史料』伝記編１）。

十七世紀後半の浄土七高僧や親鸞の弟子を主役とする曲でも、天親が阿弥陀経と称名念仏の力で盲目の母を回復させ、光明を放って「生身の如来と現じ」たり（『大系真宗史料』伝記編４所収『天じんぼさつ』）、親鸞の弟子でその名も「生仏聖人」という「あみだ如来のけしん」に板東の武士が帰依し、源海と名乗って観音・勢至に礼拝されたり（沙加戸弘『真宗関係浄瑠璃展開史序説』所収『源海聖人』）、池中より白蓮華が出現し、花開くと中にれんげ丸（蓮如）が座っていたりする（沙加戸前掲書所収『石山開帳』）。

真宗には還相廻向という教義がある。穢土から浄土へ往生するのが往相、浄土から穢土に戻って衆生を済度するのが還相で、両者揃ってこその如来である。如来は浄土の高みから穢土を見下ろしているのではなく、浄土と穢土を往還して人々を救済する。大桑斉氏は生身の如来信仰がまずあって、それを教学的に表現したのが還相廻向であると推定している。[註7]

『石山軍鑑』の最終巻で、鷺の森本願寺が丹羽長秀に急襲されると、家老下間頼廉が紀州鈴木の一族や雑賀の門徒に「命限りに法敵を防ぎ討死を遂、其時こそ弥陀の利剣を授り、仏敵の大将信長を此土へ征伐に来らん事、我々が本望ならずや」、浄土で法力を授かって再びこの世に戻り、仏敵信長を征伐しようと鼓舞する（後編第二十六巻「鷺の森本願寺合戦事」）。ここにも浄土と穢土とを行き来する如来たちの影が揺曳している。

時代が降るにつれて誰でも生き如来になれるとは言われなくなり、本願寺住持だけが生き如来にされていく。浄瑠璃ではないが、宝暦六年（一七五六）に帰西が著した勧化本『浄土真宗孝信清九郎物語』では、ときの東本願寺住持から言葉を賜った真宗門徒の清九郎が喜びつつも「我等ごときの罪人を助けましますの御慈悲にはくらぶべきもなし」と語ったとされる（『大系真宗史料』伝記編9）。本願寺住持の言葉は有り難いが、罪人をも済度する如来の慈悲ほど有り難いわけではないというのである。清九郎は「還相廻向の人」と呼ばれ、彼自身が生き如来として遇されているのだが、その偉大さを示す挿話として、本願寺住持を如来と無条件に一体視しなかったことが記されている。換言すれば、清九郎ならぬ一般の門徒は、本願寺住持と如来を無条件に一体視していたわけである。

親鸞やその血を引く本願寺住持を、浄土の如来が衆生済度のためこの穢土に顕れた生き如来ととらえ、彼に帰依して極楽往生を手に入れようというのが十八世紀半ばの真宗だったのであろう。

四、『帰命曲輪文章』の顕如像

ところが、十八世紀後半の石山軍記物では、顕如も単なる人間に近づいている。

安永九年（一七八〇）の『帰命曲輪文章』では、小田春長（織田信長）が西山金閣寺を根城とする唐僧満入に東山銀閣寺（石山本願寺）を与えようとし、銀閣寺住持で「足利氏の正統（しょうとう）」である阿弥陀坊慶覚（足利義昭／本願寺顕如）に拒絶されて戦となる。銀閣寺の軍師鱸喜多之頭景依（すずききたのかみかげより）（鈴木飛騨守重幸）、家老花熊少進霜貫（しもつら）（下間少進）とその娘の傾城信楽、信楽の夫の柴田勝家、春長家臣の真柴久吉（羽柴秀吉）らの働きで満入の妖術は破られ、慶覚は無事に河州佐田の森（紀州鷺の森）へ去る。満入は実は赤松満祐の息子が大安国で法術を習って来朝したもので、春長は満入に奪われた神璽（しんじ）を取り返すため、満入への帰依を装い銀閣寺を滅亡させてみせたのだった。春長は銀閣寺に帰依し、都六条（東本願寺・西本願寺）と難波の渡辺（天満本願寺）に寺を再興する。

『帰命曲輪文章』では定専坊でなく霜貫が櫓に上がって説法するが、慶覚と霜貫は同じ役者によって演じられ、実は慶覚本人でなく霜貫であったという種明かしもずっと後までなされないので、観客は霜貫を慶覚と思い込んで見ることになる。やがて霜貫は慶覚、霜貫の子の国若は慶覚の子の阿茶丸として斬殺されてしまい、阿茶丸（実は国若）の身替わりになるはずだった二人の幼児（景依の子の重松、柴田勝家と信楽の子の勝次郎）も殺される。だが、こうした惨劇の後にすべて景依のはかりごとであったことが明かされ、本物の阿茶丸の手を引いた本物の慶覚が仏壇の奥から現れて、景依に「どういふ謀事を廻らされしぞ」と尋ねる。

慶覚父子は仏壇の奥にかくまわれ、何が起きたかも知らなかったことにされている。けれども、そうやって『石山軍鑑』以上に慶覚を合戦の責任から遠ざけながら、「生き如来」の語は二ヶ所しか用いていない。櫓上の慶覚（実は霜貫）の説法を聞いた小田軍の中の門徒の兵が「生き如来じや、ヱ、有難い」と拝んでひざまずく場面と、慶覚の出御となれば沿道に住む門徒が大勢道に出て「ヤレ我君慶覚公、御坊様、生如来と御尊顔有難く拝し奉らんに」、ひっそり佐田の森へ去らなければならないのが口惜しいと、景依が嘆く場面の二ヶ所である。

もっとも、慶覚（を演ずる霜貫）が、檀特山（だんどくせん）で難行した「御仏」、北国へ流された「御開山親鸞上人」、大谷・粟田口の難に遭った「中興の開基蓮如上人」など「尊とき祖師達」と己を引き比べる場面など、「生き如来」とは呼ばないが、生き如来として遇している場面はある。慶覚は仏・親鸞・蓮如と重ねられる存在なのである。

大勢の犠牲の上に慶覚がかくまわれるのは「御先祖尊氏公より連綿と十三代伝わりし足利家」の血を引く者、「足利の血脈」「足利の血筋」だからとされる。忠臣たちが正統なる幼君を守るため命を懸けるお家騒動物と同じ構図だが、守るべきは一般の大名家の血筋と異なり、親鸞以来の「生き如来」の血筋である。現世での生活を保証してくれる藩主を藩民が命懸けで守らねばならないように、浄土往生を保証してくれる生き如来を、真宗門徒は命懸けで守らねばならないという本音が覗いている。

それでは、本音を覗かせる程度に留めて、生き如来、生き如来と連呼しないのは、顕如が生き如来であるのは周知の事実だからその必要はないということだろうか。いや、おそらくそうではない。満入は切腹しようとする久吉の父の脇差を妖術で折ってみせて「何ぼう東山を帰依しても、そういふ不思議は有まい」とうそぶき、久吉はその満入を「不思義(ママ)を見せて人を惑わ」す者と罵る。真宗は奇瑞不思議と関わらない宗派と認識され、かつそれが真宗の美点と見なされている。奇瑞不思議を真宗にふさわしくないとして排する姿勢は、学僧の間では十八世紀に入るころから盛んになるが(註8)、同じ世紀の後半には浄瑠璃でもそうなってくるのである。それならば、一人の人間が浄土・穢土に両属し、往還するという、現実にありそうもない事態が積極的に描かれないのは当然というものだろう。

引野亨輔氏によれば、十八世紀半ばごろ、真宗・浄土宗などの宗派意識が強まり、従来の汎浄土教的な教えに疑義が提出されるようになる。念仏行に重きを置く浄土宗(特に鎮西派)に対抗するように、真宗では肉体的な「行」よりも心の中の「信」を重視する「信心正因、称名報恩」(信心が固まった時点で死後に極楽に行けることが決定するが、往生させてくれる弥陀への報恩として生涯を通じて念仏を唱え続ける)の正統教学が整備され、絶対他力・神祇不拝など真宗独自の教義が強調されて、親鸞の宗祖としての権威が高められてくるという(註9)。

現世に降り立った生き如来に全身全霊で帰依し、全身全霊で称名念仏して極楽往生を達成しようとする、素朴な生身仏信仰・念仏信仰から、他宗と弁別され得る明晰な教義を具(そな)えた「真宗」への移行が、二十世紀までの長い時間をかけて進行していく。歌舞伎作者たちはそういう変化に敏感に反応すると同時に、いまだに命脈を保っている生き如来信仰にも対応しようとしているのである。

五、『近江八景石山遷』と『彫刻左小刀』

大坂豊竹座は蓮如二百五十回忌の翌年に当たる寛延二年（一七四九）に『華和讃新羅源氏』を初演して差し止められ、江戸で外題を変えて演じたがまた差し止められた（『義太夫年表』近世篇）。前半は新羅丸（親鸞）と玉代姫（玉日）の恋をめぐる世話物風の場面が続くが、後半は新羅丸が焼栗に芽を出させるなど「弥陀の化身」「生如来」が活躍するため、東本願寺に気付かれてしまったのであろう。

親鸞四百回忌の前年に当たる宝暦十年（一七六〇）、豊竹座は今度は柳の精のお柳が夫平太郎や幼い息子と別れて異界へ去る『祇園女御九重錦』を初演した（『大系真宗史料』伝記編四）。平太郎は『御伝鈔』で親鸞の弟子とされる人物ではあるが、本作には蓮如が作ったとされる『改悔文』のほかは真宗聖典も真宗用語も出ず、ほとんど真宗浄瑠璃の雰囲気がない。そのためか差し止められもしなかったが、真宗色をあまり薄めては真宗浄瑠璃にする意味がない。

世間では『太閤記』への関心が高まり始め、寛政期（一七八九～一八〇一）には浄瑠璃界でも太閤物が流行する。[註10] 歌舞伎ではこれより前、安永九年（一七八〇）に『帰命曲輪文章』が演じられている。大坂の浄瑠璃太夫たちが太閤物の一環として石山合戦の劇化を考えないはずがない。

折も折、寛政元年に豊竹座の座元豊竹此母（此太夫）と座付き作者菅専助らは、差し止めの危険のある題材を扱う新手法を編みだし、成功していた。五年前に起きたばかりの田沼意知の刃傷事件を『有職鎌倉山』として劇化し、その前半のみを六月に上演して咎められないのを確かめたうえ、八月に全編上演して完結させたのである。[註11]

これに自信を得たのか、此母らは東本願寺を相手に同じ手法を試みた。寛政三年（一七九一）三月四日の『彫刻左小刀』の辻番付には、前年七月初演の「近江八景石山遷」が太夫（浄瑠璃における語り手）の病気で早々に打ち切られたため、内容を増補し外題を変えて再演すると記されている（『義太夫年表』近世篇）。『有職鎌倉山』のときと同様に前半部分を「近江八景石山遷」の名で上演し、再演時に「彫刻左小刀」の名で完結させる。その際には外題から「石山」や「遷」という直截な表現を外すという周到さである。[註12]

結論からいえば東本願寺はそれほど甘くなかった。先述のとおり此母は「法義之事を取組たる浄瑠璃」と訴えられ、操り芝居の上演差し止めと正本の絶板・売買差し止めを命じられてしまう。『帰命曲輪文章』には親鸞五百五十回忌の年である文化八年（一八一一）に大坂嵐小雛座で、親鸞六百回忌の年である文久元年（一八六一）に京都の南側芝居で演じられた記録がある。歌舞伎はよいが浄瑠璃は禁止ということもないだろうから、豊竹座が目をつけられていたのかもしれない。

ともあれ『彫刻左小刀』はほとんど上演されずに終わったのだが、[註13]本作の顕如像は特異なので、やや詳しく見ておきたい。

足利義輝が松永らに殺された後、弟の足利義富は尾田春永（織田信長）の妹の花子前と恋仲になる。義富の兄で、南都の門跡を辞して近江石山（摂津石山）に移っていた慶覚（足利義昭／本願寺顕如）に浅井長政が城地として石山を求め、慶覚と親密な春永も石山を欲するが、慶覚は長政から弟妹の不義の縁で石山を譲ったと言われまいとして春永の望みを拒み、戦いとなる。鈴木飛騨之助重幸（鈴木飛騨守重幸）は義母から兵法の奥義の書を得て足利方の軍師となり、度々春永を破る。足利家扶持人の左甚五郎は両家の和睦を願い、慶覚が還俗しないとした誓書を取り戻すため、義富・花子の首と称して、わが子お文と、その恋人で足利家家老下津田（下間）の息子左門の首を長政に差し出す。重幸は慶覚の身代わりに三田浄円（三番定専坊）を上洛させて、本物の慶覚を佐田の森（鷺の森）へ落とし、降参を装って春永を石山へおびき寄せ地雷で焼き討ちにしようとするが、真柴久吉（羽柴秀吉）が重幸とともに死のうと湖水を引き込んだため、地雷は爆発しない。義富は長政を捕らえて花子と婚礼を上げ、久吉の願いにより足利と尾田は再び水魚の交わりを結ぶ。

『石山軍鑑』や『帰命曲輪文章』の顕如は信長と善悪正邪の構図をなしていたが、本作ではそうではない。八冊目では春永が「せかず騒がず優美の有様」と讃えられてさえいる。

慶覚は一度も生き如来と呼ばれず、もちろん奇瑞不思議も見せず、自らの意志で春永と戦う。春永は「長政に嘲けらん(ママ)は武門の恥、日比の因裁切(ちなみ)て、鉾先を以て申請ん」、慶覚は「弥陀の利剣を打振て、御辺が首を阿字の一刀」と、互いに面子を賭けて譲ろうとせず、「御辺が、貴僧がと、詰寄(つめより)詰よる修羅の闘諍」となって、下津田の誠心誠意の説得にも耳を貸さない。太閤物では信長は短慮とされ、人気者の秀吉と対照的にやや冷遇されているが、本作の慶覚はその春永とどっちもどっち、あたかも駄々っ子のようで、もしこの駄々っ子ぶりが徹底して描かれたなら、ストーリーにも別の展開があっただろうにと、残念に思われるほどである。慶覚像が特異である一方で、親鸞は相変わらず浄土の如来である。左甚五郎はお文に死んでくれと頼み、「(女は救われないとされるが)此宗門の有がたさは五障の罪を其儘に、極楽へ行と有からは、御開山のお仲人、真の知識のお取持で、目出たふ冥途へ嫁入の首途(かどで)」(極楽に行けば、親鸞に仲人になってもらって左門と結婚できるのだから、花子前の身代わりにする首を差し出してほしい)とかき口説いている。

真宗聖典の利用は『帰命曲輪文章』を上回るほどである。「御開山の勧に、もろ〳〵の雑行を振捨、只一心に称名を唱るがお助けの御恩徳」(『改悔文』)、「弥陀の名願によらざれば、百千万劫過れ共、五つの障りはなれねば、女身をいかでか転ずべき。(中略)願以此功徳平等施一切、同発菩提の道をせかする後夜の鐘」(『高僧和讃』)、「六角堂の救世菩薩にお授りなされた念仏新宗(ママ)」(『御伝鈔』)等々、在家の門徒が毎日の勤行や報恩講で接し、暗唱もしていたであろう文句が用いられている。

寛政期の大坂の門徒はただ念仏を唱えて往生を願うだけでなく、聖典の文句を習い覚え、真宗独自の教義を理解しようとする段階にまで進んできていた。そうでなければ、出かけたきり戻らぬお文を案じる母親お楽の「こちら（甚五郎）にいふと雑行じやと留る故」、こっそり抜け参りをしているのではないかという台詞は成り立たない。真宗は「雑行」を排する宗派で、伊勢参宮も「雑行」として否定されると観客が理解していなければ、この台詞は通じないからである。

お楽や近隣の人々は鉦や太鼓を鳴らして「迷子のお文やい」と探して歩く。実は甚五郎がお文を細工場に隠し、皆が出払ったところで首をくれるよう説得するつもりでいるのだが、それに気付いているのはお楽の父で「経宗」（法華宗）の松崎（まつがさき）七右衛門一人である。甚五郎が本願寺から貰った菓子を勧めても「他宗の寺から出た物を貰ふては謗法罪（ほうぼうざい）」と断るほどの「堅法花（かたほっけ）」で、日頃から甚五郎と「宗旨事で喧嘩」を繰り返しているにもかかわらず、このときは甚五郎を止めるどころか、お楽が甚五郎の邪魔立てをせぬよう外へ連れ出す。お文の死後は「かけがへもない一人子を宗旨のために殺すといふ、こなたの様な法義者が今一人と有かいの。ヲ、出かさしやつた〳〵」と甚五郎を讃えている。

宗派による教義の相違が明確に意識され、篤信の真宗門徒と法華宗徒の無言の連携が、鉦や太鼓の民間信仰を凌駕していく。浄土と穢土とを往還する生き如来の姿は、浄土で仲人をする親鸞像にわずかに残るだけとなり、完全に消えてしまうのももはや時間の問題に見える。

六、『絵本太功記』杉の森の段

蓮如三百回忌の年に当たる寛政十一年（一七九九）、大坂道頓堀若太夫芝居で『絵本太功記』が初演され、翌年には歌舞伎化された。作者は『彫刻左小刀』とほぼ同じく近松柳・近松湖水軒・近松千葉軒、読本『絵本太閤記』の人気に便乗した太閤物浄瑠璃で、主人公は尾田春長(織田信長)を討つ武智光秀(明智光秀)である。光秀を反逆者として糾弾するのではなく、春長に疑われ、挑発されて、謀反へと追い込まれていく光秀やその周囲の人々の苦しみ、悲しみを描いた名作である。

ただし、石山合戦を題材にした「杉の森の段」の主役は光秀でなく、鱸喜多頭重成(鈴木飛騨守重幸)・孫市父子である。『絵本太功記』には光秀以外の人物を語る段はほかにもあるが、信長没後の鷺の森本願寺での出来事を一段にするのはいかにも不自然である。また、真宗を扱いながら真宗用語はほとんど使用されず、和讃が一首引用されるにすぎない。

光秀を主人公とする曲にあえて石山合戦譚を差し込みながら、真宗浄瑠璃ふうの雰囲気は持たせない。こうした工夫の甲斐あってか、差し止められることもなく演じ続けられ、現代に至っている。

長くもない一段なので物語は複雑ではない。慶覚は勅命に従い石山から紀州杉の森(鷺の森)へ移るが、春長が和睦を破って杉の森を攻めたため、鱸孫市(鈴木孫市)は和睦の使者となった責任を問われて父重成(鈴木重幸)に勘当されている。孫市はひそかに杉の森に戻り、曲者から奪った手紙により春長の死を知って、我が首を真柴久吉(羽柴秀吉)に渡すことで和睦への道を開こうと、妻の雪の谷を庭の杉の木に縛ったうえで、息子重若丸と娘松代の手を取ってわが首を斬り落とさせる。重成が勘当を解き、雪の谷が泣き崩れるところへ、慶覚を都へ迎えるための久吉の使者が到着する。

雪の谷に相当する女性は『石山軍鑑』に存在しないので、『祇園祭礼信仰記』の雪姫から創作されたと思われるが、雪姫の被虐美とは異なり、ただ悲痛である。孫市が切腹し、雪の谷が泣き叫び、子供たちが父の首を掻き落としても、慶覚は他念なく念仏を唱えるだけで声を掛けもしない。重成の方も春長の陣の焼き討ち準備を進めながら、慶覚には秘密にしている。『彫刻左小刀』と同じく「生き如来」やそれに類する語は一度も使用されないが、『彫刻左小刀』のように慶覚が何らかの意思を持つわけではない。行動せず責任も負わない「足利の正統」慶覚像はむしろ『帰命曲輪文章』のそれに近い。

一文不通の門徒を多く含む巨大教団では、信仰のありかたが一気呵成（かせい）には更新されない（註14）。同じ作者グループの作った『彫刻左小刀』と『絵本太功記』の慶覚像の違いは、思想上の揺れ戻しが起きたというより、行きつ戻りつしながらゆっくりと変化していく真宗信仰の新しい部分が前者には強く表現され、後者にはあまり出なかったということであろう。寛政期の浄瑠璃には生き如来信仰からの離陸が見出されるが、離陸したからといって一直線に空を目指したのではないことを重視しておきたい。

おわりに

親鸞物は規制されて上演できず、他の真宗の祖師たちのことは一通り演じてしまった浄瑠璃界が新作の材料を求めていたとき、実録体小説『石山軍鑑』と、当時大当たりの『祇園祭礼信仰記』によって、顕如を慶覚と呼ぶ歌舞伎『帰命曲輪文章』が作られた。これが差し止められもせず無事に上演されたことに刺激され、折からの太閤物ブームの中で「慶覚上人」の登場する『彫刻左小刀』や『絵本太功記』が新作されていく。

だが、寛政の顕如はかつての真宗浄瑠璃の主人公たちのようには聖なる力を行使できない。『石山軍鑑』では、鷺の森本願寺が織田軍に攻められて陥落寸前に、石山を取るよう進言した明智光秀によって信長が殺され、窮地を脱する。これを下敷きにしているのだから、顕如が奇瑞不思議物語の主人公となってもよさそうなものだが、そういう場面はどの浄瑠璃・歌舞伎にも存在しない。もはや輝ける生き如来にはなれず、かといって『祇園祭礼信仰記』の松永大膳や『絵本太功記』の武智光秀のように魅力溢れる人間にもなれない。太閤物の流行が去ると石山軍記物の新作がなくなるのも、やむを得ないことだったろう。

幕末以降の顕如については別稿とするが、概観のみしておくと、明治に入ると東本願寺による上演差し止めがなくなり、百年以上も演じられずにいた『華和讃新羅源氏』が再演されたり、生き如来親鸞の活躍する新たな親鸞物が作られたりする。幕末から明治にかけて、歴史の流れに逆行するかのように生き如来信仰の再燃する時期があり、浄瑠璃や歌舞伎もそれに乗るのである。石山軍記物も、明治十三年に『石山軍鑑』と秋里籬島（あきさとりとう）による絵本読本『絵本拾遺信長記』の二つを種本とする歌舞伎『御文章石山軍記』が初演され、生き如来顕如に死後の往生を保証された門徒集団が、老人や女子供を含む総力戦として熱狂的に戦い抜くさまを見せて、当たりを取っている。

けれども、大正期には倉田百三『出家とその弟子』のような新しいタイプの演劇が人間としての親鸞像を追求し始め、熱狂的な石山軍記物は演じられなくなる。人間親鸞に関心が集中するようになったとき、生き如来は舞台から今度こそ本当に姿を消す。

現在、顕如にはほとんど知名度がない。石山合戦期の本願寺住持という重要な立場にありながら、史実も伝承も知られていない。具体的な事跡を話題にすれば、親鸞の正統である不可侵の本願寺住持に対して、その失策を追究することになりかねず、荒唐無稽な物語の主人公として語る時代はすでに遠ざかっていた。語られず、知られない顕如は、真宗信仰の深部の変化を体現する存在なのである。

〈註〉

（1）沙加戸弘『真宗関係浄瑠璃展開史序説―素材の時代―』（法藏館、二〇〇八）。
（2）『享保以後大阪出版書籍目録』（大阪図書出版業組合、一九三六）。
（3）後小路薫「唱導から芸能へ―石山合戦譚の変遷―」（『国語と国文学』六二巻一一号、一九八五）。なお、後小路氏は指摘していないが、香川景継『陰徳太平記』（享保二年〈一七一七〉刊）の巻五三「大坂大寄之事」に「総して大坂に所籠、諸国の僧俗多しと雖も、其功を建つる事、雑賀の者第一たり。其中にも総軍の磬引〈かけひき〉の謀主鈴木源左衛門也」とあり、これが『石山軍鑑』の鈴木重幸像のもとになったと考えられる。
（4）作者は立耳軒。六十巻だが、仏伝や親鸞伝が増補された六十五巻本もある。写本のみで伝わり、板本にはなっていない。「本願寺大秘録石山軍鑑」と題された写本もある。以下、本文を引用する場合は酒田光丘文庫蔵本による。
（5）藤沢毅「近世中期成立通俗軍書写本群の相互関係―立耳軒作品と『太閤真顕記』『真田三代記』―」（『鯉城往来』第二号、一九九九）。
（6）金龍教英「仏法と王法の間に―『京都』と石山本願寺―」（『富山史壇』八二号、一九八三）。
（7）大桑斉『真宗と他者―なぜ人を殺してはいけないのか』（法藏館、二〇一〇）。
（8）塩谷菊美「自行化他の学問」（『大系真宗史料』伝記編二、法藏館、二〇〇八）。
（9）引野亨輔『近世宗教世界における普遍と特殊―真宗信仰を素材として―』（法藏館、二〇〇七）。
（10）松崎仁「寛政期の浄瑠璃復興」（『岩波講座歌舞伎・文楽』第九巻（岩波書店、一九九八）。
（11）註（10）に同じ。
（12）神津武男氏のご教示による。
（13）幕末に同名の浄瑠璃・歌舞伎が上演されているが別物である。
（14）塩谷菊美「『歎異抄』はなぜ「親鸞の言葉の記録」として疑われなかったか―文字による学びと教養の確立―」（『民衆史研究』八六号、二〇一三）。

〔付記〕本稿をなすにあたり、神津武男氏のご高教をたまわりました。記して御礼申し上げます。

付録

顕如年譜

和暦(西暦)	齢	事項	関連記事
天文一二年(一五四三)	1	正月六日、本願寺十世証如の長子として大坂本願寺で誕生。母は顕能尼(のち如従尼)。幼名は茶々。	八月、ポルトガル船種子島に漂着、鉄砲を伝える。
天文一三年(一五四四)	2	細川晴元の息女と婚約。	
天文一五年(一五四六)	4	延暦寺西塔院が顕如を明年の新礼拝講執事に指名。証如が拒否。妹顕妙尼誕生。	十二月、足利義輝十三代将軍に就任。
天文一六年(一五四七)	5	「深曾木」(髪そぎ)の儀。	
天文一七年(一五四八)	6		十二月、長尾景虎(上杉謙信)が家督を嗣ぎ、越後春日山城に入る。
天文一八年(一五四九)	7		七月、ザビエル鹿児島に上陸。
天文二〇年(一五五一)	9	「帯直」の儀。	九月、周防の大内義隆が陶晴賢らに殺害される。
天文二二年(一五五三)	11	「眉直・歯黒」の儀。	八月、将軍義輝が三好長慶と対立、朽木に退去。
天文二三年(一五五四)	12	八月十二日、大坂本願寺で得度。法名は顕如、諱は光佐。翌十三日父証如没し、本願寺継職。	
天文二四年／弘治　元年(一五五五)	13	四月、法眼に直叙される。	十月、毛利元就が厳島の戦いで勝利、陶晴賢を破る。
弘治　三年(一五五七)	15	四月、如春尼(六角義賢猶子、細川晴元息女、実は三条公頼息女)と結婚。	四月、毛利元就が大内氏を滅ぼす。

弘治四／永禄元年（一五五八）	16	七月、母如従尼没す。九月、長男教如誕生。	十一月、将軍義輝が三好長慶と和議を結び帰京。
永禄二年（一五五九）	17	十二月、正親町天皇の勅許で門跡となる。	春、織田信長が尾張を平定。
永禄三年（一五六〇）	18	本宗寺・願証寺・顕証寺が院家成を許され、ついで教行寺・順興寺・慈敬寺・勝興寺・常楽寺も成る。	五月、信長が桶狭間で今川義元を破る。
永禄四年（一五六一）	19	親鸞三百回忌法要を執行。	閏三月、長尾景虎が関東管領上杉家を嗣ぐ。
永禄五年（一五六二）	20		一月、信長と松平元康（後の徳川家康）が同盟する。
永禄六年（一五六三）	21		秋、三河の一向一揆が起こる。
永禄七年（一五六四）	22	二男顕尊誕生。十二月、大坂本願寺諸堂を焼失。	二月、三河一向一揆終結。
永禄八年（一五六五）	23	武田信玄と盟約。大坂本願寺両堂移徙。	五月、将軍義輝が三好義継・松永久秀に殺害される（永禄の変）。
永禄九年（一五六六）	24	六角義賢と盟約。	八月、足利義昭が若狭の武田義統を、ついで朝倉義景を頼る。
永禄一〇年（一五六七）	25	顕誓が蟄居処分となる。二男顕尊、興正寺証秀の後継となる。	八月、信長が美濃を平定。このころから「天下布武」の印を用い始める。
永禄一一年（一五六八）	26	織田信長に将軍家再興費五千貫を納める。	二月、足利義栄十四代将軍に就任。九月、信長が足利義昭を擁して上洛。三好三人衆が京都を退く。三好義継・松永久秀が信長に帰服。同月、足利義栄没。十月、足利義昭が十五代将軍に就任。
永禄一二年（一五六九）	27	加賀の一向一揆が朝倉義景と和睦する。	正月、三好三人衆が本圀寺に足利義昭を襲撃。二月、堺の会合衆が信長に詫びて、矢銭を上納。

和暦(西暦)	齢	事項	関連記事
永禄一三／元亀 元年(一五七〇)	28	二月、教如得度。九月、石山合戦開始。直後の講和交渉が志賀の陣などを受けて勅使下向中止。十一月、長島一向一揆が信長の弟信興を自刃に追い込む。	四月、信長越前進攻のため出京、浅井長政が離反。六月、姉川の合戦。七月、三好三人衆摂津へ上陸。九月、信長近江坂本に出陣。
元亀 二年(一五七一)	29	二月、祖母鎮永尼没す。加越和睦の証として、朝倉義景息女を教如に嫁がせることを約す。	五月、信長が長島一向一揆を攻撃。九月、信長比叡山を焼き討ち。
元亀 三年(一五七二)	30	十一月、足利義昭・武田信玄の斡旋により織田信長と和睦(第一次)。	十二月、武田信玄が三方原の戦いで徳川家康を破る。
元亀四／天正 元年(一五七三)	31	名物「白天目茶碗」を織田信長に贈る。息女(十四歳)没す。	四月、武田信玄没。七月、足利義昭挙兵、信長が義昭を追放(室町幕府滅亡)。八月、朝倉義景滅亡、浅井久政・長政滅亡。九月、信長が伊勢長島攻撃。十一月、三好義継自刃。十二月、松永久秀が信長に降伏。
天正 二年(一五七四)	32	四月、再び本願寺挙兵。	一月、越前に一向一揆起こる。九月、織田軍、長島一揆を鎮圧。
天正 三年(一五七五)	33	十二月、三好康長・松井友閑を介し、織田信長と和睦(第二次)。	五月、信長、長篠の戦いで武田勝頼を破る。八月、越前一向一揆を鎮圧。
天正 四年(一五七六)	34	四月、籠城戦の開始。毛利氏・上杉氏と同盟。七月、毛利輝元の水軍、大坂本願寺に兵糧を搬入。	二月、足利義昭が備後鞆に移る。信長、安土城を築き、移る。
天正 五年(一五七七)	35	七月、三男准如誕生。	二月、信長雑賀攻め。八月、松永久秀再度離反し、十月に滅亡。十一月、信長右大臣に任官。
天正 六年(一五七八)	36	二月、別所長治と、十月荒木村重と盟約する。十一月、織田信長が朝廷に講和を働きかけるが中止。	二月、別所長治が信長に離反。三月、上杉謙信死去。十月、荒木村重、有岡城に拠って離反。十一月、織田方の九鬼水軍が毛利水軍を木津川口に破る。
天正 七年(一五七九)	37	十二月、朝廷、本願寺と織田信長との講和交渉を始める。	八月、明智光秀が丹波平定。十月、備前の宇喜多直家が信長に帰参。

天正　八年（一五八〇）	38	閏三月、勅命講和（石山合戦終結）、四月九日、紀伊国鷺森へ親鸞木像とともに退去。閏三月、長男教如は籠城継続（大坂拘様）するが、八月退出。顕如、教如を義絶する。十月、教如、鷺森退去。	正月、三木城開城、別所長治自刃。十一月、柴田勝家が加賀の一向一揆を平定。
天正一〇年（一五八二）	40	六月、教如と和解。	三月、信長、甲斐を制圧（武田氏滅亡）。六月、本能寺の変で織田信長自害。山崎の合戦で明智光秀滅ぶ。
天正一一年（一五八三）	41	七月、和泉国貝塚へ移る。	四月、羽柴秀吉が賤ヶ岳の戦いで柴田勝家を破る。勝家自刃する。十二月、家康、三河の門徒を赦免。
天正一二年（一五八四）	42	五月、竹田法印の診察を受ける。	四月、家康が小牧・長久手で秀吉を破る。
天正一三年（一五八五）	43	五月、秀吉の寄進を受け、大坂天満で本願寺を造営開始。通仙軒の診察を受ける。権僧正から大僧正に転任。	四月、秀吉が雑賀党を攻撃、紀州平定。七月、四国平定。同月、秀吉関白就任。
天正一四年（一五八六）	44	八月、天満本願寺に移徙する。十一月、准后に任ぜられる。十一月、通仙軒の診察を受ける。	十月、家康が秀吉に臣従する。十二月、秀吉太政大臣に任官。
天正一五年（一五八七）	45	五月、秀吉より京室町に屋敷地を与えられる。六月、病回復する。十二月六日、准如への譲状を認める。	六月末、秀吉、九州の国分けを行う。九月、聚楽第完成。
天正一六年（一五八八）	46		八月、刀狩令発令。
天正一七年（一五八九）	47	二月、聚楽第落書の犯人、天満本願寺寺内に逃亡。同寺等に起請文を出させる。	秀吉、九州等で検地を行う。
天正一八年（一五九〇）	48	正月、豊臣秀吉から寺基の移転を命じられる。	七月、秀吉が後北条氏を滅ぼし小田原城に入り、家康を旧後北条氏旧領に移封。
天正一九年（一五九一）	49	閏正月、六条堀川の地を与えられる。二月、准如得度。八月、京都に移る。	二月、千利休自害。十二月、秀吉が関白職を秀次に譲り太閤を称す。

和暦(西暦)	齢	事項	関連記事
天正二〇／文禄 元年(一五九二)	50	十一月二十日、中風を病む。二十四日、京都本願寺で没す。ついで、教如継職。	正月、秀吉が諸大名に朝鮮渡海の出陣を命じる(文禄の役)。
文禄 二年(一五九三)		閏九月、教如、秀吉から隠居を命じられる。ついで准如継職。	四月、明との講和交渉始まる。
文禄 三年(一五九四)			八月、秀吉が伏見城に移る。
文禄 四年(一五九五)			七月、秀吉が豊臣秀次を高野山へ追放、秀次自害。
文禄五／慶長 元年(一五九六)			閏七月、慶長大地震。九月、明との和平交渉決裂。
慶長 二年(一五九七)			六月、朝鮮出兵(慶長の役)始まる。
慶長 三年(一五九八)		正月、如春尼没する。	八月、豊臣秀吉没する。朝鮮より撤兵。
慶長 四年(一五九九)		六月、教如、門跡町に移る。	閏三月、前田利家没する。
慶長 五年(一六〇〇)			九月、関ヶ原の戦い。家康が大坂城に入る。
慶長 七年(一六〇二)		教如、家康より七条烏丸に寺地を寄進される。	
慶長 八年(一六〇三)		教如、東本願寺創立。	二月、家康征夷大将軍に就任。

執筆者プロフィール

木越 祐馨（きごし ゆうけい）

一九五五年、石川県生まれ。大谷大学大学院修士課程修了。石川県立図書館史料編さん室を経て、現在、加能地域史研究会代表。真宗大谷派光琳寺住職。著書に『時空を超えた本山―金沢御堂への歩み』（真宗大谷派金沢別院）、編著『大系真宗史料 文書記録編5 戦国期記録編年』（法藏館）、共著『教如と東西本願寺』（同朋大学仏教文化研究所編、法藏館）などがある。

安藤 弥（あんどう わたる）

一九七五年、愛知県生まれ。名古屋大学文学部史学科卒業、大谷大学大学院博士後期課程文学研究科修了。博士（文学）。同朋大学文学部准教授。主な研究業績として『戦国期の真宗と一向一揆』（新行紀一編、吉川弘文館）、『教如と東西本願寺』（同朋大学仏教文化研究所編、法藏館）などがある。

弓倉 弘年（ゆみくら ひろとし）

一九五八年、和歌山県生まれ。國學院大學文学部史学科卒業。博士（文学）。現在、和歌山県立桐蔭高等学校教諭。著書に『中世後期畿内近国守護の研究』（清文堂出版）、共著に『中世終焉―秀吉の太田城水攻めを考える』（清文堂出版）、『和歌山県の歴史』（山川出版社）などがある。

川端 泰幸（かわばた やすゆき）

一九七六年、和歌山県生まれ。大谷大学大学院文学研究科博士後期課程単位取得満期退学。現在、大谷大学文学部歴史学科講師、博士（文学）。著書に『日本中世の地域社会と一揆―公と宗教の中世共同体―』（法藏館）がある。

大澤 研一（おおさわ けんいち）
一九六二年、岩手県生まれ。現在大阪歴史博物館企画広報課長・学芸員。主要著書・論文に『寺内町の研究』全三巻（共編著、法藏館）、『岸和田古城から城下町へ』（共編著、和泉書院）、『秀吉と大坂』（共編著、和泉書院）、「「石山」呼称の再検討―豊臣大坂城評価の観点から―」（『ヒストリア』二五四号）がある。

武内 善信（たけうち よしのぶ）
一九五四年、和歌山県生まれ。同志社大学大学院法学研究科博士課程後期満期退学。和歌山市立博物館を経て、現在、和歌山城整備企画課学芸員。著書に『闘う南方熊楠』（勉誠出版）、共編著に『南方熊楠 珍事評論』（平凡社）、論文に「真宗教団と被差別民」（『実如判五帖御文の研究―研究篇下』、法藏館）、「紀伊真宗の開教と展開」（『講座蓮如』第五巻、平凡社）などがある。

小谷 利明（こたに としあき）
関西大学文学部史学地理学科卒業、佛教大学大学院文学研究科日本史学専攻博士課程前期修了。博士（文学、関西大学）。主な著書に、『畿内戦国期守護と地域社会』（清文堂出版）、共著『大阪狭山市史 通史編』（大阪狭山市教育委員会）、共著『融通念佛宗における信仰と教義の邂逅』（法藏館）がある。

草野 顕之（くさの けんし）
一九五二年、福岡県生まれ。大谷大学大学院文学研究科博士後期課程満期退学。大谷大学前学長・教授、博士（文学）。著書に『戦国期本願寺教団史の研究』（法藏館）、『真宗教団の地域と歴史』（清文堂出版）、『親鸞の伝記―『御伝鈔』の世界』（筑摩書房）などがある。

岡村 喜史（おかむら よしじ）
一九六二年、奈良県生まれ。龍谷大学大学院文学研究科博士課程単位取得。現在、本願寺史料研究所委託研究員。著書に『蓮如 畿内・東海を行く』（国書刊行会）、『西本願寺への誘い』（本願寺出版社）、『誰も書かなかった親鸞』（共著、法藏館）などがある。

青木　馨（あおき かおる）
一九五四年、愛知県生まれ。大谷大学大学院修士課程修了。現在、同朋大学仏教文化研究所客員所員。真宗大谷派蓮成寺住職。著書に『蓮如上人絵伝の研究』（共著、東本願寺出版部）、『蓮如上人ものがたり』（同出版部）、『蓮如名号の研究』（共著、法藏館）、『大系真宗史料　伝記編六　蓮如絵伝と縁起』（編著、法藏館）、『誰も書かなかった親鸞』『教如と東西本願寺』（共著、法藏館）などがある。

大原 実代子（おおはら みよこ）
一九六五年、奈良県生まれ。龍谷大学文学部卒業。現在、浄土真宗本願寺派本願寺史料研究所研究員。主な論文に「本願寺本『私心記』について」（『日本の歴史と真宗』、自照社出版）、「実従と『教行信証』相伝について」（『加能史料研究』一五号）がある。

太田 光俊（おおた みつとし）
一九七八年、三重県生まれ。大阪大学大学院文学研究科博士後期課程単位取得満期退学。博士（文学）。現在、三重県総合博物館学芸員。主な論文・著書に「豊臣期本願寺の吏僚―益田少将発給文書から」（『織豊期研究』一一号）、「大坂退去から見た織豊期本願寺教団の構造」（『ヒストリア』二一八号）などがある。

金龍　静（きんりゅう しずか）
一九四九年、北海道生まれ。名古屋大学大学院博士課程退学。本願寺史料研究所前副所長。浄土真宗本願寺派円満寺住職。著書に『蓮如』（吉川弘文館）、『一向一揆論』（吉川弘文館）などがある。

塩谷 菊美（えんや きくみ）
一九五七年、神奈川県生まれ。早稲田大学第一文学部卒業。現在、神奈川県立平塚商業高等学校教諭、博士（文学）。著書に『真宗寺院由緒書と親鸞伝』（法藏館）、『語られた親鸞』（法藏館）などがある。

あとがき

金龍　静

この度、宮帯出版社の御尽力で、『顕如』が刊行されることとなった。企画の打診があったのは平成二十三年夏ごろで、とりあえずは、畏兄の木越祐馨氏と相談しなければと思い立った。木越氏は快く承諾された。その後、木越氏の御意見・御見解を軸に、およその論点ごとの章立て、執筆候補者の人選をさせていただいた。おかげで計十二名の方々から良質な書き下ろし原稿が集まることが叶った。この種の論集には欠かせない常連の方、名前だけは昔から記憶にあるもののほとんど面識のない方、新進気鋭の若手の方など、それぞれ多くの原稿を抱えての中、鋭意がんばっていただけたことを、改めて深謝申し上げたい。

この種の論集の場合、成否の鍵を握るのは、研究歴の浅い方々の原稿である。期待に適ってというか、期待を超えるような原稿（視点の新鮮さ、新事実の提示など）を出していただけた。これを目にしてやっと、「この論集は成功」と安堵することができた。

なお口絵や本文中の写真版は、可能な限り、新出の画像や、研究上での重要な意味を有すると推測されるものを中心に、掲載させていただいた。所蔵各寺・各機関の方々の御厚意に、これまた深謝申し上げたい。

最後になるが、編集の労を取られた宮帯出版社の原口鉄哉・田中愛子の両氏に感謝の意を表す次第である。

合掌

顕 如

信長も恐れた「本願寺」宗主の実像

2016年6月20日 第1刷発行

編　者　金龍 静・木越祐馨

発行者　宮下玄覇

発行所　株式会社宮帯出版社

京都本社 〒602-8488

京都市上京区寺之内通千本東入下ル真倉町739-1

営業 (075)441-7747　編集 (075)441-7722

東京支社 〒102-0085

東京都千代田区六番町9-2

電話 (03)3265-5999

http://www.miyaobi.com/publishing/

振替口座 00960-7-279886

印刷所　シナノ書籍印刷株式会社

定価はカバーに表示してあります。落丁・乱丁本はお取替えいたします。

ISBN978-4-8016-0044-7 C3021

宮帯出版社の本

三好長慶 室町幕府に代わる中央政権を目指した織田信長の先駆者

今谷 明・天野忠幸 監修　　菊判　並製　352頁（カラー口絵8頁）　定価3,500円+税

いち早く鉄砲を実戦に用い、四国から畿内13カ国を支配した三好長慶。その政治手腕と文化人としての側面を再評価する。

高山右近 キリシタン大名への新視点

中西祐樹 編　　菊判　並製　332頁（カラー口絵16頁）　定価3,500円+税

荒木村重、織田信長、豊臣秀吉、小西行長、前田利家に仕えながら、信仰を守り続けた知勇兼備の武将、高山右近の研究書、初の発刊！

黒田官兵衛 豊臣秀吉の天下取りを支えた軍師

小和田哲男 監修　　菊判　並製　350頁（カラー口絵10頁）　定価3,500円+税

秀吉の播磨平定、中国大返しに始まるその後の天下統一の戦いに大きな役割を果たした稀代の軍師。武将として、また文化人としての官兵衛を18人の各分野の権威が徹底研究！

徳川家康 その政治と文化・芸能

笠谷和比古 編　　菊判　並製　424頁（カラー口絵14頁）　定価3,500円+税

家康没後四百年に際し、家康の足跡に政治・文化・外交・芸能など様々な角度から光を当て、徳川幕藩体制の礎を築いた家康の新たな人間像を18名の専門家が検証する。

織田信長・豊臣秀吉の刀剣と甲冑

飯田意天（一雄）著　　菊判　並製　364頁（カラー口絵92頁）　定価3,800円+税

信長・秀吉の刀剣・甲冑・武具の集大成！天下人信長・秀吉が、戦装束や刀剣にいかなる美意識を込めたかを検証するとともに、桃山美術の精華を紹介。

エピソードで綴る 茶入物語 ―歴史・分類と美学―

矢部良明 著　　四六判　並製　378頁（カラー口絵32頁）　定価3,800円+税

戦国時代から近代に至る茶入の歩んできた歴史、窯分類と独特の美学を、さまざまなエピソードを交えながら語る。「〇〇手」茶入の決定版。全挿図約200点。

エピソードで綴る 戦国武将 茶の湯物語

矢部良明 著　　四六判　並製　324頁（カラー口絵20頁）　定価2,700円+税

戦国武将たちによる、「名物」を駆使し、「創意」に満ちた茶の湯とは。武家茶の湯の拠って立つ立脚点を解き明かす。

エピソードで綴る 名物物語 ―歴史・分類と美学―

矢部良明 著　　四六判 並製 254頁（カラー口絵8頁）　定価2,700円+税

重宝・北山殿御物・東山御物・柳営御物・大名物・中興名物など「名物」という不思議な魅力を放つ文物にとりつかれた人びとの営みと価値観の変遷を、史料に基づきながら解き明かす。